EXPERIENCIAS DE VIDA

TOMO 1

EXPERIENCIAS DE VIDA

Cada persona tiene un camino

Clara Limonta Bonitto

Prólogo de Lain García, autor del Best Seller
La voz de tu alma.

Título: *Experiencias vividas*
© 2018, Clara Limonta Bonitto

Autoedición y Diseño: 2018, Clara Limonta Bonitto

Primera edición: marzo 2019
ISBN-13: 978-84-18098-09-3

PRÓLOGO POR LAIN GARCÍA CALVO

¡DETRÁS DEL DESAFÍO ESTÁ LA BENDICIÓN!

Pero… si te saltas el desafío, te pierdes también esa bendición.

A todos nos ocurren cosas que no nos gustan, pero ¿y si todo eso fuera un plan de Dios para renovarnos, reforzarnos y saltar a unas líneas de la vida donde todo nos va mucho mejor?

Creo sinceramente que todos nosotros hemos venido aquí para algo importante. Algo que no solo nos hará crecer a nosotros mismos, sino que con ello también haremos crecer a todos aquellos que tenemos alrededor.

¡Somos BENDECIDOS PARA BENDECIR!

Escuché la historia de que cuando las gacelas se quedan embarazadas, los leones las persiguen durante meses porque saben que, tarde o temprano, tendrán que tumbarse en el suelo para dar a luz.

En ese momento, justo antes de dar a luz, es cuando son más vulnerables y sufren los mayores ataques.

También te va a ocurrir a ti que cuando estés a punto de dar a luz tus mayores sueños, también puede que sufras los mayores ataques. Solo en ese momento debes tener más FE que nunca, porque recuerda que puede que haya fuerzas en tu contra, pero las fuerzas a tu favor son más fuertes y más numerosas.

Siempre el momento más oscuro de la noche es justo antes del amanecer, por eso si estás en una noche oscura del alma, estás a punto de presenciar el mayor y más bonito amanecer de toda tu vida.

Todo en la vida llega por un motivo, y si estás en estas páginas significa que contienen algo importante para tu evolución. Sigue el camino porque vas siendo guiado de dentro hacia fuera, y con las piedras que te encuentras construirás tu fortaleza.

Gracias Clara por escribirlo y a ti, amado lector, por leerlo.

LAIN, autor de la Saga de LA VOZ DE TU ALMA.

www,lavozdetualma.com

DEDICATORIA

A mi madre, mis hijos, a Carmela.
Porque representan para mí lo mejor y lo más querido.
Gracias.

AGRADECIMIENTOS

"Cuando la gente deja de crecer, envejece."

ANÓNIMO

A lo largo de mis 57 años de vida, me he encontrado con miles de personas, desde mi país natal cuba, o áfrica, porque fue el motor que forjó mi espíritu trabajador y mi experiencia profesional; galicia, por la acogida que me dió, con todo su cariño, y me brindó todo el material que he utilizado, facilitándome los recursos y abriéndome puertas de bendiciones.

Son muchos, a todos gracias.

A mi hija, que en un evento de más de mil cuatrocientas personas, en sitges (barcelona), me dijo: «madre, si tú escribes tus experiencias de vida, yo seré la primera en leerlo». Gracias hija, por tanta confianza a tan corta edad.

A mi hijo, que con tanto amor y sensibilidad fue capaz de diseñar esas portadas. Tienes un poder creativo y una gran exquisitez en tu trabajo. Gracias amor.

A fernando franco, gracias. Cuando leíste mi primer borrador dijiste: «clara, tienes un buen material y mucha fuerza narrativa, y explicativa, hay mucha cubanía». Gracias.

A mi asistenta, que cada mañana y tarde me hace sentir muy valiosa porque ella lo es, gracias cariño, eres un sol.

A mis amigas, ellas saben quiénes son. A todas, ustedes son mi familia, mis hermanas y hermanos. A fide, por su apoyo incondicional y su lealtad, gracias a todas y todos.

A mis pacientes, chicas, gracias, son mi fuente y mi razón más poderosa, gracias.

A cada video y a cada libro que he estudiado, que me han acompañado en todos estos años. A mis mentores de cursos, en especial a enric, gracias.

A los que me conocen, y a los que yo no recuerdo, gracias.

A ti lector, por dejarme un espacio en tu día, gracias.

Al universo, dios, la divinidad, la energía. Gracias.

Os amo a todos.

TESTIMONIOS

Conocí hace años a Clara Limonta en Vigo, antes de nada por sus risas, por esa alegría que la precede y que parece tropical. ¡Qué admirable alegría! Formaba parte de la comunidad latinoamericana organizada en MadresLatinas, colectivo con el que yo tenía y tengo una gran relación. Sería más tarde cuando, cuando me dejó los escritos con los que iba a construir un libro, cuando supe la intensa experiencia vital que se escondía tras ese cuerpo de mulata simpática y vacilona, y la admiré aún más por su energía, por su fuerza, por esa positividad con la que se había enfrentado a un medio adverso que ella iba dominando a su manera. Ese libro está ya escrito y las primeras desavenencias que tuve con ella tras leer sus pruebas fueron simplemente estilísticas. Escribir no es lo suyo aunque tenga muchas más cosas que contar que muchos escritores, y estaba

lleno de giros, modismos, un sentido de la puntuación…
que nada tiene que ver con la ortodoxia europea. No sé
qué habrá corregido en el libro que estará ya a punto de
imprimirse cuando escribo estas líneas, pero lo importante realmente es la ejemplaridad de su contenido, esa
novela de su vida, la vida de una cubana que conoció lo
que es salir de la nada, construirse y recontruirse, parir
con dolor, tomar decisiones duras que a un ser normal
lo habrían vapuleado psicológicamente. Una vida de
novela que merece ser contada y que enseña a la gente
que uno puede, si quiere y no pierde la fe en si mismo.

FERNANDO FRANCO
Periodista Faro de Vigo

Clara sabia que en aquel curso que compartimos, saldría algo maravilloso,admiro tu sonrisa, tu positividad,
pero sobre todo te doy las gracias, por compartir tus
experiencias, ser abundanes es saber que formamos
parte del universo, para mi es abundancia poder leer-
te,oírte,y sobre todo compartir ese abrazo, cada vez
que nos vemos, lleno de energía.

ISAURA ABELAIRAS

Clara Limonta te invita a que vivas un increible viaje de autodescubrimiento lleno de experiencias vitales donde ciencia y espiritualidad se toman de la mano y abrazan una vision holistica de la vida.3

ANA DE LOPE
Autora de la trilogía "Magia Maestra"

Tienes en tus manos una obra repleta de experiencias personales que le daran un enfoque diferente a su vida, clara desde sus vivencias personales te enseña a afrontar esos retos que se presentan dia a dia, y hara que transformes tu mundo.

Sin duda una obra con mucho valor que te hara dar un paso mas en tu vida.

SILVIA GOMEZ DEL PULGAR
Autora de la trilogia "Revelate, libérate, influye"

A lo largo del camino, se van añadiendo a nuestras vidas, Almas hermosas que vibran desde el amor, que con solo escucharlas no importa desde qué parte del mundo, puedes sentirlas, almas que han superado grandes objeciones en la vida y que han luchado para entregarle al mundo sus vivencias y sus soluciones. Es el caso de Clara, con sus Experiencias de Vida. Gracias Clara por compartir tu experiencia.

JOICE RUBÍ
Autora de la Trilogía "Puedo Hacerlo"

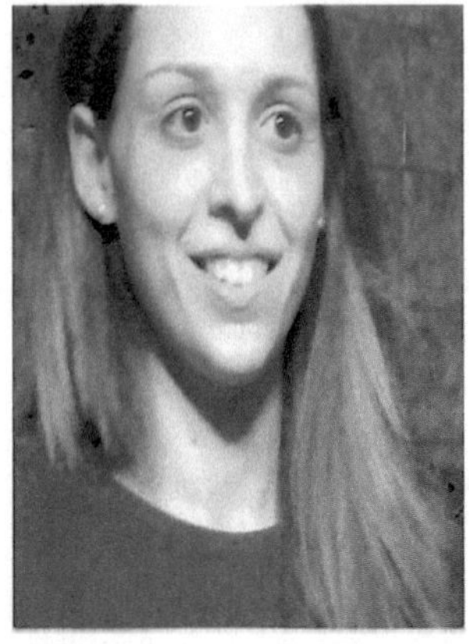

Una gran ejemplo de cómo la vida a través de sus experiencias, buenas o malas le han ayudado a descubrir cual es su propósito de viday co ello ayudar a otros.

LAURA LOSTAO FUERTES
Autora de "Puedes cambiar tu mundo"

SOY QUIEN TE HABLA

"Si salgo, llego, si llego, entro
si entro, triunfo."

Fidel Castro

A ti, que por alguna razón, sea cual sea, estas líneas te pueden conmover o hacer reflexionar o entretener, quizá también podrás comprobar algunos datos, o evidencias. En todo caso, lo que si no pretendo es convencerte.

La vida es un camino, para mí siempre lo ha sido, lleno de circunstancias, de errores, de alegrías, de cielos azules, y aguas marinas que invitan a nadar a la luz de la luna, o al calor quemante de varadero, en agosto, a 38 grados.

Pero, tanto en la tuya como en la mía, como en la de todos los humanos a lo largo de la historia, nunca ha estado exenta de dolor. Nacemos con dolor, parimos con dolor, y aceptamos como un hecho que siempre ha sido y será así, lo creas o no, ¿verdad? ¿y qué tal si no lo fuera? Piensa solo por un instante en si fuese diferente.

Cada vez más, la ciencia y la espiritualidad van uniéndose, convergiendo en puntos muy claves; tenemos datos de que más del 85% de las patologías del mundo moderno se asocian al estrés.

ENERO 2018

Descubren la conexión entre el estrés y la depresión y cómo se produce este proceso a nivel cerebral.

Investigadores canadienses han descubierto la puerta a través de la cual el estrés social entra en el cerebro y provoca la depresión.

Una proteína que protege de los microorganismos presentes en la circulación sanguínea se debilita por el impacto de la intimidación, dejando pasar al cerebro las moléculas inflamatorias que provocan la depresión

El proceso inflamatorio desencadenado por un estrés social como la intimidación disminuye la densidad de la barrera que separa el cerebro y la circulación sanguínea del resto del cuerpo, abriendo la puerta a moléculas inflamatorias que favorecen la aparición de síntomas depresivos.

Fuente: social stress induces neurovascularpathologypromotingdepression. Natureneuroscience 20, 1752–1760 (2017). Doi:10.1038/s41593-017-0010-3 - y tendencias 21

Esto es solo una referencia de tantos de miles de estudio, pero, amigo lector, este libro no va de estudios científicos, aunque nos vayan a ser muy útiles a lo largo de estas páginas.

Mi historia es una de tantas, igual que la tuya. Yo estudié medicina en la universidad de la habana, donde me hice especialista en ginecoobstetricia, en el año 1992; acababa de parir, no, mejor dicho, de tener una cesárea por un sufrimiento fetal, a las 36 semanas y 5 días, después de casi 14 horas de inducción al parto, ni un puñetero centímetro de dilatación. Y por esas cosas que tiene, ¿qué? La vida, la profesión, el caso del recomendado; que sé yo, el caso fue que la anestesia no fue bien, y al hacer el corte en la piel para abrir el abdomen, el dolor fue brutal. Se me nubló la vista, las náuseas amenazaban en mi garganta, y entonces escucho a mi compañera decirme al oído: «es solo un momento, en cuanto lo saque te duermo».

Un procedimiento "recomendable"

Según Emilia Guasch, vicepresidenta de la sociedad española de anestesiología, reanimación y terapéutica (sedar), la mala fama que pueda tener en españa y otros países desarrollados proviene del "desconocimiento" y, en algunos casos, de una mala praxis ejercida por médicos que no son especialistas. "igual que las sedaciones para endoscopia, la aplicación de la epidural en los partos pertenece a los anestesiólogos. Si es aplicada por médicos especialistas, no solo no es peligrosa, sino que es recomendable", explica la anestesista

El bloqueo fallido es la causa más frecuente de complicaciones inmediatas y menores bajo anestesia regional. Curiosamente, la incidencia en el departamento de anestesia de la fundación santa fe de bogotá es 2,35% del total de técnicas regionales. Estas cifras están en el límite inferior de lo reportado en la literatura mundial, en donde las estadísticas de bloqueo fallido oscilan entre 2,8% para todas las anestesias regionales (Universidad de Bogotá).

Muchas personas vivimos, tú y yo también, a expensas de lo que la vida y las circunstancias nos deparan. Todo nos sucede por alguna razón. Todo se tuerce. La vida es una lucha, es una pelea constante, y esto responde a un estado de conciencia: el victimismo. Nos justificamos, nos mentimos, nos culpabilizamos, nos quejamos de todo y de todos y, finalmente, nos resignamos.

Al despertar de la anestesia, solo tenia una cosa en mente: ¿y mi hijo? ¿cómo estaba él? La pediatra me tomaba de la mano, «está bien clarita, marcos julio está bien. Ahí estaba su padre, el niño está bien. Descansa, no te preocupes», pero ¿cómo no me iba yo a preocupar? Era mi culpa, ¿o no?

Tú me vas a acompañar en este viaje de experiencias, este no ha sido un camino fácil, pero te aseguro que ha valido, cada libro estudiado (desde Louise Jay, Deepack Chopra, Enric Corbera, García Márquez, Paulo Coelho, Jorge Bucay, Facundo Cabral, Joe Dispenza, Tony Robins, Oprah Winfrey, Susanne Powell, Natalie Zanmatteo, Bruce Lipton, un curso de milagros, David Hawkins, y tantos otros), la práctica, madre de la experiencia y la sabiduría; por ello tuve el coraje de irme a áfrica durante 6 años, pero sobre todo, a cada uno de los pacientes, cada una de las experiencias vividas, han sido como espejos que me han hecho preguntarme:

¿Seguro que hay más? ¿Seguro que si se puede?

Una vez asumes la responsabilidad de lo que te ocurre y aceptas que todas las decisiones tomadas te llevaron exactamente allí donde te encuentras, respecto a todo, en cuanto a todo, qué pensar, qué leer, qué tomar, qué comer, a qué partido pertenecer, a dónde ir, qué sentir, dejamos el rol de víctima, y emprendemos el camino al empoderamiento. Porque habrás decidido que lo que sabes es más importante que lo que te han enseñado a creer, porque el éxito viene de tu interior, y es entonces cuando algo va a cambiar en ti, te lo aseguro.Porque yo soy igual que tú.

Cito aquí: *"Es posible aprender este curso inmediatamente, a no ser que creas que lo que dios dispone requiere tiempo". (t_15.iv.1:1)*

"No pienses que puedes ir en busca de tu salvación a tu manera y alcanzarla. Abandona cualquier plan que hayas elaborado para tu salvación y sustitúyelo por el de dios". (t_15.iv.2:5-6)

Dios, el universo, la conciencia, cómo quieras llamarle querido lector, se expresa en la infinidad de "yoes" de la conciencia, y en múltiples circunstancias. El despertar es inevitable, el cuándo y el cómo, que pertenecen al ámbito de la dualidad, dependen del nivel de conciencia de cada cual. No habrá un juicio final, sino el final de los juicios.

Cuando aprendas que cada cosa que llamas problema, a eso que culpas en tu día a día, cuando dejes de buscar la solución fuera de ti, en vez de buscar dentro de ti, entonces comprenderás que el universo funciona por unas leyes que no fallan jamás. Tienes en tus manos el poder de ser lo que quieras ser, ese es el poder personal que todo humano posee. Si vas a favor del universo, a favor de esas leyes, te espera la felicidad y la dicha, porque los principios no fallan, fallamos nosotros.

¿Me entiendes? ¿A que si? A que la próxima vez que traigas un hijo a este mundo sabrás que es un hecho consciente, con y por amor, sin la cadena dolorosa del pasado, con el apoyo de un padre, que estará diciendo: «hijo, aquí estoy, bienvenido a un nuevo despertar».

¡Atrévete al cambio!

CAPÍTULO 1

ace algunos años viví uno de los momentos más difíciles y dolorosos de mi vida. Yo nací y me crie en un país comunista, donde crecí, estudié, me hice profesional y aprendí a trabajar. El trabajo enaltece al hombre, muy cierto, pero no vamos a hablar del sistema contrario a estas enseñanzas. El hogar de mis abuelos y tías abuelas es de origen jamaicano con raíces de religión anglicana (god save the qeen), así que, a pesar de querer y no querer, los programas están ahí, ni tú ni yo los vamos a cambiar, tú tendrás los tuyos también, pero quiero contarte una experiencia vivida; la mía.

Estamos en el año 1992. Acabo de recibir la noticia de que mi madre está en un estado crítico de un cáncer, con metástasis generalizada, tengo un hijo de apenas un año, y estoy casada. Las circunstancias son muy difíciles para salir del país, no tengo quien se haga cargo de mi hijo porque el padre está de viaje. Suena el teléfono y ahí está la noticia, mi madre ha fallecido... No hay manera de que la pueda ver viva. Solo hace unas horas, con voz muy tenue, me decía: «clarita, no me voy a dejar reanimar, esto no tiene solución, estoy preparada y me voy en paz. Tú tienes la razón más poderosa para seguir adelante: ¡tu hijo!».

Mi madre, esa gran mujer que ha trabajado por sus hijos y su familia, que estudió, que fue capaz de alfabetizar a tantos, que a pesar de ser una mujer divorciada, sin un apoyo del padre de sus hijos… esa gran mujer que cuando se vino a la habana conmigo pasó muchas dificultades de vivienda… Recuerdo que estuvimos un tiempo muy hacinados en casa de unos parientes, donde nunca faltó un plato en la mesa, pero dormíamos en un pequeño espacio en una cama individual… duele recordarlo, pero era una amante de su trabajo, de lo que hacía, divertida, con una voz maravillosa para cantar jazz, blues y boleros, solidaria con sus vecinos y una amiga fiel. Ella fue quien, con mucho trabajo de pico y pala, y a pesar de un sinfín de trámites burocráticos, construyó una casa lo suficientemente espaciosa y cómoda para sus hijos. La vi sonreír y bailar cuando se casó con pedro, para mí fue como un padre. Vi esa ternura que algunas veces escondía, en ocasiones, en aras de la disciplina y la organización, que no le dejaba dar un abrazo o un beso; esa gran mujer de mi vida se marchaba de este mundo sin yo poder decirle adiós, sin yo poder darle un abrazo. No sé cuánto lloré, hasta mis vecinos acudieron a mí, pero no había consuelo y no te podrás imaginar cuanta culpas florecieron. Culpaba a todo y a todos, hasta a ese dios al cual la abuela invocaba cada mañana, y la escuela te decía que no existía. Culpaba al sistema, claro está, al bloqueo, aunque, por supuesto y sobre todo, me culpaba a mí.

Fue entonces cuando mirando por la ventana vi un coche (los cubanos decimos máquina de alquiler) del que se bajó un señor pequeño, mulato, con un sombrero de paja de esos parecidos a los que usan los guajiros, o gente de campo. Muy sorprendido me dijo: «vaya clara, donde están, que lejos que viven ustedes». Era mi padre, más de 20 años sin verlo, ¿será posible? Me miró y me abrazó, y yo tenía tanto dolor dentro, tanta rabia acumulada, tanto sufrimiento... Aún recuerdo sus palabras: «usted se va a miami a enterrar a su madre, yo me quedo a cargo de su hijo. Mira, aquí hay plata y no se preocupe que él va a estar bien...ya hablaremos de perdón en otro momento».

Decidir si estaba bien o estaba mal no me tocaba, no nos tocaba, así que no lo hicimos. Pero di las mil gracias y tomé la decisión de dejar a mi hijo a su cargo y buscar un visado a ee.uu. Por la cruz roja internacional, para enterrar las cenizas de mi madre.

Aprendí pronto que al emigrar se pierden las muletas que han servido de sostén hasta entonces, hay que comenzar de cero porque el pasado se borra de un plumazo y a nadie le importa de dónde uno viene o qué ha hecho antes.

Esta frase es de isabel allende. Iba a ver por primera vez a parte de esa familia que las circunstancias habían separado, no solo físicamente, sino también ideológicamente y sentimentalmente... Pero joder, a aquel aeropuerto no vino nadie, ¿sabes que la única persona fue pedro, el que fuera su tercer esposo? ¿era posible que los desacuerdos y desavenencias, que el resentimiento, fuera tan grande? Que ni siquiera algún otro miembro de la familia, ¡qué sé yo! En fin, no podía doler más, de verdad. Entré en aquel apartamentito, ahí estaban sus cenizas, en un pequeño altar, en una caja estaba lo que quedaba de ella. La ceremonia sería en unos días, con un pastor de una iglesia evangélica, pero yo tendría que alojarme con mis familiares, estaba claro, no compartían su relación con su marido y yo quedaba en medio de dos fuegos, por decirlo de alguna manera.

¿Dónde quedaron los valores de la familia? Nada, los habían politizado, dos polos opuestos y cada uno con su razón. El pasado se borra de un plumazo... mejor dicho, el pasado nos puede y tú sientes y actúas acorde a esa programación. Pero a ninguno de los dos bandos le importas, eres tú con tu dolor y punto.

Lector, lo que estás pensando ahora mismo es correcto, ya sea que hayas emigrado, hayas tenido un conflicto familiar, seas pobre o rico, tienes que decidir, y lo vas a hacer acorde a tu programa, heredado, aprendido, como quieras llamarlo. Yo decidí regresar, y no por nada de ideales, ni valores, estaba hecha polvo emocionalmente, así que decidí por mi hijo, él era inocente, y en ese momento lo único que me mantenía en pie.

Mira lector o lectora, te vas a equivocar muchas veces, miles de veces, levántate y empieza de nuevo, no queda de otra, y lo vas a hacer, y lo has hecho lo mejor que has sabido hacerlo en ese momento. Ya había tenido que decidir entre ser partidista o no, decidí no serlo; ya había decidido entre ser médico o pedagoga, decidí ser médico; asumes unas consecuencias y ya está. Pero decidir dejar a mi hijo fue muy duro, tenía que regresar.

Los cubanos no somos muy religiosos, pero somos muy creyentes. Creemos en (o creíamos en esos años) en la revolución, en fidel, en los santos, sobre todo en cuanto santo había, y la religión católica ya había hecho una simbiosis o sincretismo con la religiones de los dioses africanos, de ahí surgió la santería cubana. Yo venía de dos aguas, una anglicana y católica, y otra comunista... Los que leen esto y saben algo de historia, o es de origen latino, o tiene un amigo cubano, sabe de que hablo. Pues bien, estaba casada con un hombre al que amaba, que me enamoraba cada día con su música, su poesía, su sexo... Estaba loca y perdidamente enamorada. Pero había solo un factor negativo, era santero, venía de una familia muy larga y toda ella muy santera. ¡después que no hay espejos! Y que la resonancia no es tan real como dicen. Yo sabía que algún día tendría que enfrentar lo inevitable. Y el miedo te paraliza, hasta que no te queda de otra que enfrentarlo. No me preguntéis cuándo ni en qué momento, simplemente entramos en conflicto, yo entré en un gran conflicto de creencia. Amigos míos, el perro tiene cuatro patas, nunca va a tener cinco.

Las desavenencias matrimoniales llegaban a un punto en que ya no sabíamos a quién culpar; las circunstancias del país, cabe decir que cada día peor, los amigos, demasiados celos, la familia porque es una aprovechada, un sinfín de excusas, y claro, la típica pregunta no podía faltar: ¿por qué dios permite esto? O los malos espíritus, esos que se interponen y te hacen cambiar y ya no eres la misma. Escuché tantas cosas diferentes, fui a tantos ceremoniales... Hasta que una noche, después de uno de esos rituales, miré a mi alrededor, vi a mi pequeño dormido, y ahí estaba de nuevo ese dolor que te quema y no te deja respirar. ¿pero tanto me he equivocado? ¿pero todo está tan mal? Y te preguntas dónde está esa sonrisa que siempre me caracterizó, esa tenacidad ante el trabajo, ese espíritu solidario, esa alegría de vivir, de bailar y cantar. ¿sería posible que ellos tuvieran razón? ¿habría alguna maldición o entidad maléfica? ¿estaría yo poseída por lo maligno? En medio de aquel silencio me atreví a pedir: si de veras existe algo, si de veras, oh dios estás ahí, sácame de todo esto.

Quizá no recuerde las fechas exactas, había transcurrido quizá un mes o menos, debo confesar que tenía más calma, como si algo que no sabía explicar estuviera ocurriendo, y entonces ocurrió. Estaba en casa, el día era soleado, y suena el teléfono:

—Hola, doctora, ¿qué tal está usted?

Es una voz conocida pero no acierto a saber quién es, solo cuando me dice soy el doctor jayme davis es cuando me late el corazón, las manos me sudan, y viene la siguiente pregunta:

—¿Cómo tienes tu inglés?

—¿Mi inglés?

Y entonces le cuento todo el proceso de la muerte de mi madre y mi viaje a los estados unidos. Hay un silencio al otro lado de la línea.

—Lo siento, clarita, tu madre y yo fuimos compañeros de lucha, era una gran mujer y una muy buena profesional, una gran trabajadora.

Mis ojos se llenan de lágrimas.

—Sí, lo sé.

Me dice:

—Nos ha pedido, el gobierno de sudáfrica, una colaboración con médicos. De inicio, 96 profesionales de la salud de diferentes especialidades. Ya hubo un curso de preparación con el idioma, pues tengo algo que en estos momentos te puede ayudar, si estás dispuesta claro. Estoy al frente de un programa de colaboración con sudáfrica a través d el gobierno de mandela, si te interesa, preséntate mañana a primera hora, que los exámenes no han terminado.

Doy las gracias y nos despedimos. ¡uf! ¿y ahora qué? ¿voy o no voy? Pero tenía clara la respuesta.

Pero yo sabía que iría, que el doctor davis se hubiese

tomado el trabajo de localizarme y haber pensado en mí para esto, significaba algo ¿o no?

Llega el día de acudir a la entrevista, no digo nada a nadie, dejo a mi hijo en el círculo infantil y allá vamos. Nerviosa, ni sé cómo he podido llegar a tiempo, pero allí no hay nadie, ¿estaré en el sitio equivocado? Una señora con una afable sonrisa me dice: «doctora, acaban de irse, hoy el examen es en el hospital gonzález coro, pero si usted no ha hecho el curso de inglés no podrá asistir a la entrevista. Es muy reglamentario, ¿sabe? Y hay que cumplirlo paso a paso». (¿te suena de algo?) Ya estás montada en el burro hija, ¡ala, tira pa lante! Me digo a mí misma mientras salgo del local y ¡bum! Un taxi ahí frente a mi, ni que lo hubiera pedido. Llego al hospital, pregunto dónde son las entrevistas, me orientan en el quinto piso, cogiendo el ascensor de la izquierda. Llego al dichoso ascensor (aquí, en este país, hay cola para todo), alguien me dice, usted primero, doy las gracias, ¡uy! Ese acento no me suena. Ya en el cuarto piso nos quedamos dos personas, sí, ese mismo, el señor amable, y yo. Levanto la vista por primera vez, es un hombre alto y grande, enorme diría yo. Me sonríe, es un mulatón (como diría mi hermana), le sonrío.

—¿Va usted a las entrevistas? —pregunta en perfecto inglés.

Vaya, vaya, y contesto claro, en inglés. Siguen otras preguntas personales, alguna de mi especialidad, por su expresión cordial, alegre diría yo, no le he caído tan mal, me digo para mis adentros.

—Hemos llegado, usted primero por favor. —pues su español está bien, bueno con ese acento, (yuma). Me sorprendo al darle la mano y oírle decir—: yo estoy al frente de la parte de ginecología y obstetricia. —se acerca un funcionario en ese momento y le dice—: la doctora no necesita entrevista, ya está hecha, arreglen sus documentos.

¡yo estoy patidifusa! Se me acerca una de las doctoras, para mí una crack de la especialidad y de la disciplina, me llama por mi nombre contenta y me dice:

—Así que hablas tan bien que ni entrevista, y bueno, yo recuerdo que presidí tu examen de especialista, estás muy bien mi hija, ¡tú ya estás lista!

Pero ¿para qué?

Todo fue bastante rápido, entre papeleos, y firmas y autorizaciones, pero rápido, la salida estaba programada para el 7 de enero.

Tengo que despedirme de mis familiares, la tía carmela (mi gran maestra, la matriarca de la familia) me dice a solas: «todo va a estar bien, y yo estoy aquí para lo que necesites». Ya tiene 88 años y sigue estando ahí para todos. Mi pareja y yo estamos divorciados legalmente, pero no separados, sí, a pesar de tantas dificultades, un día pelea y otro también, si has pasado por alguna separación, querido lector, ya sabes de qué va todo esto, y dejar a mi niño era lo más difícil, pero a lo hecho pecho.

Una amiga me dice: «al niño, clara, un juguete, eso más que nada». Ella es la psicóloga infantil del policlínico, mi apoyo, mi confidente, y cumplí al pie de la letra sus instrucciones, le regalé un juguete. «que sepa que su mamá está ahí, no te va a olvidar». Había que ver su carita en el aeropuerto, acompañado de su padre. Miré alrededor por un instante y era como un espejo, familias, padres hijos, abrazos, llanto y dolor, mucho dolor.

El vuelo, y las historias de cada quien, no diferían de la mía propia, sobre todo porque dejábamos familias necesitadas y mucho. El país estaba en una situación muy crítica, y la única manera de ayudarlas un poco era esta,. Así que ahí estaba yo, a muchos pies de altura, entre historias, risas, lágrimas, abrazos, y que no falte un trago de ron acompañado de "y no es por tu amor", "lágrimas negras", "la lupe", "caballo de la sabana", y muchas más canciones que nos vieron crecer y bailar a ritmo de la salsa. Un estribillo de silvio rodríguez y pablo milanés. Cierro los ojos... Gracias señor dios, has escuchado mi súplica... Gracias, gracias, gracias.

CAPÍTULO 2

NELSON MANDELA

ÁFRICA... GRACIAS

Si miras con lentes menos materialistas, las células viejas son como mapas de la experiencia de una persona. Allí están impresas las cosas que te han hecho sufrir junto con las que te han proporcionado alegría. Las tensiones que olvidaste hace tiempo en el plano consciente siguen enviando señales, como microchips sepultados, y te causan ansiedad, nerviosismo, fatiga, aprensión, resentimientos, dudas y desilusiones. Esas reacciones cruzan la barrera entre mente y cuerpo para convertirse en parte de ti. Los depósitos tóxicos acumulados en las células viejas no se presentan de modo uniforme; algunas personas adquieren muchos más que otras, aunque entre ellas exista poca diferencia genética. Por la época en que cumplas los 70 años, tus células tendrán un aspecto único, pues reflejarán las experiencias únicas que has procesado y metabolizado en tus tejidos y órganos.

Una vida entera de existencia inconsciente conduce a numerosos deterioros; en cambio, una vida entera de participación consciente los previene, porque somos información y energía.

Sudáfrica es un país precioso, con una vegetación tan variada, una fauna tan rica, unos mares tan bravos, y una cultura muy propia... ¡es impactante!

Es enero, como ya sabes, el hemisferio sur está en verano, muy favorable para una cubana que viene del trópico, todo veranito, sol y playas. Aquí lo iba a tener difícil, lo del sol no, pero me habían dispuesto a un pueblo llamado "upigton",

Cerca del desierto del kalahari, frontera con namibia, y entre actos y ceremonias de recibimiento supe dos cosas: sudáfrica no es tan "negra" y aquí todo el mundo "canta" (luego os cuento).

Estamos en un supermercado "checkers", y tengo que decirlo, faltaría más, salir de una cartilla de abasteci-mientos, desde que tengo uso de razón, a ver esto, jo-der, sí que es impresionante, pero no es eso lo que voy a contar... Mi compañera y yo (la pediatra) estamos en un pasillo muy largo y vemos que una pareja se nos viene acercando, sonrientes y sorprendidos.

—Hello... ¿las doctoras cubanas?

—Pues sí.

—Somos los primeros en verlas de cerca —dicen, y nos dan un abrazo. Ella se presenta—: dina beukers, enfer-mera del hospital público donde ustedes van a trabajar.

—Y yo soy aubrey beukers, pastor de la iglesia ortodoxa —¡Bum! Tú pides y yo te sirvo completo—. Mañana las recogemos y vamos al servicio, es decir, a misa (jajajaja)

¿Sorprendido, querido lector? Cuando leíste la intro-ducción de este libro viste que de niña yo iba a la iglesia, pero habían pasado años, ya tengo 36, una adulta muy marxista cabe decir, pero me sentí bien allí, no era para nada incómodo, aunque el sermón tomó un tono más bien político diría yo. Aquí se tocaba mucho el tema del apartheid, causa de muchos males, o de todos los males. Se hablaba de tomar acción, de programas de leyes, de aspecto social... Aubrey reafirmaba la necesidad de educación, de estudiar, de aprender... En eso estamos de acuerdo, ya lo tenía inoculado en mis propios principios, pero había un toque de, si tú no lo haces, nadie lo hará por ti. Bueno, la sociedad tendrá que cambiar muchas cosas porque eso de que lo harás por ti... O un algo superior vendrá a hacerlo, vamos, como que no. Nosotros los cubanos tuvimos que hacer una campaña de alfabetización en el año 1961, eso sí que acabó con la ignorancia, y bien dura que fue. «pues haber si hacen ustedes algo parecido», decía yo para mis adentros. «bueno tranquila que estamos aquí solo por cortesía, es domingo, hay muchas presentaciones, y empatizamos con esta gente muy bien».

Unos días después nos informan de que vamos a visitar una zona de la población muy pobre. Son áreas con muy poca o casi ninguna asistencia sanitaria, es decir, nosotros venimos a prestar un servicio, ahora vais a ver quienes eran nuestros pacientes... llegamos a un área bastante grande, no habían más de 2000 habitantes, terreno de tierra, aquí no hay asfalto, y esto que llaman casas son algo, y créanme, digo algo... Aubrey me dice que es un squater camp; son casuchas hechas de cualquier tipo de material, ya sea cartón, zinc, plásticos... Aquí no hay agua potable, no hay tendido eléctrico, y yo miraba absorta, aquí hay miles de personas, están unas muy juntas a otras, oh mi dios, ¿cómo se puede vivir así?

Seguimos andando, dentro de esas "casas", por llamarlo de algún modo, podía no haber nada, lo que se dice nada, hasta una tele y una nevera de último modelo. Olía a orina, mierda, polvo, cualquier cosa menos higiene, esa palabra no cabe, esto es miseria joder.

De pronto nos llevan a un sitio como una sala, ahí debian de hacer las reuniones, o qué sé yo. Bien, hablaron los dirigentes, nos anunciaron que seríamos los médicos que el gobierno de castro (aplauden) había enviado para que ellos tuvieran asistencia gratuita en los servicios de salud, etc., etc. Al salir de allí, ni idea de cómo entramos, el caso es que se concentran frente a nosotros, los niños me rodean, mis ojos se empiezan a llenar de lágrimas (oh, mi hijo, que lejos estás...) y comienzan a cantar "nkosi sikelel'iafrika", que es el himno sudafricano, pero no es el himno, es el sonido, es la entonación, ¡es todo! Sus pies retumban en el suelo de tierra árido, duro, todos están descalzos, puedo ver la nube de polvo sobre nuestras cabezas, ¡oh, dios mío! Es tan emocionante. Sus caras sonríen cuando cantan, "praise the lord". Y otras muchas más, y es tan intenso, tan armónico, el retumbar de sus pies como tambores, la entonación del coro al unísono... Nadie desafina. Siento la carne de gallina en mi piel, el pecho se me aprieta por la emoción, tomo a esos niños de mi mano y yo también canto, con lágrimas, con emoción, con dolor, y aprendo mi primera gran lección: la miseria tiene la cara que le quieras poner; el ser humano es más grande que ella... ¡esto es áfrica!

El hospital al que fui destinada no era muy grande, más bien rural, con unas 250 camas (a veces había que poner camas en los pasillos). Yo venía de una familia de mujeres trabajadoras, y de un país de mujeres muy trabajadoras, así que no le temía a la carga de trabajo, salvo cuando me dijeron: «usted es la única especialista de ginecología y obstetricia de este servicio público, y además de unos cuantos pueblos de los alrededores». Y claro, la pregunta me salió sola: «¿y los demás?»

Esto es un pueblo grande, tiene que haber más médicos, o como paren, aquí la gente, más o menos, hay una población de unos 70000 habitantes.

La respuesta fue: «doctora clara, los demás son blancos y están en el hospital privado, y usted no tiene acceso a ellos, y ellos no prestan servicio a la población negra y pobre...». ¿quéeeee? Puedes reírte o llorar, amigo lector, da igual, lo que si no vas hacer es quejarte, no va a haber tiempo para ello.

Pronto me di a conocer, era importante ver con qué contábamos, pues para mi sorpresa, era un hospital con todos los recursos clínicos y quirúrgicos, y un elenco de enfermería muy bueno. Estas chicas son muy aptas, muy dispuestas, saben lo que hacen, y ahí estaba dina beukers, con esa sonrisa siempre en sus labios, esas ganas de ayudar y servir a todos (gracias amiga, gracias). Éramos 7 de nuestro lado: una pediatra, mi gran mentora, aprendí mucho con ella; un cirujano, no, no, un profesorazo de cirugía, con una habilidad de pocos, doctor castillo; y el otro, el doctor cisneros, un clínico de cardiovascular; mi amigo, el doctor cairo, un traumatólogo; juan, y un anestesiólogo, javier... (un crack). Contábamos además con 3 médicos sudafricanos (mestizos) que se unieron al equipo.

Hubo que hacer de todo. Nos rotábamos las guardias y cada quien asumía lo que viniese a urgencias. Había que integrar todo lo aprendido, así que te podrás imaginar, desde poner una escayola, reducir una fractura, ingresar a un niño, valorar un dolor abdominal, suturar una herida, y asistir a un nacimiento… gracias a esas enfermeras, y en especial a las de quirófano, pudimos arrancar.

El trabajo duro fue mi refugio, y doy gracias a ello. Tuve que asociar lo aprendido (no tenía ni la protección ni el apoyo, de mis profesores, y supervisores, no estaba en mi sistema, no era mi país), pero no me sentía sola, claro que el nivel de responsabilidad era mucho mayor; tuve que aprender a tomar decisiones, muy precisas y a tiempo. El hospital de referencia estaba a 400kms, en kimberly, cabeza de provincia, así que vendrían momentos muy difíciles, y ahí estaba el director del hospital para recordarte el uso de los recursos y cómo optimizarlos. Nada, aquí no se derrocha y punto.

Recuerdo mi primer parto con la enfermera obstetricia, o matrona como decimos aquí. Aún veo su cara de sorpresa o, más bien, de interrogación.

—Dina,¿la paciente trae un historial de atención prenatal?

—No, doctora, solo algunas veces, puede haber asistido a la clínica.

—¿Y sabes si tiene algún antecedente de importancia?

—Pero igual ella no sabe, ¿me entiende?

—Sí, Dina, creo que voy entendiendo algo.

—Doctora, déjeme explicarle, usted va a ir conociendo poco a poco algo de nuestra cultura, y verá que muchas, muchas mujeres, paren en sus casas, asistidas por alguna mujer que ya se ha dedicado a esta labor. Usted va a conocer las costumbres, y verá que algunas tienen muchas complicaciones que asumimos en el transcurso del parto…se va a ir acostumbrando, con calma, doctorcita, con calma.

—¿Y dónde está el padre del bebé dina? ¿y la familia?

—Vamos a ver doctora, muchas de las mujeres que, como ve, son muy jóvenes, se quedan embarazadas así, sin más, no hay hombre, ¿entiende? Y la familia está cuidando a los otros niños en casa, o están trabajando. Vamos, que ya está completa la dilatación, venga conmigo.

Parir es algo tan natural, es tan biológico... Miro a esta chica, no tendrá más de 20 años, me pongo una bata y un par de guantes. La enfermera me señala con la mano que no intervenga, y le orienta con sus palabras, en su lengua (africans), que respire y que empuje (drack, mama). Lo hace con voz firme, autoritaria. La inminente madre me mira, gotas de sudor corren por su frente, ojos llenos de lágrimas, su abdomen se contrae con cada contracción, las venas de su cuello se ingurgitan del esfuerzo. Le tomo la mano, la miro y sonrío. Ella entiende, me aprieta fuerte, pongo mi otra mano en su cuello, instándola a flexionarse hacia delante, siento su respiración rápida, fuerte, balbucea algo (oh, god). Me aprieta aún más mi mano, le digo vamos, vamos ya casi está.

Es un momento, un grito, y se desploma sobre mi pecho, llora, me abraza, y escuchamos otro llanto, me mira y dice, dankie, que significa gracias.

¿querido lector, aún estás ahí? Te voy a decir algo, cuando yo comencé mis estudios en medicina, no tenía definido a qué me iba a dedicar. Y entonces, después de graduada, me fui 3 años a realizar un servicio de prácticas, en cuba le laman postgraduado. Lo hice en la isla de la juventud, fue una etapa muy bonita, alegre, de mucho trabajo y diversiones, con una energía característica de los 24 años. Ahí fue cuando decidí dedicarme a la obstetricia y, te confieso, no ha pasado un día de mi vida profesional en la que no sienta esa emoción y esa satisfacción al escuchar el llanto de un ser nacido, y ver la expresión en los ojos de esa madre, ese alivio, esa ternura al poner a su hijo en sus brazos. Es algo que siempre he admirado con un gran respeto y un gran amor hacia la vida.

Claro, da igual, es mi sentir, es como yo lo he experimentado, es como lo vivo. Aquí, en áfrica, no va a cambiar, ese momento siempre es único, ¿me hago entender? Bueno, tendremos complicaciones, habrá momentos muy estresantes, siempre los hay, para eso estamos aquí, ¿o no?.

Una vez la madre está con su hijo en la habitación, todo muy limpio y acogedor, la pediatra, mi amiga sonia, ya ha revisado al bebé, así que lo ponemos con su madre y ella saca el pecho, y él, instintivamente, se pone a mamar. Todas reímos, dina me mira y sonríe.

—Gracias doctora —me dice—. Venga, le preparo una taza de té (yo bebo café, ¡soy cubana!)

Como si supiera lo que pienso, ríe y dice:

—A esto también se va a acostumbrar, ¡doctorcita!

Tienen una oficina, o control de enfermería, ahí se preparan el té, y también hay galletas y frutas, etc.

—Doctora, usted no puede imaginarse lo agradecidas que estamos.

—¿Por qué? Si ha sido un parto de lo más natural.

—No, doctora clara. El parto fue muy bien, pero debo decirle que usted no sabe que desde hace meses estamos asistiendo solas.

—Como, ¿solas? ¿y los médicos? ¿a quién llamáis cuando se complica algo?

—Desde que los médicos blancos se negaron a prestar servicio en el hospital público, o a la población negra, quedamos con el apoyo del doctor Issacs, el doctor Witbooy y el doctor Dirgardt. Así que si ellos podían echar una mano, como pertenecen a la comunidad mixta, colores... vienen si hay que hacer una cesárea, o instrumentar un parto. Con ustedes aquí, con los médicos cubanos,será diferente. Espero que seamos más que compañeras de trabajo, puede contar conmigo como una amiga.

La miro, sonrío, y solo digo:

—Seguro que sí, no hay nada que un poco de cariño no pueda conseguir.

Cada mañana, al llegar a la sala, ahí estaban dina, ana (la jefa de la sala), elsie (la pediatra) y yo. Siempre entrábamos juntas, luego ella iba a la sala de pediatría. A veces amanecíamos, porque había partos a todas horas.

Esa mañana aún estábamos allí. Me habían llamado en la madrugada. Se trataba de una mujer joven, la enfermera de turno me llamó porque en el registro no estaba bien el latido, y como no podíamos precisar cuantas horas llevaba en ese estado, pues al llegar ya estaba con unos 7 cms de dilatación, y era probable que hubiese estado con contracciones desde horas antes, y la distancia desde donde venía era bastante. Nos pusimos con ella, tomamos muestras para el laboratorio, le pusimos una vía, con hidratación, y vigilamos el ritmo cardiaco. Llegó el momento expulsivo y aquella cabeza no pasaba, estrés, este es el momento del estrés... Continúo subiendo, la madre agotada, con pocas fuerzas, no empuja, la enfermera ayuda haciendo presión sobre el abdomen con su brazo (kristeller). Nada, el avance es poco y el latido va disminuyendo, pido hacer una instrumentación (fórceps), y me traen uno antiguo, es la primera vez que lo veo (nosotros usamos espátulas o ventosas). Me dispongo a aplicar aquello, que encaja bien, tiro de la cabeza fetal y saco al muchacho, deprimido. Llamamos enseguida a la pediatra, no, ya sonia había venido tras de mi cuando vio que demoraba.

—Dina, ¿dime cómo está?

—Tranquila doctora, aquí estamos con él, reanimándolo.

—Ya está cogiendo color, usted encárguese de la madre.

Me acerco a la madre, y está sangrando mucho, y cuando reviso...

—Alguien que llame a quirófano, el borde del fórceps ha hecho un desgarro brutal. Vamos, vamos, apura, que vengan.

—Doctora, aquí viene la enfermera de la sala de hombres, va a necesitar ayuda.

Estos son los momentos, en que si el equipo falla, todo se pierde. En menos de una hora, el personal de quirófano, enfermeras y anestesista, son un bumerang, y logramos controlar el sangrado, poner sangre de refuerzo y suturar aquel tremendo desgarro.

—¿Dónde está Sonia?

—En el cubículo de neonatos —me contesta alguien.

Me dirijo allí y pregunto:

—¿Qué tal va?

—Pues parece que sale de esta...

Son las 7 de la mañana, estamos tomando un té, nos miramos sonia y yo, no hablamos, estamos exhaustas. Ella es especialista en neurología pediátrica, y como ha tenido mucha experiencia en neonatología, aunque ya hace un tiempo que se dedica mucho a la investigación, tiene mucha experiencia. Me sonríe y me dice:

—Recuerda que el cerebro es muy sensible a la falta de oxígeno, y a veces no se descubre el daño hasta que el niño está en el colegio, en infantil. Cuando las pacientes llegan, es muy difícil precisar cuanto tiempo lleva la pérdida del bienestar fetal. Primero, porque aquí las distancias son muy largas, no tienen medio de transporte, y no saben.

—Es muy triste que el transcurso de la vida de un niño se vea truncada por cosas como estas.

—Le hemos salvado la vida al bebé y a la madre, otra cosa será ver si llega a tercer grado escolar… este tiene buen peso, pero muchas madres no se alimentan adecuadamente durante el embarazo. Son muchos factores, clara, y no vas a poder resolverlos…

Pero te aseguro, lector, que desde ese día las cesáreas aumentaron, y abrimos una consulta de atención prenatal. Ya veremos la historia de los presupuestos... Sonrío, oh dios, hoy te doy las gracias.

Como casi todos los domingos, yo iba a la iglesia, pero mi querido Aubrey Beukes me había dicho:

—No sé qué te aflige tanto, pero creo que necesitas consuelo. Te voy a llevar a conocer a unos amigos.

—¿Dónde? —me mira y se ríe. Siempre se ríe, es muy alegre.

—Te he dicho que en sudáfrica las personas se ven en la iglesia, así que vamos a otra iglesia —dijo y yo me reí—. Pues sí, esta te va a gustar.

Estoy en una comunidad de personas humildes y sonrientes. Todos me saludan y me dan la bienvenida. De pronto, aparece un señor enorme, sí, enorme por todos lados. Es el pastor, le acompañan otras señoras que por el porte y el físico parecen ser de la familia, y ahí está de nuevo esa música, un coro que hace que tu alma vibre.

No estoy muy acostumbrada, pero aquí se predica de jesús, eso me gusta, y el que lleva dirigiendo el sermón habla de amor a jesús, de humildad, de resignación, pero sobre todo habla de humanidad, de dar para recibir, y de perdón.

Me conmueven sus palabras, yo que tengo tanta ira y resentimiento dentro. Hay una señora, muy gruesa ella, que canta un solo y su voz se eleva en lo alto, con ese vibrato típico de las sopranos, es impresionante. Luego continúan con otros coros más alegres, con más colorido, como sus ropas, brillan los azules, rosas y amarillos. Aplauden al ritmo de la música y sus cuerpos se mueven por igual.

Por primera vez en muchos días estoy alegre, de veras, quiero abrazarlos a todos. Gracias a ti, jesús, aunque has estado muy lejos, yo hoy estoy aquí, te siento.

CAPÍTULO 3

*"La esperanza, es poder ver, que hay luz,
a pesar de toda la oscuridad."*

DESMOND TUTU (PREMIO NOBEL DE LA PAZ)

Cuando sales por vez primera de tus terrenos, de tu confort, sea cual sea este, y te abres a algo desconocido, siempre hay conflicto, dentro y fuera. Así me sucedía a mi, que no entendía este apartheid, tanta discriminación y tanta injusticia, tanto muerto, tanto talento desperdiciado, tanta violencia.

Pero la historia de la humanidad está llena de episodios de violencia, de racismo, de discriminación a la mujer, de genocidios, de abuso a infantes, y áfrica era puro ejemplo. Tanta belleza natural, kilómetros y kilómetros de tierra fértil, bosques tan verdes y abundantes, planicies de color terracota, donde veías a los leones, cebras y elefantes, lagos llenos de hipopótamos, montañas que se alzan hasta que la vista alcanza, cielos tan azules que ni las nubes se atreven a aparecer... Simplemente una naturaleza virgen, vital y bella, para ser apreciada por el mayor animal del universo, el hombre.

Me llaman del hospital:

—Venga, doctora, es una niña.

—¿Qué ha pasado? ¿un accidente?.

—No, no, es algo mucho peor.

Me dirijo a urgencias, la enfermera me explica que esta niña tiene solo 7 años y ha sido violada.

—¿Dónde está la madre? —pregunto, y cuando la veo me dirijo a ella—: señora, ¿me puede explicar qué ha pasado?

—Perdone, doctora, la niña estaba dormida, y de repente, oí un llanto...

—Siga, siga. ¿qué pasó? ¿qué vio?

—Su tío estaba sobre ella...

Me acerco, la niña está encogida sobre sus piernas, gime, la acaricio y trato de examinar su abdomen, duele solo de intentar tocarla. Trato de examinar su entrepierna y el grito es terrorífico.

—Avísame al anestesista y canaliza una vía.

—Sí, doctora Clara, enseguida. Y aviso al personal de quirófano.

—Y, por favor, comuníqueme con el doctor Isaacs, creo que voy a necesitar ayuda.

Momentos después estamos en el quirófano, le explico a mis compañeros que sospecho que hay alguna lesión más profunda, y sin anestesia será imposible examinarla.

Una vez dormida, examinamos sus genitales; hay desgarros que no sangran activamente, pero lo que sospechaba estaba ahí, tenia una perforación del fondo vaginal (douglas), por ello, la reactividad del abdomen está perforada, ¡¡joder!

Tenemos que abrir la parte baja del abdomen con una incisión (fhanesteel), revisar el intestino y cerrar la herida. También el fondo de la pelvis, cerramos todo, se va a recuperar bien. No hubo daños severos que comprometan su vida.

—¿Clara, estás bien? —me pregunta el doctor Isaacs—. Sé que es doloroso, pero estos casos pasan.

—Hagamos un informe, y el médico forense lo podrá procesar ante el juzgado.

—Clara, ¿me estás escuchando?

—Sí, no soy sorda. ¡no quiero que nadie me diga ni mu!

—Un té doctora, por favor.

—No, gracias, ya son las 6 de la mañana. Gracias a todos, de veras, y no, no estoy nada bien...

La esperanza es poder ver luz, a pesar de la oscuridad... ¡y una mierda! De donde yo vengo, esto no sucede, yo nunca lo he visto, es tan asquerosamente cruel... Me voy y me siento fuera, sobre una piedra. Ya empieza a amanecer, tengo tanta rabia, tanta ira, tanto dolor... Y lloro, coño, por mi hijo, por mis amigas, por las niñas de todo el mundo, por cada mujer que ha pasado por una vejación semejante. Lloro porque tengo tanto resentimiento que se mezcla con este acto tan violento, tan deshumano... Ahora mismo que no se me ponga delante porque lo mato, ¡lo mato!

Las experiencias se viven, pero no depende solo de experimentarlas sino de cómo experimentamos estas experiencias, de cómo juzgamos, o cómo aceptamos las experiencias por las que vamos a vivir. Y eso es lo que quiero que veas conmigo, quiero que sepas que llevamos miles de experiencias transmitidas de generación en generación, pero con un matiz muy diferente de percepción e interpretación. Por eso un curso de milagros dice: "sana tu percepción". Todavía falta mucho para yo poder sanar la mía (sonrío).

Horas después, voy a ver a mi pequeña, ya sin dolor por la medicación, comiendo un plato de avena. Me mira, sonríe a medias, y me dice:

—No va a pasar más, doctora, ¡yo me voy a portar bien! —y me abraza.

Su inocencia me desarma, me conmueve, y le digo:

—Sí, todo va a estar bien, y tú eres un ser maravilloso al que podrán dañar tu cuerpo, pero tienes un alma, y esa, si tú quieres, nadie la podrá dañar.

Por cuántos momentos dolorosos has pasado, sí, tú que estás aún en estas páginas, pero has escogido ¿qué? ¿superar el dolor o escoges sufrir? Porque de veras te digo, ¡el sufrimiento es una elección!

Para los más exigentes, os traigo unos datos:

Las estadísticas en sudáfrica sobre violencia contra mujeres y niños marean por su magnitud: se habla de **una mujer violada cada 26 segundos, una mujer asesinada cada seis horas**, seis veces más que la media global. Aun así, nadie tiene claras las estadísticas. Lo que sí es evidente es que desde el final del apartheid, en 1994, las agresiones sexuales denunciadas se han disparado hasta revelar una epidemia. En 1994, se denunciaron a la policía 44.571 violaciones. En 2006, la figura llegó a 53.000. Las últimas figuras facilitadas por la policía, -criticadas porque bajo el epígrafe de "delitos sexuales" se mezclan agresiones sexuales y, por ejemplo, desmantelamientos de burdeles-, **ascienden a 68.000.**

Ya te enterarás del resultado de este caso, porque claro, yo lo iba a llevar a juicio sí o sí.

No te vayas, aún queda mucho. Pero recuerda: todos, todos, podemos superar las circunstancias y alcanzar el éxito si están dedicados y apasionados por lo que hacen. Sino, amigo lector, yo no estaría aquí, y tú, tampoco.

A pesar de las malas noches y de días agotadores de trabajo, fui metiéndome en su cultura, en su gente, en su comidas y costumbres. A pesar de tanta diferencia, había algo que los unía, que los hacía muy iguales. Sister hum o gium, como se entienda mejor, una blanca sudafricana de ojos azules que tenía 2 hijos, a veces llegábamos a su casa y estos adolescentes tenían en un plato 10 o 12 lascas de pan de molde, con algún tipo de mermelada, y un café con leche; es decir, esa era la cena y poco más.

Entonces aquí, tanto blancos como negros o mestizos, tenían necesidades, había carencias en cualquier casa, no era tan diferente a la mía allá en cuba, que también había carencias de recursos, de comida y de productos de primera índole. La diferencia era que estos adolescentes tenían el propósito de hacerse un mundo mejor al que le habían dado sus padres que tanto trabajaban.

El igualitarismo que predica el comunismo no es real, es más un dogma, es solo otro lado de la misma moneda. Te doy, te protejo, te hago creer que si te cambio las circunstancias entonces todo cambiará, que la culpa está en el otro, llámese burgués, imperialismo, lo que sea. Pero la pregunta es, ¿dónde estoy yo? ¿quién soy yo?

Todas las doctrinas, sean cuales sean, tienen algún tipo de limitación. Yo viví la experiencia, desde la infancia, y agradezco todas y cada una de las enseñanzas aprendidas, sobre todo porque si la educación cuesta, no quieras probar el precio de la ignorancia. Pero tiene que haber otra forma, hay algo más ahí fuera de nosotros, y que a la vez forma parte de nosotros mismos, y que en última instancia, somos los únicos responsables de alcanzarlo.

Aprendemos de los padres, de los abuelos, de los bisabuelos, de los amigos, de la escuela, de la universidad, de la sociedad, sea esta cual sea, de los medios de difusión... Es un sinvivir de información, y ni tú ni yo cuestionamos nada de nada, lo damos por hecho. Esto es bueno y esto es malo, así de fácil.

Mira, el lenguaje es muy poderoso, el lenguaje es capaz de describir la realidad que vives, y escuchamos, llevamos siglos solo escuchando, lo que otros quieren que oigamos. Así vamos creando un sistema de creencias y de pensamientos, creamos nuestras emociones y actuamos acorde a ellas, para obtener unos resultados, sí, esa vida que hoy tienes es el resultado de todo este arte creativo y programado.

Pero te traigo una noticia, existe un camino, el arte de desaprender. Existe otra forma, no, no las han enseñado, tenemos que decidir y escoger por nosotros mismos. No, no es nueva, lleva miles de años, antes de Cristo ya estaba ahí.

Aún estás a tiempo, si yo y tantos pueden, tú también puedes.

Atrévete a decir sí, existe un cambio, y sí, yo puedo lograrlo.

¿Me sigues? ¿Me vas entendiendo? Si todo esta en mí, si yo soy parte de ese todo, entonces en algún punto tenemos que estar unidos, y es en ese punto donde yo soy tú, y tú eres yo.

¡Seguimos!

CAPÍTULO 4

En la cultura africana, y en sudáfrica, se alaba a los ancestros, es decir, la persona mayor que ya abandona este mundo debe irse en las mejores condiciones posibles para que así, desde el más allá, pueda enviar sus bendiciones y perdonar aquellas cosas mal hechas durante su vida aquí en la tierra.

Lo veíamos siempre en el hospital, en la sala de medicina interna, cuando había algún viejito muy malito que se sabía que se iba a morir, allí estaba toda la familia, niños incluidos, y yo siempre preguntaba:

—Pero si no lo cuidaron, si casi se muere de hambre ahí tirado en un rincón, ¿cómo vienen ahora todos? Ya no hay nada que hacer.

—Doctora —me dice verónica, la enfermera—, lleva usted mucho tiempo mirando, eso no les gusta.

—¿Por?

—Vamos a ver, doctora clara, son sus costumbres, su cultura. Forma parte de ellos, de nosotros. Que en su tierra no sea así, no quiere decir que nosotros no amemos a los nuestros.

—Yo perdí a mi madre verónica, no pude estar allí...

Hubiese dado cualquier cosa por estar con ella en sus últimos minutos...

—La puedo entender, pero no deje que ese resentimiento y ese dolor le hagan perder las cosas buenas. Desde el cielo ella vela también por usted. Venga, tiene una notificación del juzgado.

Al otro día a las 9 am, estaba yo en el juzgado. Me llaman a declarar y explico todo el caso, con proceder incluido, estado de la niña, etc. El médico forense hace su declaración. El director del hospital, que además fue mi ayudante, se sienta conmigo en un salón a esperar. Yo, como siempre, ya estaba tejiendo de antemano mi veredicto, cuando se me acerca el director del hospital, si mal no recuerdo, y me dice:

—Doctora, lamento decirle que el caso no va a proceder.

—¿Cómo dices?

—No, doctora clara, la madre acaba de retirar la denuncia.

Esto que te voy a decir es muy difícil de describir, aún hoy me faltan palabras. De más está decirte el cabreo, no, qué va, ¡el puto cabreo!

El doctor isaacs me contó un día que tenía unos 8 años, aproximadamente, y había ido de compras con su madre. Iban caminando por la acera cuando de pronto, un niño, en una bicicleta, le da un coscorrón tan fuerte en la cabeza que lo hizo estremecerse. Intuitivamente, va a reaccionar y su madre lo aprieta contra ella, y le dice: «no, por favor, tranquilo, tranquilo, que te podrían arrestar».

Él me cuenta, y dice, que sus ojitos de niño al fin se llenaron de lágrimas, pero que lo que sintió dentro fue horroroso. Odió desde ese día, ¿sabes por qué? ¡ese otro niño era blanco!

Y esta otra familia, esta otra madre, que le han violado a su hija, que además tiene otras cuatro bocas a las que dar de comer y vestir y mantener, y que tiene ancianos que atender, en la medida en que puede, y que todos viven en un hacinamiento brutal porque no hay espacio para más; esta otra familia, depende de ese "tío" que es quien mantiene a toda esa tropa. Por lo tanto, no puede ir a la cárcel porque los otros no saben cómo sobrevivir.

Qué te voy a decir, qué te puedo contar, cómo te explico mi sentir... Miro alrededor, hay muchos, me imagino que todos parecidos. Nos vamos de allí.

—Lo siento doctora, aquí hay muchos casos como este.

—Sí, ya voy entendiendo, ya veo, pero no quiero ver...

Yo también me quedé sin palabras, sí, como tú, y seguro te vendrá alguna historia, algún recuerdo quizás, de tu infancia, de tus abuelos, de tu madre, de algún vecino, no importa. Cuando reprimimos y reprimimos las emociones y los sentimientos, cuando ni siquiera somos capaces de expresarlas, se van enquistando en algún lugar de nuestra psique, de nuestro inconsciente. Lo peor es que las consecuencias pueden ser tan funestas como una enfermedad crónica, una depresión severa, o hasta un cáncer. El cuerpo enferma porque el alma no tiene otro medio de decirnos: presta atención, este también puede ser un camino, la enfermedad.

Creámoslo o no, el cuerpo y la mente, de alguna forma, están muy unidos y conectados entre sí. Cuando una mujer lleva a su hijo en su vientre, y es atacada o violentada por algún factor externo, su hijo, que crece dentro de ella, sufre la misma consecuencia cuando el torrente sanguíneo se llena de tanta adrenalina y cortisol, segregadas en los estados de estrés, ese ser ahí dentro, también sufre el efecto.

Cada niño traído por mis manos a este mundo, de una u otra forma, ya viene con el estrés emocional de su madre. Cada parto, sin apoyo de un padre, a veces en la más absoluta soledad y carencia afectiva, envuelto en la más absoluta miseria, no solo material, me recuerda esos días en áfrica, y mi ira, mi odio, se fue mezclando con una inmensa compasión que fue creciendo más y más al escuchar el llanto de un recién nacido que tomaba en mis brazos, y sin saber ni siquiera cómo, los bendecía, los ponía en el pecho de su madre y le mostraba mi mejor sonrisa.

Veía en cada varón a mi hijo, que tan lejos estaba de mí; en cada niña a mi propia niña interior; en cada mujer el amor a la verdad, como un impulso del alma que despierta y que comienza a intuir el sentido profundo y bello de la vida.

Esa áfrica dolida, sufrida por siglos, violentada en su máxima expresión, comenzó a producir en mí un sentimiento que no conocía, unido a la solidaridad aprendida; pero era algo mucho más genuino, más interno, con una certeza cada vez más fuerte. Algo estaba cambiando y yo ni siquiera podía nombrarlo aún.

¿Cómo puedo ayudar? Si estás ahí, si confié en ti una noche en que mi dolor me cegaba y la ansiedad me consumía, también estás aquí, porque ahora sé que tú siempre estás, y estarás..

El patio de la iglesia estaba lleno de duraznos florecidos. El aroma inundaba el aire que se respira. Estoy tan contenta, la gente aquí es tan familiar, tan simple, diría yo, tan respetuosas. Me han pedido que bautice a algunos de estos niños; entre ellos hay un par de gemelas, son preciosas. También me han pedido si puedo hacer unas charlas en la escuela bíblica para adolescentes, sobre educación sexual, y estoy muy entusiasmada.

El pastor, míster coock, se me acerca y me dice que la directiva de la congregación ha enviado una carta a la ministra de salud, y al presidente mandela, pidiendo que los médicos cubanos debían tener sus familias aquí, otras instancias de salud y del gobierno lo están solicitando.

—Debe estar muy contenta, doctora clara, podrá venir su hijo.

—Ojalá, pastor, si así fuese, entonces, me quedaría más tiempo.

—Y usted, ¿no tiene esposo?

—No, yo estoy divorciada.

—Seguro que el señor le tendrá algo mejor en su vida.

—Jajajajaja —me río—. Sí pastor, pero por ahora, déjelo estar —los dos reímos.

El día transcurre entre música, cantos, alabanzas y bendiciones; y la fabulosa comida sudafricana que siempre lleva cordero a la brasa y ensaladas, y un pan buenísimo que no tengo ni idea de cómo lo hacen.

Anita, que es la esposa del pastor, se me acerca y me pregunta:

—¿Quisieras aceptar a cristo en tu vida?

Yo me quedo algo confusa y no le contesto inmediatamente. Pero si hay que aceptar a jesús para entrar y compartir estos domingos, pues que así sea. Y entre risas, bailes típicos y mucho colorido (verdes, azules y amarillos), me dejo llevar a una especie de piscina, me zambullen en ella, completamente vestida, ¡y wualaa! Bendecida en el nombre de Jesús.

Hoy todo era fiesta, ya conoceríamos a nuestro jesús, me lo acababan de presentar y lo conozco muy poco, o mejor dicho, solo de nombre. A ver qué me va a enseñar.

…Y a ti, ¿qué te enseño Jesús? Pues no te vayas, igual aprendemos algo juntos.

Entre los problemas de salud de la población que yo atendía, que eran muchos, había algo que llamaba la atención y era la cantidad de procesos infecciosos pélvicos, algunos verdaderos abscesos complicados con peritonitis, que terminaban en histerectomías. A veces hasta 6 en una semana, nunca he operado tanto en mi vida. Revisando estadísticas, y consultando a los otros compañeros, me entero de que el aborto ilegal, y sus complicaciones, es un problema muy serio en todo el país.

Y allí estaba yo, en pleno johannesburgo, en el baraguana hospital —ni que decir que es uno de los más equipados y grandes de todo el continente africano, y comparado con los mejores del mundo—, donde íbamos a estar durante más de una semana, en un curso preparatorio de consejería, métodos y legalizaciones con respecto al aborto. El gobierno de sudáfrica legalizaría el aborto con el objetivo de disminuir la cantidad de muertes maternas, asociadas al aborto ilegal.

Habíamos más de 200 profesionales de todo el país, trabajadoras sociales, psicólogas, administrativos, etc. Suscribo parte de un artículo:

La ley de "libre elección respecto a la interrupción del embarazo" (1997) permite el aborto sin ninguna restricción durante las primeras doce semanas de gestación. Esto ha logrado, según ipas (organización que protege la salud de las mujeres), reducir en un 91% la mortalidad materna y en un 50% la tasa de lesiones relacionadas a esos procedimientos.

En 2008 la ley fue ampliada, hecho que posibilitó un mayor acceso de las mujeres a la práctica del aborto legal y seguro. "la ley de enmienda mejoró la ley original al proporcionar mayor acceso a los servicios de aborto, especialmente a las mujeres pobres, jóvenes y rurales".

Un informe difundido por rima web reveló la trascendencia de esta ley en sudáfrica, debido a la cantidad de grupos en contra del aborto, además de los profesionales que niegan esta práctica. Por ejemplo un médico de "doctores por la vida", aseguró que "un 70 por ciento del personal médico no cree en el aborto, pero son obligados a realizarlos contra sus creencias".

Esto fue algo muy, muy duro de trabajar, a pesar de psicólogos de estados unidos, profesionales holandeses, alemanes, expertos en trabajo social (toda una artillería pesada como diríamos los cubanos), poner en práctica una ley que en primer lugar iba a favorecer a la población pobre y negra, ya era sabido que los más favorecidos viajaban al reino unido, o a holanda, u otro país donde podían tener acceso al coste que fuese, porque podían hacerlo, faltaba más decir, la cantidad de detractores que esto iba a tener.

«Antes de juzgar, busca la verdad, y antes de lastimar, ponte en su lugar», eso me lo repetía la tía carmela, algo así como la matriarca de mi familia. Por ella pasaron un montón de sobrinos, y sobrinos nietos, e hijos de amigas, y vecinos; en su casa siempre se cocinaba un plato de más, por si llegaba alguien, decía ella.

Pero si de algo padecemos, es de hacer juicios, es como un deporte que practicamos a todas horas. Somos expertos en chismes, en prejuiciar, en condenar, en culpar a los otros; es una epidemia que acarrea la humanidad desde hace cientos de años.

Esta vez no sería diferente. Una vez hecho el entrenamiento, hubo que visitar entre 7 y 10 áreas de salud de los pueblos vecinos. Fue arduo, fue difícil, pero aprendí y mucho, sobre todo sobre que lo que nos une es más que lo que nos diferencia. Aprendí a respetar que el otro puede no estar de acuerdo, pero puede sensibilizarse con la causa ajena.

La verdad es que no hubo muchos enfrentamientos, aunque existía en cada una de esas reuniones alguna historia, alguna muerte, alguien expulsado de la familia. Había de todo asociado a un embarazo no deseado, y aquí no importaba ni color ni raza, la gente, las mujeres de entre 15 y 20 años, estaban pagando con la vida por no tener un proceder que les garantizara el mínimo de seguridad.

El director del hospital y el jefe de salud de la región, trabajaron día y noche reuniendo a la gente, mostrando datos, tratando estrategias y planes de acción en las áreas rurales sobre todo, y las mujeres más jóvenes eran las que más sufrían.

Cito:

Pero los fariseos le acosan para que se defina. Entonces jesús se levanta y les encara: "el que esté sin pecado, que tire la primera piedra" (mt 7,1-5). E inclinándose otra vez, siguió escribiendo.

*Ellos, al oírlo, se fueron escabullendo uno a uno, **empezando por los más viejos, hasta el último**. Con esta huida reconocen que son pecadores, pero no se arrepienten de ello.*

Cuántas veces me leí esto, cuántas veces lo repetí, miles, en cada reunión, en cada consulta a grupos de la comunidad; me acompañó siempre, hasta hoy me sigue acompañando. Pues bien, estaba conociendo a un jesús que no juzga, a un jesús que perdona y no condena a la mujer, mas le da una libertad responsable, él dice: «vete y no peques más».

Comprendí lo doloroso que era para aquellas mujeres el ser señaladas, repudiadas y juzgadas por sus iguales. Comprendí que la ignorancia nos hace cada vez más esclavos de nuestros propios programas.

La necesidad de educar, de que la información fuese al menos más clara, más protectora de alguna manera, me hizo decidirme a dar charlas a los jóvenes de la escuela bíblica sobre educación sexual y qué hacer cuando no deseas un embarazo. Al menos la información les sería útil.

Aunque solo la verdad nos hace libres, y yo estoy aún muy lejos de esa verdad, al menos por ahora.

*"Cuando estoy aquí, soy responsable: mi trabajo, mi
casa, mi familia, mi esposa, mis hijos, mi iglesia...
Cuando voy a otra ciudad, soy otro: me lleva el vicio, la
bebida, las mujeres, el sexo...".*

Jesús nos repite: **"Anda, y no peques más"**.

No lo iba a tener nada fácil, pero de alguna forma tenía que ayudar, y la encontré aprendiendo, tenía que
aprender a sentir ese amor del que tanto se habla en
las escrituras: ama al prójimo como a ti mismo. Cómo
te amas tú cuando las cosas se vuelven difíciles, cuando el juicio, la ira, el resentir te invaden. Cómo te amas.

CAPÍTULO 5

Dentro de 20 años lamentarás más
Las *cosas que no hiciste, que las que hiciste. Así que,*
Suelta amarras y abandona puerto seguro.
atrapa el viento en tus velas, sueña, explora,
descubre.

MARK TWAIN

Yo estaba entrando en un campo algo desconocido, era una lucha, una batalla. Por un lado, tenía que responder ante una misión que me había sido encomendada, prestar un servicio, y había una dirección a la que responder. Y por otro lado, cada vez me involucraba más y más en la vida sudafricana. Mis compañeros del grupo eran más comedidos, también la especialidad a la que me dedicaba tenía muchos frentes, y porque no, digámoslo claro y alto, yo tenía una historia de ser una adolescente curiosa, arriesgada, intrépida, que se saltaba las normas más de una vez.

Así que, entre el programa de legalización del aborto (del cual me hice voz cantante), el tratar de organizar una atención prenatal, al menos efectiva y preventiva, sobre todo detectando casos de riesgos y disminuir de algún modo las muertes maternas, y tratar de bajar el índice del sufrimiento fetal, aunque ello ya estaba elevando muchísimo el de las cesáreas, ni que decir tiene que mi índice personal de estrés ya me pasaba factura.

Y claro está, cada día me involucraba más en la iglesia. Leía no solo la biblia, comencé a revisar otros textos, otros autores, anthony de mello, me fascinaba, y como buena cubanita no me callaba. Los encuentros con los jóvenes de la escuela bíblica eran fascinantes, allí, con chicos de 14, 15 y 16 años, llenos de curiosidad, enérgicos y con un nivel hormonal propio de la edad, pero no te olvides que yo venía de una educación diferente, con un código moral y una cultura también diferente.

Y ahí estaba la pregunta.

—Sister Clara, ¿qué piensa usted de la infidelidad?

—¿Es correcto tener que llegar al matrimonio virgen?

—¿Por qué se condena tanto la práctica del sexo prematrimonial?

Oh, oh, ahora sí que estoy metida en un problema. Ya mi amiga julita me había advertido de que tenía que tener cuidado. Ella había sufrido mucho el hecho de crecer en un pueblo donde la principal y casi única actividad social era la iglesia, desde el apartheid. «clara —me decía—, tus ideas no van a ser aceptadas. Tienes muy buena intención, pero te van a fulminar. Los mayores no podemos pensar igual que los jóvenes, ellos ya tienen acceso a otra clase de información pero, aun así, hay normas, reglas, censuras, las hemos heredado».

Claro que la escuchaba, pero cómo iba yo a decir algo que no estuviese acorde también a mis principios, a mi enseñanza... Un día decidí hacer una charla orientativa; había varios grupos así que decidí unirlos. Y ahí estaba yo (¡oh my god!). No iba a quedar ni un pedacito de piel sano, me iban a despellejar viva.

Para los chicos fue genial, estaban muy entusiasmados, y era normal, un punto de vista bastante liberal, y sobre todo feminista, donde la clave era que había que independizarse, que la mujer tenía que luchar por esa igualdad e independencia económica, y para lograr eso había que estudiar.

Desde hace siglos, la humanidad siempre respondió a un polo machista, en cuanto a lo moral se refiere, y qué decir en cuanto a los sectores económicos... Yo soy latina, el machismo latino, en toda latinoamérica, ha sido un flagelo de la sociedad, muy difícil. En cuba, la mujer había logrado mucho en cuanto a educación, trabajo y derechos de maternidad. Los programas funcionaban, la mujer cada día jugaba un papel más importante en la sociedad, pero hay que decir que la religión no fue el principal obstáculo. Yo no crecí entre dios y fidel, yo crecí con fidel. La iglesia tenía poco que decir, la educación era leninista, el patrón era el socialismo soviético. ¿que había machismo? Claro, pero no estábamos a merced del bolsillo de un hombre que nos llenara la barriga, a nosotras o la de nuestros hijos; ya aprenderíamos más tarde que por encima de cualquier hombre estaba el estado. Pues, gracias.

Los prejuicios morales, o la llamada doble moral, aquí en sudáfrica, y en todos los sitios, siempre ha sido un "monstruito" porque son un factor enquistado en nuestra personalidad, y que está sustentada por el miedo al que dirán, a los juicios, a la culpa, a la condena... Y yo no estaba exenta de ello. También había crecido con ello, vamos, la crítica y la autocrítica eran mi pan nuestro de cada día. En el sistema que crecí, de una forma u otra, socaban nuestra autoestima y te condicionan la vida.

Así pues, estaba violando las reglas, de un lado y del otro. Me había involucrado sentimentalmente con alguien casado, y me creí invulnerable, con la falsa justificación de «bueno yo no estoy casada, el otro que proteja a lo suyo, yo soy una mujer libre». Y punto.

Después de haber salido de un matrimonio, me volvía a sentir atractiva, sexualmente deseada, apasionada, vibrante y para nada avergonzada. Cada poro de mi piel exudaba sensualidad, y lo mejor es que era correspondida. Contra todos, y toda regla, desde la marca cara de los zapatos hasta la ropa interior de victoria secreto, volvía a sentirme mujer, y lo estaba disfrutando a tope.

Sé que tú también quizá has estado en ese éxtasis soñador y vibrante, y quizá también hayas sido enjuiciada, porque si algo sabemos hacer es hablar del otro y condenar. Ya desde el tiempo de nuestras abuela, que tuvo que huir del pueblo o esconder un embarazo o irse de viaje, cuando el motivo era hacer un aborto, las mujeres hemos sido prejuiciadas, y lo peor es que por nosotras mismas; o cuantas veces has oído aquello de «si pero él es hombre, a él no le pasa nada...» dicho por mujeres.

Hipócritas, ¡y más hipócritas! Pero te digo algo, sí, a ti: ¡todo esto era una mentira! En la que vivimos sin ni siquiera ser consciente de ello. Las consecuencias emocionales, morales, incluso profesionales, están, no las podemos tapar con un dedo, aunque pretendamos que todo esté "bien", aunque sabes que la misma mano que te apunta tiene también su historia.

Queremos controlar nuestro propio destino, pero tenemos que asumir la responsabilidad de esos resultados, y yo había cometido errores, muchos, y los que faltaban por venir. La adversidad, cada derrota, cada desamor, cada pérdida, contiene su propia semilla, su propia lección sobre cómo mejorar la próxima vez.

En cada encuentro, cada charla, cada contacto, dejaba siempre algo claro: te vas a equivocar una y otra vez, vas a sentir miedo, a veces el dolor te llegará muy hondo, por eso os digo que os preparéis, aprovechen cada momento para superarse, para trazar un camino hacia independizarse, a realizar sus sueños, porque la ignorancia y la dependencia tienen un precio, y lo que niegas hoy, te someterá mañana. Pero cuando aceptas que has errado, eso te transforma.

Y para ti, que me has acompañado en estas líneas, el dolor es inevitable, el sufrimiento es una opción, y solo tú puedes escoger.

No permitas que el dolor, la pérdida, el fracaso, la incapacidad, la burla, la crítica destructiva y malsana, se conviertan en tu verdugo, porque puede ser el gran maestro de tu vida.

La vida no es fácil, para mí no lo ha sido, he tenido que afrontar muchos desafíos a lo largo de este camino, muchos conflictos como mujer, como madre, como profesional, y que levante la mano aquel que no. Te caes y no te quedas, te levantas una y otra vez, y no hables del otro hasta haber hablado con él antes. No subestimes sino has sido capaz de retar, y no juzgues sino conoces. Y sea como sea que lo hayas hecho, piensa que fue perfecto.

El trabajo y la dedicación hacen milagros. Cuando amas lo que haces, cuando te entregas a ello, día y noche, cuando te dedicas a aliviar la pena del herido, porque esa es tu misión, al menos yo siempre la he visto así, cuando el dolor y el sufrimiento ajeno te mueven a la acción, te sientes útil y te consagras a ello.

Dina beukers y aubrey, eran mis más fieles amigos, consejeros y consoladores. Ella como jefa de enfermeras y conocedora del funcionamiento del sistema de salud y la situación social, siempre estaba allí, ante mis dudas, para orientarme. Me apoyé en su capacidad de gestión, en su manera de manejar y controlar la situación social y racial, sobre todo, con respecto al programa del aborto. Hacíamos muchas veces consultas con consejería previa, haciendo una evaluación de cada caso. Fueron muchos que después de conversar, discutir y valorar los pro y los contra, desistían y seguían adelante con el embarazo, y en los casos que había que seguir con el proceder, asegurarnos de que la paciente iniciara un método anticonceptivo. Con el alza del sida que existía en todo el país, se reportaban cifras entre 300 y 500 casos nuevos cada día, teníamos que promover el uso de preservativos, sobre todo en los jóvenes.

Una noche de guardia me llama:

—Doctora clara, tengo una paciente que acaba de ingresar, sangrando. No es la primera vez que acude, pero en cuanto mejora, luego no vuelve.

—Ok, dina, voy a verla —le digo, y voy a verla—. Dina, esta señora sangra mucho, pero primero hay que recuperarla.

—Ok doctora, la estabilizo y le pido sangre, pues tiene 4gms de hemoglobina. No se asuste por la cifra, aquí los hay con menos y caminan.

Según veo en la hc (historia clínica), ya ha estado más de una vez. En 48 horas la paciente se estabiliza, se realizan estudios de laboratorios y la llevo a quirófano para hacerle un legrado terapéutico (para parar el sangrado).

—Dina, si logramos un resultado y podemos buscar un diagnóstico, creo que la voy a operar.

—Sí, doctora, será lo mejor.

Al otro día, el legrado daba pocos datos, la citología no fue útil, la paciente estaba estable.

—Doctora, ¿sabe qué? La señora se ha ido, ni me he enterado de cuando.

—Va a volver dina, este cuadro se repite, ya verás...

No habían pasado ni 2 meses, creo, y ahí estaba de nuevo, esta vez peor, casi en shock.

—Dina, voy a preparar a esta señora y le voy a quitar el útero. Llama a un cirujano para que me ayude.

De más está decir que operamos a la señora, muy difícil el caso. Luego hubo que derivarla a un hospital de ciudad del cabo para que se recuperara y evitar posibles complicaciones que no fueron más allá de una reinserción del uréter seccionado. Días después aparece en el hospital. Dina me mira y me dice:

—Doctora, mire quien vino a visitarla, patricia.

Los ojos se me nublaron, esta mujer, que casi se nos muere, traía en sus manos un ramito de flores silvestres, y me dice:

—Por favor, solo quiero darle las gracias.

Me abrazo a ella, está tan bien, no sé si la volveré a ver... Hiciste bien en operarla, clara.

Cuento esto porque las experiencias que pasamos allí los cubanos, fueron difíciles. Nosotros estábamos allí por el gobierno, pero no éramos bien vistos por el colegio médico autónomo, que de más está decir, era blanco y muy racista, muy en contra del programa de mandela. Te voy a dejar parte de este artículo:

El arribo de mis colegas estuvo marcado por una campaña contra ellos, que por desleal no era inesperada. Desde antes de su llegada ya la prensa reaccionaria o impulsada por sectores reaccionarios los atacaba. Esgrimían falta de preparación y competencia, desconocimiento del idioma inglés y otros argumentos que de tan ridículos no merecen mencionarse. Luego veríamos cómo todo eso se derrumbaba al poco tiempo de ellos brindar sus servicios y cuidados médicos al pueblo agradecido

A un pedido de la nueva ministra de salud, nkosazana c. Dlamini zuma, fui contratado por la organización mundial de la salud (oms) en calidad de asesor para el ministerio de salud sudafricano con base en pretoria.

En marzo de 1995, en reunión del ministerio de salud, se discutió la necesidad de traer médicos a sudáfrica. Fueron valoradas opciones y posibles fuentes emisoras: alemania, la unión europea y cuba. Es una necesidad llevar médicos a las áreas remotas, pobres, rurales. Ahí no los hay y el nuevo gobierno tiene que cumplir lo prometido a su pueblo. Los médicos nativos no van a dejar su bienestar y comodidad citadinos, no tienen motivaciones sociales y menos vocación filantrópica que les haga perder sus jugosas ganancias. La medicina es una profesión humanista pero capitalizada al máximo en esas sociedades de consumo.

Y de veras que es un pueblo agradecido. Yo me sentí parte de ese pueblo, de su gente, de su cultura, de sus costumbres, de ese pan que se horneaba bajo la tierra, en namakualand (región rural, westcoast), con su fabuloso parque nacional de flores rojas, amarillas y naranjas, kilómetros y kilómetros de extensión cubiertos en primavera, donde la mano de dios quiso que la belleza se confabulara con el azul del cielo para ser contemplada por los ojos de todo aquel que la visitaba.

Como puedes ver, querido lector, no era coser y cantar. La presión y el estrés estaban a la orden del día, y la oposición no perdía detalle, ni oportunidad. Te lo haré breve:

El caso de patricia fue denunciado por los médicos del hospital al que se derivó (uno de los médicos), y se nos pidió, primero, justificar la intervención que había ocasionado "gastos". No valieron las cartas ni las explicaciones. La dirección del hospital y yo fuimos llevados ante un tribunal médico (blanco). Y la dirección de salud de la provincia tuvo que poner a su mejor equipo de defensa porque, de haber salvado una vida, habíamos pasado a ser investigados. El caso duró más de 2 años, de un aspecto médico se convirtió, prácticamente, en un problema político. Al final se cerró y ganamos (¡pedazos de abogados!), y me ahorro aquí el diagnóstico de anatomía patológica.

Tú y yo y todos, al paso de nuestra existencia por esta vida, vamos a tener altos y bajos. Quizá ahora mismo estés rememorando algunos de esos malos momentos, aquella circunstancia que te agobió y te hizo decaer. Solo puedo compartir mis experiencias contigo, las que de una forma u otra me hicieron comprender que todo ocurre por una razón, que nada es casual, el azar no existe. Si quieres tener mejores resultados que los que tienes hoy, tendrás que trabajar en ello, y recuerda:

Tus creencias conforman tus pensamientos, tus emociones llevan a tus acciones, y estas, a tus resultados.

Recibes lo que das, si quieres saber lo que has dado, mira lo que tienes; solo tú puedes hacer el cambio.

No te resistas, porque repetirás una y ora vez, y no, no es una prueba o un test, simplemente es la oportunidad de hacerlo diferente.

¿Estás de acuerdo? Si, no.

Si quieres nos vemos en las siguientes páginas.

Te amo.

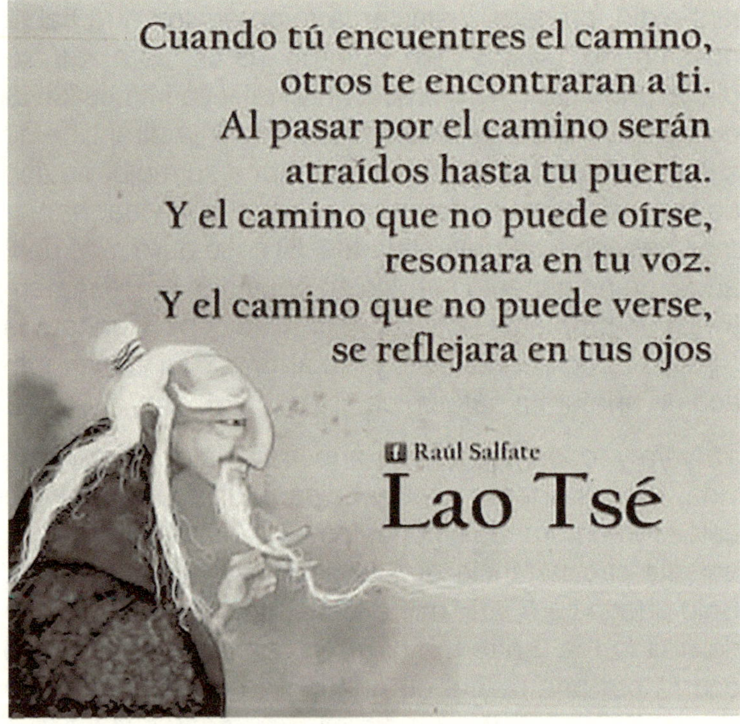

CAPÍTULO 6

La muerte es un proceso de la vida, las células de nuestro cuerpo se renuevan constantemente, así nuestros tejidos y órganos, todo está en constante renovación y movimiento.

Pero el proceso de la muerte en el ser humano es diferente. No lo aceptamos, aunque sepamos que un día nos vamos a ir, no estamos preparados para aceptarlo, incluso aunque no sea un ser querido. Y en esta profesión, a pesar de que lidiamos con ella cada día, también pasa lo mismo. Así ocurrió cuando un día llegó al hospital una chica, de no más de 20 años, de alguna zona rural, embarazada, casi a término, con unas cifras de tensión arterial que daban miedo. Enseguida movilizamos a todo el equipo. La paciente tenía un fallo de su sistema de coagulación, el funcionamiento renal no respondía y, literalmente, sudaba sangre. Fue desesperante, en ningún momento fue consciente.

No puedo precisar los detalles, pero sé que alguien dijo: «tiene latido fetal, doctora», y ahí, en el acto, trajimos a su hijo al mundo. Todos llorábamos, nos abrazamos, mientras atendíamos entre lágrimas al infante. Fue devastador, estuve días que no me recuperaba, impactante.

Alguien dijo que «cuando la muerte se precipita sobre el hombre, la parte mortal se extingue, pero el principio inmortal se retira y se aleja sano y salvo», creo que fue platón... Pues este nuevo ser humano había sobrevivido a lo que fuese que había pasado en el útero materno, él estaba encomendado, de alguna forma, a vivir, y ahí estaba, cada día lo iba a visitar, hasta que los familiares se lo llevaron con ellos, cuando ya no había riesgos y estaba estable.

Entonces, esa vida fue quien hizo que no nos olvidásemos de cuan parte de nosotros es la muerte y de que frágil es la vida.

A veces no sabemos porqué, pero hay hechos que se repiten, y no había pasado mucho tiempo cuando nos encontramos en otro de esos casos. Era una señora de unos 30 años, quizás otro cuadro de eclampsia convulsiva, en este caso la pudimos llevar a quirófano para hacer una cesárea, pero la paciente estaba en estado crítico. Estaba la disyuntiva entre un traslado o mantenerla con nosotros.

—Dina, vamos a llamar al clínico, al doctor Cairo.

—Doctora, ¿no será mejor mandarla a otro centro?

—Son 400kms, no creo que aguante. Doctor, ¿usted qué cree? Es difícil, habría que improvisar una especie de UCI...

—Manos a la obra, hay que ver con el director qué podemos hacer.

Una vez coordinados, decidimos habilitar un área con un equipamiento que permitiera mantener unos cuidados especiales.

—Llama al anestesiólogo, él es muy bueno y nos brindará todo su apoyo, haremos un equipo, y en cuanto se pueda estabilizar, negociamos un traslado.

Fueron días y noches, hubo momentos en que el clínico se quedaba horas después de su jornada. Muy pocas horas de sueño, había momentos en que discrepábamos, revisábamos textos, nuevas estrategias.

—¿Tenemos alguna esperanza, doctor? Aún sigue entubada, los parámetros mejoran pero muy poco.

—Paciencia, doctora clara, la vamos a sacar, paciencia.

Yo rezaba cada vez que me sentaba al lado de esa mujer. Otra vez no, por favor, no lo soportaría, ¡otra vez no!

—Venga, doctora clara, le han podido sacar el tubo.

Ese doctor espinaco, es buenísimo, y el doctor cairo, oh dios mío... No sé si eres, o estás relacionado con vidas humanas, no sé si has estado tú mismo en una situación de vida o muerte, o has tenido a alguien en estas circunstancias, pero te diré algo: la próxima vez que veas a un profesional, a un auxiliar, a una persona sentada fuera de un hospital, en un banco, frente a una unidad de cuidados intensivos, en una esquina de cualquier de cualquier calle, o veas a un desposeído, recuerda que:

La compasión es un **valor** que nos hace más sensibles y más humanos frente a las dificultades y los problemas de los demás. Es un sentimiento de lástima que se tiene hacia los males y las desgracias de otras personas.

Mi paciente daba esperanzas, ahí estábamos, cruzando dedos. Había una posibilidad de que rebasase, aún faltaba mucho, pero se podía, claro que siempre se puede. Estábamos agotados, el anestesiólogo, el clínico, las enfermeras, todos, no te puedes imaginar cuanto.

Y llego ese día en que sonrió y pudo sentarse, y también pudo dar las gracias.

Se fue de alta con su hijo en brazos y su familia. Y nosotros la recordaríamos por el resto de nuestros días, de esta vida profesional, humana, y quedaría grabada en nuestro corazón.

La satisfacción del deber cumplido. ¡Sí que se puede!

Amemos y demos gracias por cada día que vivimos, por cada vez que nos despertamos y estamos aún aquí. Amemos la vida, porque la muerte es segura. Colócate en el lugar del otro, no desde la lástima, sino desde los iguales. Enseña la importancia de ayudarse unos a otros a tus hijos, a tus compañeros, a tus familiares, a tus amigos y a tus enemigos. Sé compasivo.

Estaba tan agradecida a mis compañeros, a mis amigos, a esa familia que habíamos formado, porque la otra estaba a kms de distancia... Nos merecíamos una buena cerveza y un buen arroz con pollo. Había que celebrar ese uno que habíamos logrado.

Te dejo con estas frases del poeta Rumi:

EL VIAJE

Aunque no estés equipado,
sigue buscando:
no es necesario tener equipo en el camino hacia el sustentador.

A quien veas involucrada en la búsqueda,
conviértete en su amigo y dedícate a ella,
ya que al elegir la compañía de buscadores,
te conviertes en uno de ellos;
protegido por conquistadores,
tú mismo aprenderás a conquistar.

Si una hormiga busca participar en el ejército de Salomón,
no sonrías con desprecio al contemplar su búsqueda.

Todo lo que posees de habilidades y riqueza y oficio,
¿acaso no fue en sus inicios un pensamiento y una búsqueda?

CAPÍTULO 7

"No es caer lo que te hace hundirte, es permanecer ahí."

ANTHONY DE MELLO

Anthony de mello fue un jesuita hindú, y psicoterapeuta, un gran maestro espiritual. Escribió muchos libros (18, y muchas conferencias públicas). Tony de mello declaraba siempre que jesús no solo era el hijo de dios, sino que había venido a enseñarnos que todos somos hijos de dios (universo, divinidad, energía, etc.).

Tú eres feliz aquí y ahora, pero no lo sabes porque tus falsas creencias y tu manera deformada de percibir las cosas te han llenado de miedos, de preocupaciones, de ataduras, de conflictos, de culpabilidades, y una serie de juegos que has ido programando para jugar (anthony de mello).

En mi convivencia con la iglesia pentecostal, yo aprendí mucho, leía mucho, quería conocer a ese cristo, pero me daba cuenta de que quizás yo lo percibía de una manera y otros de otra, y decidí muchas veces creer y actuar incluso, acorde a este jesús de anthony de mello, de muchos otros seguidores y otras culturas, como la budista, el islam, etc. El caso es, para no cansarlos, que yo tenía y tengo una imagen de un jesús de "amor".

No voy a entrar en debate, faltaba más, yo no soy una persona religiosa, pero si una seguidora de cristo y de muchos cristianos. El caso es que la iglesia como institución, tiene reglas, normas y jerarquías, y yo respetaba eso. Ahora, creer como creer... tengo mis dudas. Pero me encantaba estar allí, con la música, las canciones, la gente pobre, humilde y esperanzada.

Y ocurrió que, a la hora de dar la ofrenda, siempre daba, pero ese día había una señora que se acercaba a mí, se veía muy pobre, no le quedaba un diente sano en su boca sonriente, sus ropas estaban bastante maltratadas, eso sí, limpias, y aquella señora tenía una alegría, un regocijo, que contagiaba. Me tomó de las manos y danzaba con una energía, me abrazaba, y cantaba las alabanzas a todo pecho... Fe, doctora, tiene que tener fe.

Bueno, yo la observaba, me tenía fascinada. Cuando llega la hora de las ofrendas, la señora saca un pequeño pañuelito, cuenta detenidamente unas monedas, mira al cielo, cierra los ojos, y pone todas sus monedas en el recipiente.

Mi corazón se ensanchó en un gran suspiro, mis ojos se nublaron, solo pensé, si es lo único que tiene, quizá no tenga ni para el pan de hoy. A ver clara, no te agobies, igual no estás viendo bien, estás interpretando algo... Pero mi corazón latía a mil, las manos me sudaban... Te digo, yo ya sabía lo que iba a hacer. Julita está al lado mío, se da cuenta y me coge la mano, en ese momento pasa el cesto de las ofrendas, es tan rápido que no me da tiempo. Trato de salir de mi sitio, demasiado tarde, ya la habían entregado al pastor y estaba haciendo el rezo de bendición. Luego cantamos, se cierra el servicio y todos salimos fuera, al patio.

Me pongo a buscar, todos me saludan, ya nos conocíamos muchos, y se acercaban a mí con confianza.

La busco, no la veo, se habrá ido... Y ahí estaba, cerca del árbol de durazno. Me acerco, ella no habla inglés y mi afrikans (lengua local) es muy pésimo. La tomo de las manos, la abrazo y pongo un billete en sus manos.

¡uy! Dios sí que te sonríe a veces. Esos ojos, esa sonrisa... Me abraza, gracias, gracias (dankiu, dankiu doctora). Fe, fe, y mucha fe.

Ni que decir tiene que me vino a la mente el pasaje bíblico: «les asegura que esa viuda pobre ha dado más que todos los otros que echan dinero en los cofres, pues todos dan de lo que les sobra, pero ella, en su pobreza, ha dado todo lo que tenía para vivir». (marcos 12 : 41_44)

Se me acerca la hija del pastor, más tarde, y me dice:

—No creas que papi no vio lo que hiciste hoy, él te vio, y no le ha gustado. Las ofrendas son a dios, y él se encarga de repartirla. Él es el pastor de dios, es el líder, el cuida de su rebaño. No lo hagas más.

Yo no sabía si reír, si llorar o si debía sentirme avergonzada, y en la primera oportunidad que tuve con el pastor, le repetí el versículo, con una sonrisa, y un beso en su frente. El viejo me miró, sonrió y dijo:

—Ok, ok.

Habíamos ido a un encuentro entre jóvenes de toda sudáfrica que pertenecían a esa iglesia. Era un festival de música góspel. Qué decir del evento... Fantástico, cuantas voces, cuanto colorido, morados, azules, acorde y según la dependencia a la que pertenecían. Era una iglesia enorme, con una acústica espectacular y una orquesta que acompañaba. Escalofríos daba aquello, la emoción era tremenda y, de pronto, para mí todo se pone negro, vacío, no oigo, no hay personas, ¿dónde estoy? Silencio, un silencio grande, profundo, es muy muy agradable, se siente tan bien... Esto es paz.

—Clara, doctora clara, por favor...

—Que llamen a alguien, se ha desmayado.

—Sacúdela, échale aire, debe ser el calor.

Lejos, las voces se oían lejos. Yo aún percibía esa gran paz, ese gran silencio. Siento algo frío en mi cara y abro los ojos. Agua, ¿quién me ha echado agua?

—¿Estás bien?

—Pues sí —Contesto.

—Vaya susto, pensé que te había pasado algo.

—Estoy muy muy bien, ¿para qué me echaste agua? Jolín, con lo bien que estaba.

Veo su cara y la de muchos otros a mi alrededor.

—Vaya —me río—. Perdón, perdón —y pregunto—: ¿cuánto duró?

—Pues unos instantes, pero nos asustamos, estabas pálida.

Instantes... A mí me pareció una eternidad, y lo bien que se sentía...

—Estoy bien, maravillosamente bien. Aunque no sé qué ha pasado...

De regreso al pueblo, 2 días después, miraba por la ventana el paisaje. Nunca me cansaría de verlo: esas montañas tan impresionantes, la altura en la medida que atravesabas esa cordillera; el cielo, con muchas nubes; el océano a lo lejos, para bajar a una planicie amarillenta, con áreas de marrón y naranja, kilómetros y kilómetros, y entonces el cielo se ponía más y más azul, sin un rastro de nubes, a medida que te acercabas al *orange region*.

Un instante, aquello duró solo un instante, tendré que revisar si hubo algún cambio en mí, yo me sentía muy bien. No, claro que no fue nada fisiológico, estoy segura; ni bajón de azúcar, ni de tensión. Esas cosas no pasan en un instante, vamos, que estudié medicina. ¿qué pasa contigo, clara? Y no eres supersticiosa, recuerda que te divorciaste de un religioso cubano de santos, eso sí era superstición y sincretismo.

La verdad, nunca lo averigüé, nunca se repitió, pero comencé a contactar con deepack chopra, y su enseñanza ayurvédica, y la meditación.

Nunca sabes cuándo es el momento, solo sé que apareció en mi vida y yo estaba flipando, y dispuesta a saber, quería saber de todo, y los libros llovían en mi estantería. Mezclaba cosas, me identificaba cada vez más con algo que luego nombraría esoterismo, metafísica, medicina holística. Pero faltaba mucho camino por recorrer.

—Doctora clara, me dice Anita que tenemos la visita de un misionero. Su nombre es gary, viene de estados unidos, es de origen judío.

—¿Y?

—Creemos que como él también fue médico, aunque ya no se dedica a ello, tú podrías ayudarlo, ¿quieres?

Yo quería a esta gordita rolliza, a veces podía ser muy dulce.

—Sí, claro. Tú me dices qué tengo que hacer.

—Pues tú solo traduces con tus palabras, la gente a

ti te entiende, y como eres tan expresiva, llegas a la gente. Y eres mujer, y él es blanco, judío y americano, aquí la gente tiene sus prejuicios, ¿sabes?

—Lo sé y me fastidia mucho que para todo haya que ver si es blanco, si es mestizo, si es negro, o menos negro, es fastidioso, y complican todo. ¡vaya con el racismo!

Llegué a conocer a Bary, un judío de ojos tan azules como el cielo de upingtong en pleno verano, carismático, sonriente, humilde, y un amante de cristo, de un cristo bondadoso que no juzga, que es amor, compasivo, inteligente y reflexivo. Por primera vez escuchaba a alguien que hablara de aquella manera, un Jesús que te motivaba a seguir, a que todo sueño se puede lograr. Un Jesús hombre, hermano, hijo, amigo, milagroso; un Jesús de perdón.

Yo necesitaba escuchar eso, fue una bendición para mis oídos, emocionante, jubiloso y lleno de gozo. De ahí en adelante siempre busqué a ese jesús .

Fueron 2 días increíbles. Yo hice una comida típica cubana que el quería, con arroz, frijoles negros y plátanos, y quedó encantado. Siempre me decía: «te puedes equivocar, jesús no es un dios de castigo; si te equivocas, empieza de nuevo».

Antes de irse, me llamó aparte y me dijo: «tú pides aliviar tu dolor y tus oraciones son escuchadas, pero recuerda esto, el día que te encuentres ante ti a alguien con el color de mis ojos, deja atrás tu orgullo, tus prejuicios y tu arrogancia, porque ese día tendrás la respuesta a tus oraciones». Solo dos años después conocí al que es hoy el padre de mi hija, ¡vaya ojos azules!

No me consideré nunca una persona religiosa, pero sus palabras se marcaron en mi mente y siempre lo recordaré como la primera persona seguidora de un cristo de amor y un hombre de fe, de acciones, de pensamientos claros y sanos.

Y el mayor aprendizaje de la edad es aceptar la vida como nos llega.

"—¿Y cuándo piensas realizar tus sueños? —le preguntó el maestro a su discípulo.
—Cuando tenga la oportunidad de hacerlo —respondió este.
El maestro le contesto:
—"La oportunidad nunca llega, la oportunidad, ya esta aquí".

ANTHONY DE MELLO

La vida trae consigo muchas experiencias, y cada una de ellas, para mí, fueron enseñanzas más que pruebas. Cada noche de lágrimas por mi hijo, mi tierra y mis seres queridos, fue el empuje necesario para andar este camino que llamamos "vida". Y estaba segura de que había mucho más, que tenía que existir algo que no estaba lejos, ni en los altares, ni en los iconos, ni en la iglesia y sus pastores o curas, ni en los líderes, que son tan hombres y humanos como todos.

No sabía qué, pero algo había que otros como yo encontraban. Lo palpaba en los libros que leía, en la madre que da de mamar a su recién nacido, en la tierra que como en aquel parque natural las flores crecían, con sus colores, ordenadas exactamente donde debían estar. Si yo era parte de todo lo que llaman dios, entonces no podía estar tan lejos, no tendía que vestir por debajo de la rodilla, o no comer carne el viernes santo, o tapar el rostro y esconder la belleza. Yo estaba aún lejos de saber que ese algo estaba dentro de mí, al igual que está dentro de ti. Porque en tanta diferencia, había algo en común que nos unía: el blanco odiaba al negro, pero en cada parto, el recién nacido era mezclado. El negro odiaba al blanco, pero amamantaba a sus hijos.

Los tan llamados religiosos pecaban de la gula cuando había tanta gente desnutrida. Copulaban con la empleada utilizando el poder en nombre de dios.

En las noches en que la enfermera blanca estaba de turno, yo vigilaba a la mujer negra que estaba de parto, no fuese a ser que, otra vez, se perdiera un bebé porque la madre no empujó suficiente o no abrió las piernas. Cada vez que recuerdo estas justificaciones insanas, sustentadas por una creencia racista e inhumana, la ira y la rabia venían a mí. Por fin logré que no prestara servicios en la sala de obstetricia, era ella o yo.

Querido lector, tú has pasado por momentos difíciles. Tú también has llorado la pérdida de un hijo. Tú también fuiste obligada a obedecer reglas y normas cuando, estando enamorada de alguien, te dijeron que no era conveniente, y te casaron con aquel que más convenía a otros. Y quizás nunca supiste por qué tu vientre no dio hijos, o por qué el padre en un momento de soberbia no pudo despedirse del hijo ahogado en la corriente del río.

Al regreso de las primeras vacaciones, se hablaba y se comentaba que podríamos traer a las familias. Y se hablaba también del proceso de reconciliación en sudáfrica.

La comisión se fundamentó en la ley para la promoción de la unidad nacional y la reconciliación, sancionada en 1995. Fue encabezada por el arzobispo **Desmond Tutu** quien estableció como lema de la misma: *"sin perdón no hay futuro, pero sin confesión no puede haber perdón".* Publicó un informe oficial2 en 1998 que fue entregado al entonces presidente **Nelson Mandela**.

Fueron una reuniones de masas, todos estaban involucrados, funcionarios del gobierno, teólogos, pastores, etc.

Una tarde, más bien al mediodía, viene aubey y me dice:

—Clara, por favor, el arzobispo está en upington, quiero que tú y la pediatra me acompañéis, es solo un momento. Él quiere ver a un médico cubano.

Fuimos sonia, la pediatra y yo. Llegamos al sitio, demas está decir los equipos de seguridad que custodiaban el lugar. Entramos por detrás, aubrey se acercó a alguien del equipo y este le dijo:

—Pasen y esperen aquí.

—Aubrey, ¿tú crees de veras que nos recibirá?

—Sí, claro que sí.

—Es la hora del almuerzo, igual le estamos molestando.

—Clara, ya verás, vas a conocer a un ser de otro mundo.

Y ahí estaba este señor, con su sotana color rojo vino, delgadito, ágil y sonriente. Nos abrazó, nos besó y se alejó unos pasos. Llevaba gafas, nos miró y entonces dijo:

—Haz tu pequeño pedacito de lo bueno, donde estés, son esos pequeños pedacitos de lo bueno los que, al poner juntos, inundan al mundo. Ustedes son un pedacito, un granito, de lo bueno, y son mujeres, qué gloria, porque son la fuerza que un día cambiará la tierra. Sé que están haciendo una gran labor, y en nombre del pueblo de áfrica, les doy las gracias.

Ni que decir tiene que nos hicimos una foto, nos habló de la labor que realizaban, preguntó por nuestras familias y por nuestros hijos. Él estaba almorzando y dejó su plato porque tenía que ver a esos médicos. Ágil, con una energía increíble para sus años, sonriendo siempre, tocándonos las manos. Nos abrazamos muy fuerte.

Ese día, y los siguientes, seguía escuchando su voz, viendo sus ojitos vivos y alegres. Le he dado la mano, le he tocado... Este hombre es un premio nobel de la paz. Cuanta virtud pero, sobre todo, cuanta humildad.

Albert einstein dijo: «hay una fuerza motriz más poderosa que el vapor, la electricidad, y la energía atómica, la voluntad».

Cuando conoces en tu camino de vida, cuando en el cúmulo enorme de todas tus experiencias conoces a esos hombres en los que prevalece esa voluntad de hacer por los otros, de dejarse todo por su propósito de vida, sabes que es posible, que su mensaje quedará como un legado, que su vida no ha sido solo vivir, sino haber sabido vivirla; no se limitan solo a existir.

Yo había conocido a uno de esos hombres grandiosos que quedarán en la historia por su entrega hacia la lucha del ser humano. También lo es mandela, otra persona incalculable.

En su cumpleaños fueron un grupo de elegidos de todo el país. Para que los médicos sudafricanos de nuestro hospital fueran, además de uno de los nuestros, quedamos otros en la retaguardia, y ese fin de semana seguimos el evento por la televisión. Era como si estuviésemos también allí, éramos parte de esos que hacen que las cosas pasen. Con nuestro apoyo fue posible.

Había otro personaje, muy cubano, que había marcado sobre todo los días de mi juventud; un hombre que fue admirado por muchos y repudiado también por muchos. Yo tuve la ocasión, en 1998, de asistir personalmente a un encuentro que no podré olvidar, y que fue una experiencia muy personal. Lo conocerás en el próximo capítulo, si aún estás aquí.

Pero recuerda siempre sin juzgar, con un corazón compasivo, con una mente abierta, a esos que también han marcado tu vida. Quizá estés pensando que no fue muy positivo, no importa, si aprovechas cada encuentro con un ser humano, verás que es una oportunidad para crecer. Desde el abuelo o la abuela, desde tu madre o tu padre, ya estén ausentes o presentes, siempre piensa que ellos también lo hicieron de la mejor forma que pudieron hacerlo y fue simplemente...

"perfecto"

CAPÍTULO 8

"La vida es muy simple, pero insistimos en hacerla complicada."

CONFUCIO

Quizá puedas percibir, al igual que yo, la confusión a la que somos sometidos. Por un lado, siempre están las enseñanzas de nuestros padres y familiares más cercanos; luego, las enseñanzas del colegio, de nuestros profesores, los mensajes diarios que recibimos de los medios, llámese televisión, cine, radio, etc.

Pues bien, crecemos con mucha información y, a veces, toda esa información que nos va empapando, va conformando eso que llamamos personalidad y ego, y llega un momento en que todo eso forma nuestro sistema de creencias, pensamientos, emociones y patrones de conducta, y muchas veces tardamos casi toda una vida en comprender que nada de eso es nuestro, ha sido puesto ahí día a día. Ni que decir tiene que, cuando se convierte en una convicción, en un ideal con el cual nos identificamos, forman parte de esa identidad por la que a veces matamos.

Yo no estoy, ni mucho menos, lejos de todo esto, pero si reflexionaba sobre algo entre tanta confusión: esto parece más un programa que cualquier otra cosa (nol o sabría hasta muchos años después).

En 1998, creo que fue en noviembre (sé que faltaba poco para las vacaciones y yo las pospuse), en fin, ahí estábamos, por primera vez lo iba a tener muy cerca. Éramos 90 médicos. En esta ocasión los médicos sudafricanos cubrieron el hospital para que los cubanos pudiesen asistir a tan esperado encuentro.

Fue en salón, después de las regulaciones de chequeo y revisión estipuladas por el servicio de seguridad y protocolo, llegó el momento. Primero habló la ministra zumma de su petición al líder cubano sobre traer a las familias de los médicos, esto ayudaría a la estabilidad del servicio, y por mucho más tiempo. Yo estaba nerviosa, el corazón me latía a mil, y ahí estaba él, alto, corpulento, con su uniforme verde y sus botas militares, de paso firme. Iba dando la mano y saludando a los que estaban cerca. Su discurso siempre era locuaz, certero, que capta al que escucha. Ya estábamos acostumbrados, pero tenerlo tan cerca era diferente, la voz era firme pero pausada. Cuando tocó el tema de las familias, fue conmovedor, yo no tengo otras palabras para describirlo. Mencionó a cada una de las organizaciones, incluyendo la petición de la iglesia, las cartas recibidas por las autoridades locales, gubernamentales y de otro tipo; no dejó detalle. Estaba tan conmovida, y te miraba como diciéndote, sí, compañera clara, sabemos que tiene un hijo y que lo quiere con usted. Las lágrimas corrían por mis mejillas, era tan emocionante.

Y esa mirada cálida; sí, esa es la palabra, cálida, como cuando un padre le habla a su hijo para consolarlo porque ha fallado un examen. Saludó a todos con sus manos, con esos dedos largos como de pianista, diría yo, pero suaves y fuertes, y dijo:

—Sabemos de la labor que están realizando, el deber ante todo, pero les prometo que esta petición la llevaré a nuestro país y la pondré ante el resto del partido, y, estoy seguro de que tendrán una respuesta.

Luego elogió su amistad con mandela, los resultados y el agradecimiento del pueblo de sudáfrica por nuestra ayuda.

Yo estaba que me moría. Vamos, que digan lo que digan, este hombre tenía una historia en el mundo, ya él había hecho historia, y así iba a quedar. Y, sobre todo, sabía que mi hijo vendría a reunirse conmigo; era un hecho, lo sentía desde el fondo de mi corazón.

Solo unos días después, alguien me manda un mensaje diciéndome que aplazara un mes las vacaciones, que lo prometido estaba cumplido. ¡uy, que alegría! ¿qué era un mes más si mi negrito vendría conmigo? Bueno, en la iglesia la noticia fue aclamada por todos. El pastor no dejó de darse su merecido reconocimiento por la gestión realizada. «y el señor nunca nos abandona. Pide, y te será concedido; toca a la puerta, y esta se abrirá». Vaya servicio el de ese domingo, comimos ese día con vajilla especial y platos ribeteados en oro, y la mejor carne de caza de la zona. Y qué decir del alcalde y la dirección de salud de la región, dirigida por nico fourie, un fan de los cubanos y de su sistema de salud.

Ya en cuba se sentían los cambios y la presión después de la caída del campo socialista, en el 94. Se despenalizó el dólar americano, pero había gente cumpliendo en la cárcel por tráfico ilegal de divisa. Años antes, la escasez se acrecentaba, la racionalización y la canasta básica se veían más reducidas; la cosa no pintaba nada bien, el bloqueo se reforzaba, tanto fuera como dentro.

Mi ansiedad por sacar a mi hijo conmigo era desbordante, lo peor fue cuando me entero de que su padre no estaba en el país y no había dejado la autorización para que él pudiera salir. A mí ya no importaban las quejas y las muestras de irresponsabilidad hacia un niño, eso lo podía soportar desde los días en que la maestra lo tuvo que llevar a su casa porque el padre no apareció a recogerlo. La ausencia a las actividades del niño (iniciación, en el 1er grado), uf, mejor no recordar. Cada madre que ha pasado por tener un marido, o un padre de hijo, irresponsable o violento o manipulador, llámese como sea, y que conste que esto puede ir por barrios de un lado o del otro, pero yo aquí hablo de experiencias, si te identificas con ellas, bienvenido. Pero no dejar una autorización era como condenar al hijo, era un castigo... Joder, aún recuerdo cómo me sentía, no me lo podía creer.

Empezó entonces otra guerra conmigo misma; ya te he dicho de las guerras que nos montamos por estar tan putamente condicionados. Si la vida es sencilla, ¿para qué la complicamos?

A que sí, seguro estás pensando, pero si aquello tenía una solución fácil, y por esto o por aquello, o por alguien o por alguna circunstancia, se vino todo abajo. Mira, no te voy a liar, fue duro, pero también fue mi primer acto de fe.

Los trámites se hicieron y los días pasaban. La firma de mi ex no llegaba, y el primer fax que recibí traía una lista de condiciones, entre ellas, que había que hacerle santo. Te explico un poquito: en cuba, la creencia popular es la santería, es una religión practicada por muchos, con rituales, ceremonias y, sobre todo, muchas imágenes de cuanto santo existe, y si entras, difícil salir, creo yo, es mi opinión. Yo respeto a todo ser humano, pero de ahí a imponer, vaya como que no.

La familia me apoyó mucho en esto, su abuela paterna, principalmente. Lo veían como algo personal, un resentimiento hacia mí, y utilizaba al hijo para manipularme. Que levante la mano quien no se ha sentido manipulado; que levante la mano quien no ha manipulado o usado una situación a su favor, sin ni siquiera pensar en la otra persona. Vamos, vamos, seamos honestos.

Estaba dolida, más que cabreada, dolida por mi hijo. Ya había pasado un año sin su madre, no, dos, con un intervalo de un mes de vacaciones. Ya ni siquiera tomaba leche, porque lo dejé con biberón y me dijo: «mamá, mi papá me dice que los hombres no tienen que tomar biberón, que eso los hace flojos. Y yo, bueno, ya a mi no me gusta la leche, además, ya yo como de todo. ¿no vas a obligarme verdad? Tengo 5 añitos».

Le dije: «hijo mío, quiero que sepas que este mes la vamos a pasar difícil. Tu madre tiene que resolver unos papeles, y lo va a lograr. Y, o te vienes conmigo, o yo no voy más. Sabes, vamos a confiar y todo saldrá bien». Su respuesta fue: «yo te voy a ayudar siempre. ¿no te vas a ir sin mí, verdad?».

Fue un mes difícil, más emocionalmente que materialmente. Estaba entre la espada y la pared y, para colmo, el director del hospital, mi amigo, mi confidente, llamaba por teléfono porque estaba preocupado por no saber de mí. A buen entendedor, con pocas palabras bastan...

Y la familia, los amigos, cada quien con una opinión, con un plan. Haz esto o aquello... Doy las gracias porque, con tanta confusión y malos entendidos, hubo una pareja de la iglesia bautista que me apoyó mucho. La iglesia bautista en cuba, era bastante aceptada por sus preceptos ya que, ser un seguidor de jesús, implicaba ser siempre el mejor en todo y, aunque no lo creas, en los preceptos del joven comunista también tenías que ser el mejor en todo, claro unos seguían a jesús, otros al che guevara. Orábamos, hacían gestiones, siempre se caracterizaron por ser gente de acción. Me ayudaban en todo en casa, cuidaban del niño si era necesario, tenían un fax, y era en esos momentos un lujo, con el que podía comunicarme con el hospital y con el padre. Gracias, de veras, gracias al cielo por ponerme gente de tan buen corazón en mis momentos de angustia.

Al final, en un momento de esos que uno tiene, me dirijo a las autoridades, busco una entrevista y planteo el caso. Había podido conseguir una copia, por fax, del padre, pero ya estaba fuera de tiempo, eran dos meses, o me presentaba o me enviaban mis cosas desde sudáfrica y se acababa la misión.

Fe, tenía que tener fe, y ahí estaba la autorización por las autoridades pertinentes. Iba a regresar, y mi hijo se iba conmigo.

La expresión te la dejo a ti, querido lector…Exprésate, sé libre…Muy bien… gracias.

Tengo algo más, ahora te cuento. Cuando piensas que vas a entrar en tu zona de confort, viene de nuevo la marejada, y una ola grande te traga y vas al fondo. Parece que no vas a salir a la superficie, pero vas con la ola, te dejas, no te resistes, y en cuanto se amansa, ese es el momento. Tiras todo hacia arriba y sales, coges una gran bocanada de aire, y ahí esta la orilla.

Llegar a upington con un niño de 5 años que no dominaba el idioma, iba a ser una tarea ardua. Pero te sorprenderás cuando lo llevé a una profesora que se dedicaba a enseñar inglés a sudafricanos que solo hablaban lenguas tribales, con un método muy específico y eficiente que era válido tanto para niños como para adultos, y así fue como en 15 días el crío estaba preparado para iniciarse, en el colegio, con un mínimo de inglés que le permitía comunicarse. Nunca lo subestimé, incluso después de unos años, nunca lo he subestimado. A los 3 meses, el director de la escuela me dijo: «doctora, su hijo está más que integrado para cumplir con el reglamento disciplinario de esta escuela, sin excepción». Maravilloso lo bien que se adaptaba y socializaba.

Estaba feliz por él, y no descuidaba ni su formación académica, ni sus valores. En las noches de frío, recuerdo que lo llevaba en el coche, cogíamos mantas, ropas, y lo que pudiéramos, y nos íbamos a la parte baja de la ciudad, donde sabía que había niños que dormían en las calles, al aire libre, a veces con solo un pedazo de cartón. Quería que viera y aprendiera que no todos son tan afortunados.

Cuando cumplió sus 6 años le hicimos una fiesta con sus compañeros de aula y los demás niños cubanos, que de hecho aún eran solo dos, él y una niña hija del cirujano. Fueron los dos primeros en llegar al país. Bendito acuerdo, mi vida había estado incompleta, gran parte de ella; mi hijo significaba, en esos momentos, todo para mí, era mi gran razón de ser.

No así mi vida personal. La relación que mantenía, se acabó en una ruptura de la noche a la mañana, que si emocionalmente no fue o no lo viví como un fracaso, si fue desilusionante. Cuando me planteo que había otra persona, que era necesario que yo aceptara un traslado a otra ciudad, porque le era conveniente, jamás podía pensar que mi negativa iba a acarrearme tantos problemas desde el punto de vista profesional.

A veces, los hombres tienen un grado de egoísmo que les supera. Yo no solo era la médico que llevaba el servicio de ginecoobstetricia, llevaba, además, el programa de atención prenatal y el programa de legalización del aborto en la región. Aún se veían pocos resultados pero era algo, y había costado muchas horas. Nunca conoces a una persona hasta que las cosas se ponen difíciles y el poder que tienen lo usan en tu contra.

Fueron no solo discusiones, hubo hasta amenazas, no me lo podía creer. Hasta un día que fui llamada por el responsable de nuestro grupo porque se solicitaba oficialmente por la dirección del hospital que fuera trasladada, porque mi trabajo no era eficiente, alegándose, además, la revisión del control de pacientes; informe que llegó al jefe del distrito y al responsable de toda la misión, en pretoria, donde radicaba el centro operativo.

¡bum! Cuando pones tus intereses personales por encima del colectivo, los resultados no pueden ser buenos, y no somos responsables de las emociones, pero sí de lo que hacemos con ellas. Aunque a veces la desilusión es buena, porque te hace poner los pies sobre la tierra.

Hubo reuniones. Nadie entendía ni estaba de acuerdo, pero era una guerra personal que me estaba haciendo mella en lo más valioso de mi trabajo como profesional, como persona y como mujer, y no lo iba a permitir, aunque tuviera que empezar de cero. Reconocer errores es de sabios, y sabía que al trabajo le faltaba pulirlo, mejorar mucho más los detalles, pero utilizar lo que consideraba error para obtener un logro en lo personal por otra relación muy íntima... Vaya si iba yo a aprender, de las infidelidades y del uso del cargo a su favor.

Hubo reuniones, hasta el jefe de la misión tuvo que venir y traer consigo todos los informes. De más este decir, muy relevantes en cuanto a mérito se refiere, que él no podía aprobar tal traslado, y no lo hizo, pues no se pudo demostrar en ningún momento falta de responsabilidad, ni faltas ante lo que consideraba el objetivo básico del trabajo que yo estaba realizando. Lo personal quedaría supeditado a un segundo orden, y no concernía a la dirección del ejecutivo.

No soy una persona que desprecie a otro ser humano, ya había tenido suficiente con mi divorcio, pero yo venía de valores de dignidad y de solidaridad, y solo podía sentir pena, porque cuando la hipocresía llega tan bajo, y tan deshonesto, cuando se pierde la dignidad, haciendo uso y abuso de un puesto para atropellar a otros, solo queda recordar las palabras de que "aquello que das, es lo que recibirás algún día", y hay un cuerpo para anidar al alma, y somos seres sicosomáticos, vamos un día a somatizar toda la porquería que llevamos dentro.

Fue duro, pero sobre todo triste, porque se perdió la confianza; algún día vendrían los momentos de perdonar. En mi vida ya se iban acumulando. «no sé si podré hacerlo —le decía yo a mi amiga julita—, no sé si podré perdonar tanta mierda».

Aprendí a orar cada noche, y un día pedí que solo quería a un hombre que fuera capaz de quererme, ya que no tuve un padre que lo hiciera o que al menos estuviese presente. Pedía a alguien que me apoyara y me protegiera. «oh, jesús, por favor, dame fuerzas para librar esta angustia. Dame el valor para seguir trabajando con dignidad sin tener que bajar la cabeza, y algún día podré perdonar». Algo egoísta, sí, pero hasta ahí era lo que sabía, y cuando pides, se te concede.

Trabajé más y mejor, era mi refugio. Me llenaba cada vez que traía un bebé sano a este mundo, cada vez que podía evitar una complicación a tiempo. Y mis colegas, mi familia cubana, me apoyaron sin condiciones. A ellos les estaré eternamente agradecida, fueron mi apoyo y mi sustento. Volvimos a reír con esa gracia natural que nos caracteriza, compartíamos con nuestros hijos, con las esposas y los esposos, rememorábamos nuestras comidas, nuestro baile, nuestra música, nuestros días festivos... Ahí estaban esas raíces culturales que conformaban nuestra identidad; y que no faltara un trago de nuestro ron.

El mejor regalo de mi vida es la amistad, y yo la he recibido en mis compañeros, en el colectivo de enfermeras, en dina y aubrey, en julita, en los esposos cook, en esa gran mujer francesa que, a sus casi 70 años, decidió irse a vivir fuera de su adorado parís, con una visión muy diferente de lo quería para su vejez y la prioridad de su salud, había que tener coraje para hacerlo, y ella es una luchadora imparable, y supo hacerlo muy bien. De ella aprendí que no se puede depender de nadie, y, como dice la frase de Jidu Krisnamurti:

"La dependencia genera miedo. Si yo dependo emocional, psicológica o espiritualmente, seré su esclavo y, por lo tanto, le temeré. No es una opinión, sino un hecho."

Un día, esas frases se proyectarían sobre mí de forma brutal, ya llegaremos a eso, no te desesperes. Si estás en una situación de dependencia, en una relación tóxica o pasando por unas circunstancias que te superan, lo estás haciendo lo mejor que sabes, lo mejor que puedes, y es perfecto.

—Clarita Limonta —me llama uno de mis compañeros.

—Dime, ¿en qué te puedo ayudar?

—Tenemos a un amigo belga, y queremos que lo conozcas. Es el amigo nuestro que nos ayudó para que pudiésemos examinarnos.

—¿Y qué hacía un belga por holguin?

—El pertenece a una ong que ayuda desde hace unos años, junto con otros, con material médico, revistas y libros en inglés.

—Fue quien les proporcionó el material para que ustedes se pudiesen examinar.

—Pues sí, además colabora con hospitales policlínicos. Ha ayudado a muchas familias en cuba. Te diré que a mí me ayudó hasta con los zapatos para ir al examen —dice y reímos todos.

—A ver, ¿y qué quieren?

—Pues queremos hacerle una comida. Queremos que hagas un arroz con pollo.

—Sí, pero ustedes traen el resto.

—Seguro, tú no te preocupes.

Y ahí estaba el belga. Enseguida que me lo presentaron me miró fijamente. Vaya par de ojos azules...

Ahí mismo me vinieron esas palabras, ya hacía 2 años

que bary las había dicho: «tus oraciones serán respondidas pero por favor, clara, sin prejuicios, mira mis ojos. Recuerda, no tengas prejuicios».

Te explico algo breve: debido a las circunstancias por las que pasaba el país (cuba), se había desatado un fenómeno que se conocía como jineterismo. La jinetera, a diferencia de una prostituta, aunque se dedicaba igual a tener relaciones sexuales y cobrar, esta jinetera podía ser cualquiera, estudiante, universitaria, trabajadora de un hotel, que trabajaba y luego salía a hacer la noche. Y claro, los europeos que frecuentaban el país iban en busca de este tipo de comercio sexual, muy expandido a lo largo y ancho del país. Se dieron muchos matrimonios y salidas del país por esa vía, imagínate, y yo tenía el prototipo de mulata buenorra, fiestera, médico y cubana, 100%.

Fue una comida maravillosa, solidaria, respetuosa, divertida, y claro, en el arroz con pollo me esmeré, vamos.

—Señorita, por favor, permítame recoger la mesa.

—No, no, faltaría más.

—Usted ya ha hecho suficiente, yo recojo la mesa y friego los platos. —me dijo y yo pensé, uy jesusito, ¡pero qué me has mandado!—. Y además no vas a fregar más nunca ni un plato.

Quién me lo iba a decir, dos años después nos casábamos en la habana (es el padre de mi hija).

—Pero vamos a ver, ¿qué se piensa? Oiga señor, que yo no soy lo que usted cree.

Los prejuicios clara (me decía yo). No era fácil, la dependencia estaba ahí, dentro de mí. Simplemente por la falta de camino, ya decía einstein que es más fácil desintegrar un átomo que un prejuicio.

Yo tuve una tía abuela que nunca fue solidaria con el régimen de castro. Era una mujer corpulenta, de muy pocos estudios, de carácter fuerte y áspero, y siempre estaba, desde muy pequeña, detrás de ella. Me encantaban sus tacones y sus vestidos ajustados. Era la tía de todos; nunca se casó aunque maridos tuvo, y recuerdo que siempre me llevaba a hacer la compra y despotricaba en las colas. Decía: «claro, ahora todas visten de verde, ya no se distinguen las honradas de las putas». Debo decir que era mayor y no le hacían mucho caso, pero sus encontronazos no faltaron, porque muchas la acusaban de gusana (desafecta), y además, vivía con mi bisabuela, para quien el honor era vestir por la rodilla (en plena época de minifaldas). Vaya si escuchaba yo criterios, juicios y prejuicios. Yo amaba a mi familia, no dejo de reconocer que la tía carmela se pasaba, pero no podía saber que ese decir cotidiano se te queda ahí, debajo de la piel; vamos, que lo llevas dentro.

El belga, sin embargo, no era muy prejuicioso. No escatimaba en flores, rosas sobre todo (y mira que eran caras), cenas y regalos para mi hijo. Recuerdo el fiestón que hicimos cuando el niño cumplió 7 años y los viajes a los parques de diversiones (de más está decir que sudáfrica cuenta con un sin número de ellos, espectaculares), y a los safaris; la sabana africana y sus leones y elefantes y jirafas, que se acercaban al coche y te quedabas con la boca abierta por su gran tamaño. Solo había algo que no toleraba y era ese racismo brutal de sudáfrica que a veces te desarmaba.

En una ocasión me decía: «clara, he ido a visitar a uno de los hombres más ricos de esta zona, tiene una mina de cuarzo, es uno de sus mejores exportadores. ¿y sabes?, habiendo espacio suficiente en el transporte, no dejó que los obreros se sentaran dentro, tenían que ir detrás, y yo le decía, pero si a mi no me importa, y me dijo, pero a mi sí».

Había mucha violencia, no solo la que veíamos a diario en el hospital. Como aquella noche en que nos trajeron a un crío de apenas 12 añitos, con una puñalada en el tórax. La habían hecho con un punzón de esos que se usan para picar hielo. El niño tenía un taponamiento cardiaco, había que operarlo, y nosotros no teníamos recursos para hacer cardiocirugía. El crío murió, y lo peor fue cuando nos dijeron que había sido una riña con otro niño.

—¿Pero cómo fue posible? ¿por qué? —decía yo.

—Por una pera, doctora, por una pera.

Elimina los prejuicios, errar es de humanos. Extiende una mano. No dejes que la ignorancia, al igual que tus prejuicios, sean la carga que confunda tu pasado, amenace al futuro, y no te deje vivir el presente. No permitas que el precio sea tu vida. Porque la vida de un ser humano, la tuya y la mía, se merecen una segunda oportunidad.

Si te caes, si te ha ido mal, aprende, pon la frente en alto, y empieza de cero. Date otra oportunidad. Tú lo mereces…

¿Lo crees? Si tu respuesta es sí, nos vemos en el siguiente capítulo.

CAPÍTULO 9

Me casé en noviembre del 2001. Habíamos llegado a la habana, todo parecía que iba a cambiar, al menos en el comercio, y mi esposo se sentía muy ilusionado. Recuerdo cuantos planes de importar bicicletas, queso desde holanda y bélgica... Pero soñar no cuesta nada, ¿o sí?

Al llegar me fui a vivir con la tía carmela, que ya tenía sus años, y a pesar de que le había puesto más de una cuidadora o acompañante, la cual pagaba, no había forma de que durasen más de tres meses.

—Clarita, ven acá, tengo que decirte algo.

—Dime tía, ¿qué te pasó?

—Esto que te voy a decir no se lo digas a nadie.

—No, claro. Bueno, depende...

—Tú sabes que el otro día estaba friendo un pescado...

—¿Y?

—Pues veo que al echar el aceite, hacía mucha espuma y... Espera, te voy a enseñar —dice, y viene con dos botellas plásticas con un líquido amarillo.

—Jajajajajaja, no me digas, no me lo puedo creer.

—Aún no te he dicho y ya estás riendo. Pues estos dos me parecen iguales, y resulta que uno es detergente y el otro aceite. Clarita, ¿ yo me estoy poniendo vieja, verdad?

—Tía, ¿le echaste detergente al pescado? —empiezo a reírme a rienda suelta y ella junto conmigo. Nos abrazamos—. No mi viejita linda, hasta el más listo se hubiese confundido.

Después de aquello, me fui a vivir con ella, pero su casa era muy pequeña así que decidí hacer un cambio. Permutar era una buena idea, y ella estaría mejor.

Cojimar era un pueblecito de pescadores y caminando un día cerca del mar, vimos una parcela con una casita en mal estado, pero habitable. Fui averiguando y los vecinos siempre me decían: «ahí no va a lograr nada, esa señora tiene muy malas pulgas».

Me acerqué a la casa y toqué a la puerta. Me sale una señora no tan mayor, unos 70 y algo quizás, y comencé a hablar con ella. Le dije que era médico y que estaba buscando una casa que se pudiera reparar.

—Mire, usted será doctora o lo que sea, pero yo de aquí no me muevo.

—Juana, yo creo que ya va a mayor, igual le conviene estar cerca de sus hijas.

—Esas ya ni vienen, fíjese que hay gente malagradecida por ahí, desde que estoy esperando para que me lleven al médico.

—Usted me deja verla, quizás la pueda ayudar.

—Bueno, ni mi marido me ve, pero si no le es molestia. Venga, vamos al baño y le enseño.

Se desabrocha la blusa, no lleva sujetador, y me enseña el pecho. Una lesión ulcerosa, grande y supurativa, cubría casi todo el pezón y la aureola. La miró y le pregunto:

—¿Desde cuándo, Juana, desde cuándo?

—Ya hace algún tiempo. Era más pequeña, pero ha ido creciendo.

Respiré hondo, como me enseñaron en áfrica cada vez que las lágrimas amenazaban con salir, y le dije:

—En dos días vuelvo. Reúna a sus hijas y a su marido.

Dos días después, allí estaba, y para mejor suerte, sus dos hijas y el esposo estaban allí. Fui clara y concisa, el diagnóstico no era difícil, había visto tantos...

—Juana tiene un cáncer de mama, y en la etapa que está, es inoperable. Pero con tratamiento de radio y quimio, ella puede mejorar.

Les propuse una permuta con dinero y todos los equipos electrodomésticos, para al menos mejorar en algo sus condiciones, que eran muy difíciles (algún día, querido lector, te hablaré de cómo enfermamos el cuerpo).

Viento en popa y a toda vela, nos mudamos. Iniciamos una serie de papeleos burocráticos, de permisos y licencias, y en marzo, lo recuerdo porque era el cumpleaños de mi hijo, terminamos la estructura exterior de una vivienda de dos plantas.

No, ¡qué va! Nada fue fácil, la situación del país no lo permitía. Había que sondear en el mercado negro hasta los clavos, pero lo peor era que tuvimos que mudarnos en plena construcción, con una señora de 90 años, un marido que era muy solidario y se había hecho residente pero casi no hablaba cubano, siempre decía: «pero si yo estudié castellano en bélgica». Y los vecinos le decían: «pero esto es cuba, aquí se habla cubano, así que aprendes en la calle, porque en la escuela belga este idioma no lo conocen», jajajajajajaja.

Y el sistema mucho menos. Trabajamos mucho, cargábamos ladrillos, a veces a las 3 de la madrugada, que era la hora en que llegaba el de los materiales, porque la salud de juana estaba en declive y le faltaban días. Más de una vez, se nos calló la tía por querer estar fisgoneando entre las zanjas o querer entrar en la cocina a ayudar, y a eso, añádele el calor sofocante de la isla.

Andre seguía junto con otros belgas amigos colaborando con el instituto de amistad con los pueblos, icap, y nos dedicábamos a contactar centros de ancianos, escuelas, policlínicos y hospitales, sobre todo en el interior del país, que necesitaban ayuda. Al grupo le llamaban "solidariteit". No parábamos, pero él era feliz; la verdad, nunca lo vi tan contento, siempre y cuando los mecanismos no lo incordiaran y el papeleo no lo frustrara.

—Clara, nos han escrito que hay un niño minusválido en Santa Clara...

—¿Y tenemos que hacer qué?

—Pues hay que llevarle una silla de ruedas.

—¿Y de dónde la sacamos y cómo la vamos a llevar?

—Tengo una idea, quizá funcione...

—Tú y tus ideas... Que después me metes en líos y soy yo la que va a salir malparada.

Conversamos con un amigo del departamento, pero había que hacer una solicitud, esperar que fuese aprobada y valorar la incapacidad del niño. No, decía yo, el niño es casi un adolescente, y su madre ya no tiene espaldas para cargarlo y moverlo.

Días después, la familia venía a hacer una visita, y la hermana de andre viajó en una silla de ruedas todo el trayecto, el paso de aduanas y hasta cojimar. Claro que ese chico iba a tener su silla de ruedas, faltaría más.

Así éramos, todo un equipo. Incontables fueron las ayudas y los trabajos para que llegaran a su destino. Fue en una de esas ayudas que tuve que ir a ver a mi padre, en holguin. Estaba con un fallo renal y lo trajimos con nosotros. Al parecer, en una de esas noches calurosas, me quedé embarazada. Lo que hace el calor cubano, ya te digo...

Yo estaba de guardia en el hospital y tenía un dolor en el estómago. Le digo a mi amiga, cirujana, que me haga una ecografía, que seguro me iba a tener que operar.

—Clarita, mira la pantalla...

—Para qué, si ya sé lo que tengo.

—Te digo que mires la pantalla, esto no es de operación, bueno, por ahora...

La veo reírse y llamar a walter, el jefe de la guardia.

—Clara, tu estás viendo lo malo que está el preparto...

—Tú no te vas a ir, me escuchas.

Tanto insistir miro, ¿y qué veo en el ultrasonido? Pues eso es una cabeza.

—Síii —dijeron todos a la vez— y esos son miembros y se mueven.

Walter me mira, con una de esas carcajadas y me dice:

—¡Síii! Estás embarazada, y no te vas a ninguna parte. Tú hoy terminas la guardia.

No es que me hiciera mucha gracia, mi hijo tenía 11 años y yo pasaba los 40, joder, pero eran casi 3 meses,

¿dónde se había metido este bicho? Su padre lloró de la alegría.

No hubo mas guardias, y aquella barriga comenzó a crecer y yo a comer; no había paciente que no llegara a la consulta con algo en la mano. La verdad es que mi embarazo solo tuvo un sobrepeso tremendo y un bebé de nalgas, que yo no iba a parir, ni de coña, pesaba casi 4 kgs y me faltaba un mes.

Mi tía decía, la felicidad en casa del pobre dura poco, y yo digo que a veces nos parece que todo es perfecto y cuando cambia la marea, entonces, los barcos más pequeños corren peligro.

Me llaman al policlínico, que debía presentarme urgente en casa. Salgo apresurada, pensando en mil cosas, y al doblar la esquina doy un mal paso, y pum, caigo como una morsa al suelo, sobre mi rodilla derecha. Vaya golpe que me he dado.

Llego a casa, y en la puerta hay un mercedes del consejo de estado, aparcado frente a mi puerta.

Luego de las presentaciones formales, el compañero me informa de que se había hecho una denuncia formal, ante el consejo de diputados, en la que se decía que la doctora clara limonta bonitto estaba construyendo una casa, en estos momentos en que el país se encontraba en una situación difícil, y que estaba violando la ley 270, que prohibía el desvío de recursos para fines personales, y que había tenido el apoyo del ministro de salud, y que por lo tanto, dicha ilegalidad no se podía permitir y debía parar la construcción. Y punto. Solo en unos días se acercaba un ciclón y yo no tenía depósito de agua. Aquello fue terrible. Llamamos a unos amigos y terminamos la cisterna y la llenamos de agua. De más esta decirte que me costó una multa, y todo un grupo de funcionarios fuera de casa retándonos a que iban a llamar a las autoridades. Fue la primera vez que vi al belga fuera de sí, y sus palabras fueron: «si uno de ustedes pone un pie en esta casa, los voy a denunciar a mi gobierno, y voy a llamar a la prensa para que vean el abuso que se comete en esta situación». Surtió efecto, pero la multa no me la quitó nadie. Pues fue bien pagada.

Cuando estás en tu zona de confort, cuando piensas que lo tienes todo, algo va a suceder que te va hacer retomar el camino, ya sea una enfermedad, una pérdida, te arruinas, cualquier cosa que llames desastre o injusticia, como quieras llamarle. Hay algo más fuerte que tú, más grande, y no, no pienses que es para mal, siempre es para un bien mayor.

Sé que te suena bonito, a mí también. Sería una hipócrita si te dijera que hice esa reflexión en ese momento; claro que me enfadé y me cagué en todo lo que anda. ¿quién coño podría tomarse tan malvada osadía de hacerme una acusación de tal tipo, y en medio de una casa sin terminar, con una viejita de 90 años, un embarazo y un niño de 11 años? Hay que tener mucha mala sangre y mucha envidia. No conocía a quien lo había hecho pero lo iba a averiguar.

¿Cuántas veces has querido matar a alguien, devolver el mal que te han hecho, vengarte del que te ha herido a ti o a los tuyos? Piensa, seguro que ahora lo ves, seguro que aún lo llevas ahí dentro. Créeme que te comprendo plenamente.

Lloré, y mucho. ¿cómo iba a salir de aquello? Era luchar contra lo más alto, el gobierno, la autoridad. Tenía que arrodillarme ante lo supremo del comunismo; sí, y ese era el sistema.

El estrés me estaba devorando. Después de recorrer cuanta oficina gubernamental existe, ver y hablar con un sinfín de funcionarios, buscar a una abogada de las mejores, logramos que nos autorizaran terminar la planta baja para que fuese habitable.

Llegó el 10 de octubre, tuvimos que programar ese día. Yo trabajaba en el policlínico de cojimar y el hospital naval, que es un hospital militar, y a pesar de que mi marido era residente permanente en el país, seguía siendo extranjero y no se le permitía entrar, así que lo programamos un festivo y lo escabullimos dentro para que pudiese ver el nacimiento de su hija. 4 kgs y medio, era preciosa y él estaba muy emocionado, fue el regalo más preciado de mi vida. Gracias Andre, gracias.

Yo estaba tocando fondo y no lo sabía… ¿cuánto más podía aguantar?

¿Hasta dónde puede doler…, amigo mío?

CAPÍTULO 10

Después del nacimiento de mi hija, decidimos hacer un viaje a europa, a bélgica, así conoceríamos a la familia, y los amigos colaboradores del grupo solidaridad (ong) tendrían la oportunidad de saber un poco más sobre las actividades y el destino de las donaciones, y cómo se empleaba el dinero que ellos aportaban.

Fue un viaje muy gratificante; además el país es precioso. Estuvimos en múltiples actividades y entrevistas; organizamos una feria para recaudar fondos, y allí se me pidió hablar de solidaridad. Aún recuerdo que tuve que buscar y leer varios artículos para poder expresarme lo más natural posible en inglés, claro:

«la solidaridad debía ser el idioma del mundo. Se es solidario cuando nos identificamos con el otro, y quizás no podamos salvar al mundo, pero tenemos nuestras manos para ayudar al mundo. Las muestras de cariño de todos ustedes son una expresión genuina de ello. Quiero dar las gracias, en nombre de todos los que de una forma u otra han recibido su ayuda, no voy a mencionar nombres porque han sido muchos a lo largo de estos años. Han sido pequeños pasos, pero estoy segura de que para cada familia, cada escuela, cada centro, ha significado algo muy importante…».

Fueron más o menos mis palabras. Me sentía muy orgullosa de haber colaborado con este grupo de personas que, desinteresadamente, hacían algo por gente que ni siquiera conocían. De eso se trata el ser solidario.

A pesar de mis dolencias, que ya se hacían cada vez mayores, me sentí muy bien. Era un mundo en el que yo entraba en contacto por vez primera, una cultura diferente, nada que ver con la nuestra; aquí la gente trabajaba día y noche, tenían poco tiempo libre y mucha disciplina social, cada cosa tenía su sitio. La estancia se extendió más de un mes y nos vino bien a todos.

A mi regreso, tuve que reflexionar sobre muchas cosas, sobre todo mi salud física, que se iba complicando. Los dolores eran cada vez más generalizados, y comencé a preocuparme. Parecía que la caída y el exceso de peso iban a pasar factura.

Me sentía fatal, para qué decir otra cosa. Estaba en un estado de confort material, por así decirlo, tenía unas comodidades, y no nos podíamos quejar, pero anímicamente estaba, lo que se dice, triste por dentro. No me estaba queriendo nada de nada.

Hubo que hacer una artroscopía, pero la rehabilitación no fue nada bien e hice una retracción de los ligamentos laterales de la rodilla. En fin, no la podía extender y, cada vez que lo intentaba, el dolor era horrible. Además entré en una depresión por la que no me movía para nada.

El estado de estrés estaba haciendo mella en mi sistema inmunológico, y entonces, fui a visitar a un especialista en reumatología. Me hicieron muchas analíticas, un estudio completo. Me esperaba algún tipo de alteración pero no aquello:

—Clara, tengo que darte una noticia que no te va a gustar nada. Tienes una artritis reumatoide, eso es de origen inmunológico y no tiene cura, al menos a día de hoy.

Ahí estaba el diagnóstico y no sonaba nada bien. Fue como un jarro de agua fría, me quedé paralizada. Tenía

43 años y tantos planes... Una hija que apenas había empezado a caminar y a balbucear sus primeras frases y un hijo que ya había pasado lo suyo; esto no era justo.

Salí de la consulta y fui a sentarme al muro del malecón habanero. Miré a lo lejos y mi mente se puso a divagar mirando ese mar tan azul de aguas tan cristalinas. Las lágrimas corrían por mis mejillas. Yo, que tantas veces estuve sentada allí, de fiesta en carnavales, de paseo tomando granizados en las noches calurosas del verano; recordé a los balseros, vaya época aquella, cuando los cubanos desafiando a las olas y a la oscuridad de la noche se hacían a la mar en busca de algo mejor, de una vida mejor... Algunos lo lograban, pero muchos morían en el intento. Cuántos hijos se perdieron, cuántas familias sufrieron el dolor de la muerte de sus familiares queridos. Cuánta historia se había vivido en estos muros... Miraba a lo lejos, mientras unos pequeños jugaban felices, riendo y bañándose en el mar. La vida seguía, era simplemente ley de vida.

No, no podía aceptarlo, la enfermedad no iba a acabar conmigo, lo decidí en ese mismo momento. Tenía que haber una salida, otra alternativa, y yo iba a buscarla.

Tenía claro que había pasado por muchos momentos, no solo estresantes y complicados. Sabía por mis conocimientos médicos que los procesos de la enfermedad estaban asociados también a procesos psíquicos; la mente no estaba tan separada del cuerpo, por lo tanto, alguna respuesta tenía que haber.

Llegué a casa e hice un plan de dieta; la salud entra por la boca, y yo estaba comiendo mucho, y de todo lo tóxico que había, rico, pero al fin y al cabo nada saludable. También me propuse un plan de ejercicios y, con mucho esfuerzo, comencé a hacer algo a favor de mi salud.

Comencé a revisar literatura, poca a mi alcance. En esos momentos yo tenía ordenador, pero el acceso a internet era muy poco. Pero un día llegó a mis manos un libro, o mejor dicho una copia, "la enfermedad como camino´" (de thorwald dethlefsen).

Aquello, no te lo voy a negar, lo leí la primera vez y para mí era como si fuese otro idioma, no entendía nada, o no quería entender. No lo acepté a primera instancia, me resistía, pero después, con calma, lo volví a retomar. Hablaba de cómo podemos, desde la enfermedad, hacer un cambio en nuestras vidas. Hablaba del crecimiento personal y de cómo somatizamos; de cómo entender lo que tu cuerpo quiere decirte; cómo interpretar el síntoma, cuál es su lenguaje, el dolor como señal, y qué nos quiere decir.

Por vez primera, comencé a cuestionarme muchas cosas. Quería comprender el mensaje que estaba recibiendo, y un pequeño esbozo de esperanza comenzó a filtrarse por mi mente (aunque de metafísica sabía muy poco), y mi esposo me decía:

—Clara, eso ya yo lo he leído y no me ha servido.

—Sí, pero no eres tú al que le duelen los huesos.

Yo ni caso, poco a poco fueron llegando a mí otros materiales; estaba claro que no había cura, pero yo no iba a estar con esas dosis de medicamentos que aliviaban por un momento y luego nada. «vamos a ver por dónde me llevas», le decía yo a ese jesús que siempre seguía conmigo, aunque a veces me enfadara hasta con él. «pero no importa lo despacio que vayas, siempre y cuando no te detengas», esas palabras son del sabio confucio.

Me perdía por la costa de cojimar para que no me vieran leer estas cosas. Ya había quien decía que estaba algo loca, y que en vez de hacerle caso al médico, me escapaba a leer esas cosas. Yo no quería confrontarlos, ellos tenían razón, pero era la suya, yo también tenía la mía. Al menos, esos momentos de aislamiento me daban algo de calma y tranquilidad.

Seguía el tratamiento al pie de la letra, quizá incluso estaba haciendo mejor efecto y yo tenía mejor humor. Ya en casa se comentaba de irnos a europa a buscar otras fuentes. Yo los escuchaba pero ni caso, estaba sumergida en un mundo que ante mis ojos, era totalmente nuevo e interesante; despertaba mi interés y no hacía mal a nadie.

Albert einstein dijo que nunca consideres el estudio como una obligación, sino como una oportunidad para penetrar en el bello y maravilloso mundo del saber. Leer es una de mis aficiones, leía cuanto libro cayera en mi mano, desde clásicos como neruda, la poesía de machado, márquez, coelho, coni mendes, chopra, la biblia... Cuando lees abres las puertas y estimulas la función cerebral pero, sobre todo, das ese ejemplo a tus hijos y ellos crearán también ese hábito.

El hábito, o costumbre, es algo que aprendemos, ya sea en la escuela, con tus padres y amigos, o en los medios como la televisión, la radio, el cine o el teatro. Es una forma, no solo de expandir tus conocimientos, sino también de viajar y descubrir nuevos océanos con el coraje de no perder de vista la costa.

Nuestra vida es la creación de nuestra mente, y lo que somos hoy proviene de nuestros pensamientos. Qué es un pensamiento sino una fuente de energía e información. La materia esencial del universo no es materia, y su unidad básica no es sólida; los átomos que nos componen son impulsos de energía e información.

Así pues, un pensamiento es un impulso de energía e información que experimentamos como pensamiento lingüísticamente estructurado, y lo que tengo en mi cabeza, que llamo pensamiento antes de que se convierta en algo verbal y sea lenguaje, no es más que una intención, por lo tanto, todos somos cuerpos pensantes en un universo pensante.

Y si mis pensamientos son previamente una intención, que luego se convierte en algo en lo que creo, sea cual sea su fuente, esto se va a reflejar en emociones que voy a experimentar, y en una conducta hacia la vida misma.

Estamos creados a imagen y semejanza de lo que llamamos dios, universo o divinidad, por lo tanto, somos cocreadores de nuestra realidad, y si eso es nuestra naturaleza, somos poderosos, pero no lo sabemos porque nadie nos lo ha enseñado en el programa. He aquí lo que aprendemos cuando nos sumergimos en la búsqueda de la información. Creo en lo que hago, lo que he aprendido, los que otros me han enseñado y lo que han enseñado a esos otros, por lo tanto, repetimos algo que ya está predicho, lo hacemos nuestro hábito y creamos una identidad. Lo peor es que estamos programados para que esto sea así sin cuestionárnoslo.

Si algo es programado, entonces existe la posibilidad de desprogramarlo, porque está en la mente. Entonces, lo aprendido, toda esa información que son nuestras creencias, que forman los pensamientos y las emociones, y nos hace actuar con unos resultados, ¿podría cambiarse?

Existirá esa posibilidad de que lo que queremos verdaderamente ser, podríamos lograrlo, podríamos alcanzar nuestros sueños, no es tan descabellada la idea, ¿verdad? Le daríamos una oportunidad a la creación.

Si sabemos cuál es el propósito, abriríamos las puertas al campo de la creatividad y se manifestaría en nuestra vida y se cumplirían nuestros sueños.

La clave estaría en desaprender lo aprendido, en desprogramarnos.

¿Tu lo crees posible? Podríamos practicarlo, ¿pero dónde empezaríamos?

Cuando el alumno está preparado, el maestro aparece.

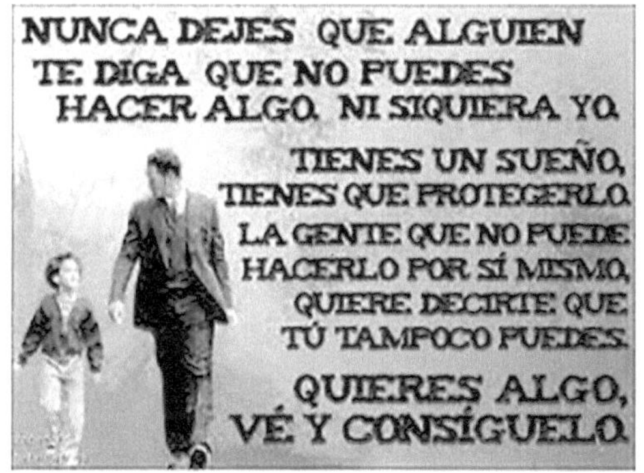

CAPÍTULO 11

ra un día de verano muy caluroso. Una de mis compañeras médico también me había hecho una visita. Entre la conversación, me peguntó si quería acompañarla a un curso que estaba impartiendo la doctora silvia bustamante, psiquiatra del hospital fajardo. Quizá me vio la desgana en mis ojos, y no insistió, aun así, al otro día por la mañana, nos encontramos con que el curso se impartía en la escuela de química y era libre de cobros.

Ahí estaba yo, ni sabía de qué iba solo necesitaba salir un poco, cuando llega la profesora y escribe en la pizarra: "bienvenidos al 2do curso de autosanación".

Vaya sorpresa, si es que cuando no quieres caldo, te dan 3 tazas. A ver de qué iba todo esto... Pues nada menos que un curso zen, basado en los principios de la respiración consciente, sus ventajas y poner en práctica la meditación, con una sesión de apertura de los chakras, asesorado por un profesor de origen vietnamita y que residía en el sur de francia.

Esta parecía ser la respuesta que estaba buscando. De hecho, el curso estaba dirigido a profesionales de la salud con alguna patología crónica, incluido el cáncer. No recuerdo cuántos éramos, pero sí sé que llenábamos el teatro. Se suponía que aprenderíamos a autosanarnos, y practicaríamos con nuestros pacientes bajo el principio de que cuando das con intención de sanar, te sanas.

Este era un primer nivel de tres niveles, y cada nivel incluía una serie de patologías; y no se violaban los niveles, si estabas en el primer nivel te ajustabas a él sin interferir con el segundo, y había que practicar la meditación diariamente, hasta 3 veces al día, durante 5 minutos.

Por primera vez en mi vida iba a adentrarme en la metafísica y a relacionarme con la palabra "holístico". Voy a detenerme en algunos conceptos.

*La **holística** es aquello perteneciente al **olismeo**, una tendencia o corriente que analiza los eventos desde el punto de vista de las **múltiples interacciones** que los caracterizan. El olismeo supone que todas las propiedades de un **sistema** no pueden ser determinadas o explicadas como la suma de sus componentes. En otras palabras, el olismeo considera que **el sistema completo se comporta de un modo distinto que la suma de sus partes**.*

*De esta forma, el olismeo resalta la importancia del todo como algo que trasciende a la suma de las partes, destacando la importancia de la **interdependencia** de estas. Cabe mencionar que el **holos** (un término griego que significa **"todo"** o "entero") alude a contextos y complejidades que entran en relación, ya que es **dinámico**.*

Por lo tanto, había que comprender la medicina holística como la integración del individuo como un todo; mente y cuerpo están unidos e interactúan con el todo que les rodea. Había más, también estaban las emociones.

Agradable o penosa y presentarse junto a cierta **conmoción somática**. *Por otra parte, tal como señala la* **real academia española (rae)** *en su diccionario, constituye un* **interés repleto de expectativa con que se participa en algo que está sucediendo**.

Según lo han demostrado diversos estudios, las emociones juegan un papel fundamental en los **procesos de salud de una persona**. *Tal es así que en muchos casos, sucede que una enfermedad se desencadena por una determinada experiencia que genera una emoción particular, tal es el caso de las fobias o de los* **trastornos mentales**. *También hay casos de epilepsia donde las emociones son una causa importante.*

Del latín emotivo, la **emoción** *es la* **variación profunda pero efímera del ánimo**, *la cual puede ser*

Entonces, nuestros pensamientos se expresan en nuestro lenguaje estructurado, generando una emoción que nos lleva a una acción, y esta a unos resultados, y todo esto va a estar determinado por un sistema de CREENCIAS.

Cada día, yo me sumergía más y más en practicar. La teoría y los libros estaban bien, pero yo tenía poco acceso a ello, por lo tanto, practicar era mi objetivo.

¿Me quieres preguntar si resultó? Pues mira, la ansiedad comenzó a disminuir poco a poco, el estrés ya no era tan marcado; el dolor persistía, pero los medicamentos eran más efectivos y en poco tiempo comencé a disminuir la dosis.

Claro que quieres saber lo de los chakras, pues muy fácil: existen 7 chakras o centros energéticos ubicados a lo largo de la columna vertebral. El cuerpo humano es un campo energético y tiene ríos de energías llamados meridianos, que nutren a cada órgano del cuerpo, y estos 7 vórtices o chakras, se encargan de suministrar esta energía.

La clave está en la intención, que es el poder creativo que satisface todas nuestras necesidades, sean cuáles sean.

Y recuerda, la energía va donde va, donde tu atención te lleva, por lo tanto, el acto de crear lleva implícito la intención de. Decía el maestro zen: «tu casa está ahí donde están tus pensamientos».

El principal órgano de tu cuerpo que procesa todo esto, es tu cerebro. Y eso que llamamos mente va más allá de la caja craneana, por lo que es la mente, y tu mentalidad, quienes van a regir el camino que decidas transitar. Y la pregunta es, o la que yo me hice:

Si cambio mi mente, si cambio mis creencias, ¿podré crear algo nuevo, algo mejor?.

Estaba decidido, el dolor físico era inevitable, pero sufrir era una opción y no iba a ser la mía. Yo quería parar este dolor, yo quería estar sana por mi hija, por mi hijo y por mi familia. Yo había escogido curar a la gente y dar esperanza en sus momentos dolorosos, y ahora tenía que empezar de cero, tendría que empezar por mí.

Mira la frase del maestro, léelas, tú también puedes elegir sanar, tú también puedes elegir entre lo inevitable y el sufrimiento.

Lo que decidas está bien, todo es perfecto. Gracias, hermano, por compartir conmigo. Gracias, porque tú y yo sabemos que siempre hay algo más, y si yo pude, tú también puedes. Nadie me dijo que iba a ser fácil. Yo tenía una vida que arreglar y tenía que empezar por mí, no iba a dejar que un diagnóstico me la arrebatara. Yo quería ver crecer a mi hija, ver graduarse a mi hijo. Yo quería vivir mi sexualidad con plenitud, quería bailar, reír de nuevo con ganas, sentirme plena y ser feliz, y poder hacer feliz a los demás. Era un sueño, pero si cambiaba, podía lograrlo. Era mi responsabilidad, era hora de dejar de culpar a los otros, al sistema, a la herencia familiar, a las circunstancias, al país donde vivía... Yo y solo yo podía hacerlo, y lo iba a lograr.

Hice un plan para adelgazar, y a pesar de la claudicación de mi pierna derecha, me iba a andar o a nadar, así fortalecía mis músculos. Pasaba ratos meditando o simplemente en silencio, escuchando mi respiración, poniendo una intención de curar, de sanar, y empecé a notar que crecía en mí un sentimiento de compasión tremendo. Me dediqué a complacer a mi Carmela, ya viejita, en todo lo que podía. Quería escuchar a Machín, allá iba yo y le ponía el disco; quería unas frituras de bacalao, allá iba yo a la cocina y las preparaba; quería flores, cada mañana le traía flores. Me miraba y me decía: «mejor ahora que después de muerta, así las puedo apreciar. ¿Sabes que ningún hombre me regaló flores?», «pues te las regalo yo», le decía. Pasaba horas sentada a su lado, me contaba historias de su niñez allá en Jamaica, y de cómo había trabajado desde los 14 años de criada, para ir trayendo al resto de su familia a la habana. Me contaba de sus travesuras y su genio, del amor por su madre... Fue mi maestra, con ella aprendí no solo compasión, sino comprensión y humildad. Era la matriarca de la familia, y le estaré eternamente agradecida por haber estado a mi lado todos esos años.

Reunimos a la familia y le explicamos la decisión de irnos. Yo saldría con la nena y con mi marido, con un permiso provisional, y vería si la cosa funcionaba, si me adaptaba, y luego vendría por mi hijo. Y fue entonces cuando Carmela quiso irse a un hogar de ancianos, por mucho que le dijimos que mi hermana y mi primo se quedarían con ella; no quiso aceptarlo.

Contacté con un amigo que precisamente dirigía un hogar de ancianos en el cerro, y nosotros habíamos dado una ayuda con el reemplazo de unas lavadoras para el centro. Fuimos a visitarlo y, a pesar de las circunstancias, el equipo de trabajo hacía todo lo posible porque el lugar funcionara.

Yo sabía que a ella no le iba a gustar, pero para nuestra sorpresa dijo que sí, pero quería una habitación para ella sola y que le dejasen comer en platos individuales, no en bandejas de aluminio. Yo sabía que eso no era posible, pero ella insistió en que sí, que se quedaría.

Coordinamos todo para el viaje. Ya karla tenía 2 años y medio y marcos estaba finalizando la secundaria. Me dolía dejar todo por lo que habíamos trabajado, pero del pasado no se vive, y el futuro solo se crea en el presente.

A finales de 2006 salimos para bélgica, era como una aventura. Te soy sincera, aquel frío no me hacía ninguna gracia, y el choque con la economía y la cultura de los nórdicos iba a ser difícil, además dónde estaba el sol...

Una mañana me senté en el ordenador, busqué infojobs, rellené los datos e hice clic. No me vas a creer, pero en dos horas alguien me estaba llamando... de españa, vigo… pero si yo me iba a madrid, al menos esa era mi intención.

Pues ya lo ves, a veces nosotros no somos los que disponemos las cosas, solamente las proponemos. Algo y yo no sé el cómo, lo determina. Así que, el viaje era a vigo, españa.

¿Aún me sigues? Gracias compañero, el viaje solo comienza.

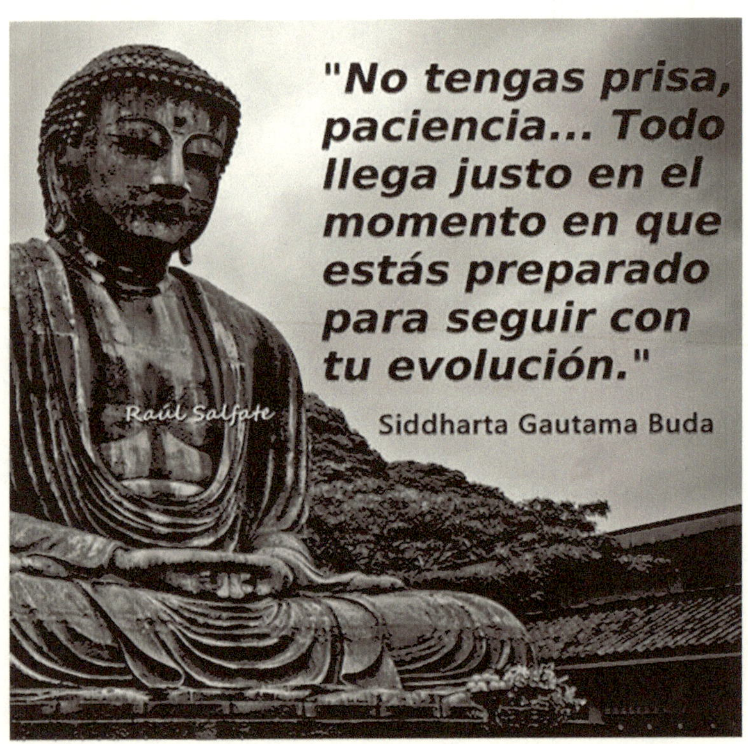

"No tengas prisa, paciencia... Todo llega justo en el momento en que estás preparado para seguir con tu evolución."
Siddharta Gautama Buda
Raúl Salfate

CAPÍTULO 12

"Yo puedo hacer cualquier cosa que me proponga."

TUS ZONAS ERRÓNEAS

El talento es importante, pero son las horas de prácticas lo que hace las diferencias. Yo sabía que aceptar aquella propuesta era acertado, lo sentía muy dentro de mí. No escuché a esa vocecita que siempre está diciéndote, «pero... Y si el pasado irrumpe, aterrorizándote, y si te equivocas». ¿a que sabes de qué hablo'?

Llegamos a irún temprano en la mañana. Hacía frío, pero aquel sol me golpeó de frente, de lleno en mi rostro, con la falta de sueño después de más de 12 horas conduciendo. Respiré profundo, de lleno, y sonreí; ¡sí! Esto era diferente. Si había y seguía practicando mis meditaciones zen aprendidas en ese curso, dándole energía a mi rodilla dolorida, con la intención de aliviar el dolor funcionaba, pues seguiría practicando. Además, ahora tenía un gran arma, la información; libros, audiolibros, vídeos en youtube, grupos con los que poder reunirme... Yo sabía que podía hacerlo y no importaba cuánto tiempo me tomaría, no había marcha atrás.

En 3 meses había homologado mi titulo de médico y estaba trabajando. ¿me preguntas si en la clínica a la que había llamado estando en bélgica? Pues no, aquello era lo que yo llamo un puente. Dios me había puesto un puente y yo había cruzado. Lo que pasó fue que la clínica no estaba funcional, y en mi querer ayudar, me encontré personas que resultaron en mi ayuda. La clínica no llegó a funcionar, pero en mi espera de homologar, conocí a otras personas, entre ellas a un director de un seguro médico que me propuso trabajar en un balneario. Claro que acepté, te cuento mi primera anécdota gallega.

Estoy trabajando en el balneario, cada vez que entraba un grupo nuevo se les hacía un chequeo preliminar: tomar la tensión, auscultarlos, ver su ficha de antecedentes y la medicación que tomaban. Luego se conformaban las dietas y se las llevaba a la cocina para hacer los cambios pertinentes. Bueno, estoy con una señora, y en medio de la entrevista rutinaria ella me dice:

—Yo conocí a un cubano hace años, era de un barco, el jefe de máquinas. En aquel entonces se encargaban los barcos cubanos al astillero de barreiras. Mi marido era custodio de allí, y mi hija era pequeña aún. Nos hicimos amigos y siempre que podíamos visitábamos a los cubanos, y a mi niña le encantaba. Él tenía una foto en su camarote de fidel, y alrededor le tenía colgado un collar de unas semillas santajuana. —yo la escuchaba muy atenta.

»Pues doctora, mire usted que Joel me decía, Elena, este es el dios cubano, le ponemos velas y todo, y flores, ya ve usted, ¿y sabe una cosa, doctorcita? Era morenito así como usted, un mulato grande y simpático.

La señora busca en su cartera, y yo le digo:

—Joel Abad Reyes, jefe de máquinas de un barco de pesca cubano, y eso fue en los 78 o 79, más o menos.

Me mira, se le llenaron los ojos de lágrimas.

—Sí, sí —me decía emocionada. Se para y añade—: ¿pero cómo usted lo sabe?

Me río y la abrazo.

—El mundo es un pañuelo, es mi primo por parte de mi padre, y lo vamos a llamar ahora mismo.

Siempre estás en el lugar perfecto y en el momento perfecto.

Comencé a familiarizarme con el trabajo de atención primaria. No podía aceptar una contratación porque sabía que tenía que entrar de nuevo a cuba a buscar mis papeles de liberación definitiva, pero mientras tanto, me integraba. Cada día al trabajo y a leer, no sé cuántos libros devoraba, desde Wyne Dryer, Louise Hay, Chopra, etc., todo lo que hablara de sanación y de medicina mente cuerpo. Aumenté mis horas de meditación y cada vez usaba menos medicamentos; estaba volviendo a ser yo y era muy satisfactorio.

Un día recibo un correo del hogar de ancianos, que hacía una semana que carmela estaba admitida, que todo estaba bien con ella, pero tenía problemas con la comida; llevaba 3 días que solo comía naranjas. El director me preguntaba qué hacía, y yo le contesté: «tú y yo sabíamos que era de esperar, no te preocupes, yo hablo con mi hermana y se la llevan a casa».

Cuando hablé con ella por teléfono, me partía de la risa.

—Clarita, hasta un novio me busqué ahí, pero hija, con el cocinero no pude hacer nada, que comida más mala.

Yo me reía y le decía:

—Tía, pero te llevaste el novio a casa.

Y ella decía:

—No mijita, qué va, y quién lo va a atender. Estoy feliz de regresar pero te extraño ¿sabes?

Yo también extrañaba, sobre todo a mi hijo, que estuvo en cama con una neumonía y todas mis compañeras del curso lo fueron a visitar. No tenían que decirme que el chico estaba triste, pero se dedicó a dibujar y se recuperó pronto.

Karla, mi hija, cumplió sus 3 añitos y comenzó en el cole. Lloraba todos los días, no había manera. Yo continuaba trabajando a medias en el balneario, y hacía algunas guardias en un centro de adeslas, donde conocí a una gran persona, y una gran amiga, la doctora graña, que me dijo:

—Cuando homologues ginecología, ven a verme.

Gracias Soco, gracias.

Emocionalmente estaba mejorando, pero despertaba en medio de la noche y me encontraba a veces llorando. Compré un libro, "sana tu cuerpo" de Louise hay, y había un capítulo muy especial sobre el perdón, y como soy una mujer de práctica, pues a practicar y más practicar. Claro, que me costó perdonarme, a todos nos cuesta perdonar y perdonarnos, ¿por qué? Pues porque nos culpamos, y la culpa, el resentimiento, la crítica y el miedo aparecen cuando culpamos a los demás, y no asumimos la responsabilidad de nuestras propias experiencias. Esa eran las palabras de Louise.

Y yo aún culpaba, sobre todo a mí. Tomé un folio en blanco y comencé a escribir a todo y a todas las circunstancias que yo consideraba culpables en mi vida. ¿Que si eran muchas? Pues sí, muchos folios. Bueno, la más importante era la muerte de mi madre, tenía que dejar de culparme por eso y dejar de culpar a la familia.

Te digo que no es fácil, nadie te dice que lo va a ser, pero prueba, da un primer paso. Había unos ejercicios que hacía diariamente dos veces, y los domingos 4 veces. Me sentaba en silencio y yo misma ponía ese escenario en mi mente, y me sentaba en una silla y me perdonaba, y luego sentaba a mi madre y la perdonaba. Meditaba y la amaba, desde lo más hondo de mi ser; le enviaba energía de amor y compasión y perdón.

Te digo, practicar y practicar. Eso de "fulano yo te perdono", pura mentira, pura hipocresía forrada de mucha etiqueta y educación. Cuando perdonas, cuando te perdonas, sientes paz, sientes calma.

Decía Jesús: *Perdonad, si tenéis algo contra algunos, para que también vuestro padre celestial os perdone a vosotros (Marcos: 11,25).*

Si no podemos aceptar la responsabilidad, siempre seremos víctimas, siempre viviremos justificándonos, quejándonos, rindiéndonos a cada intento.

Deja de culparte, deja el rol de víctima. Perdónate, y darás perdón a los otros; señálate, y dejarás de señalar a los otros. Solo tú eres responsable de las decisiones que has tomado. Podrás equivocarte, empieza de nuevo. Pero no culpes al otro, porque solo tú sufrirás las consecuencias.

Es curioso, perdonar al padre de mi hijo, o perdonarme a mí misma por darle ese padre a mi hijo, eso era más complejo de lo que creía, y quizá más doloroso. Con el mismo ejercicio, había que tener mucha honestidad, y cada vez que hacía el ejercicio, durante semanas sucedía algo, por una razón u otra, nos encontrábamos o teníamos que hablar. Mi hermana me decía:

—¿Qué tal fue?

Y yo le contestaba:

—Tengo que volver a practicar, sigo queriendo asesinarlo.

Pero volvía de nuevo a practicar. Hasta un día...

Recuerdo que estaba de guardia, creo era un domingo. Yo me había contagiado de varicela, estaba horrible, por así decirlo, y llega mi hijo con su padre, que tenía una función aquí en vigo. Le miré, nos saludamos, y me dice:

—Qué bien te veo.

Y yo contesté:

—También te veo muy bien.

Fue una visita corta, pero ahí estaba esa calma, esa paz, ese bienestar. Lo había logrado, me había perdonado. Al salir pasé por la librería, quería llevarme algo para leer, "un curso de milagros".

A finales de octubre tuve que viajar a cuba, con el objetivo de buscar una serie de autorizaciones para radicar en el extranjero y traerme a mi hijo.

Lo primero que me encontré al llegar, era que mi viejita estaba muy bien, pero ya casi no andaba y se pasaba horas en cama. Me decía:

—Yo no estoy enferma solo estoy cansada.

Ese mismo día, mi hermana había recibido la citación para ir a un curso de perfeccionamiento, lo impartía el mismo profesor vietnamita, y salí corriendo. Yo quería estar en ese curso de perfeccionamiento. Al llegar, me dice una de las profesoras:

—Fue ayer, Clara, pero si te apuras y tienes suerte, esta noche se repite en Santiago de Cuba.

—Joder, tía, eso hay que ir en avión.

Llegué a casa, si me apuraba podía irme en el vuelo de las 3, y a las 5 ya estaría allí.

—Bueno —dice mi hermana—, con dinero todo se puede en este país.

Nunca mejor dicho. Me fui en un vuelo de aerocaribean para turistas, llegué a santiago, y al llegar al sitio, estaba repleto, no cabía ni un alfiler. Recuerdo algo que me impactó: el maestro le hablaba a una señora que llevaba a un niño de unos 8 o 10 años en una silla de ruedas, estaba parapléjico. Sí, eso es cuando estás impedido de tus cuatro extremidades. Muchas veces puede ser congénito o, a veces, secundario a alguna enfermedad neurológica, o bueno, cuando hay problemas al nacer durante el parto. Yo no sabía la causa de ese niño, pero sí sabía que la madre decía que ella practicaba con su hijo, y la mejoría era muy poca. Yo no entendía, hasta que escuché que el maestro le decía:

—Tu hijo, este alma, ha venido a enseñarte a amar. Él ha venido a este mundo para ser aceptado y amado tal cual es. Él es tu maestro, mira el brillo de sus ojos y su sonrisa. Mamá, ¿es que no lo ves? (mucho más tarde yo entendería a qué se refería).

Lo cierto es que aquel muchachito, en aquella silla de ruedas, tenía los ojos más bellos que yo hubiera visto. Grandes, luminosos, con unas pestañas largas, y su sonrisa enamoraba, era lo único que parecía tener vida en aquel cuerpo inerte. Hasta ahora que escribo y lo recuerdo, me emociono y mis ojos se llenan de lágrimas.

Cuanto tenía que aprender, cuanta hambre tenía yo de saber. Cada paso en este sendero era más y más excitante. Yo me sentía viva, la compasión me llenaba el alma. El maestro me miró, sonreí y le dije:

—La abuela se va, maestro.

Él me dijo:

—Si por eso estás aquí, es tu maestra, solo acompáñala y que sea en paz, con mucho amor, doctorcita, con mucho amor.

Llegué de vuelta al aeropuerto, solo llevaba una braga en el bolso de mano, tenía que irme en el último vuelo. Verdad que sí, respiré hondo, dejé mi mente en blanco por unos segundos (aún no sabía meditar tan bien jaja), me dirigí al jefe del vuelo y le pedí:

—Quiero irme hoy, no tengo familia y no me apetece dormir aquí toda la noche. Si hay posibilidades, y yo creo en que todo es posible, méteme en ese vuelo.

A las 12 y 30 de la noche aterrizaba en la habana, mi viejita estaba en cama, llegué, la besé en la frente, y le dije: «gracias».

La gratitud es el sentimiento que más humildad concentra y más amor expande. Da siempre gracias cuando amanece, da siempre gracias por el día que has vivido, porque aún no sabes si amanecerás el nuevo día. No des todo por hecho, la arrogancia te corroe, sé humilde y siempre da gracias.

La verdad que me sentía bien, bueno, cojeaba y dolía, pero yo estaba tan centrada en mí, en lo que estaba descubriendo, que ni caso le hacía. Ya vendría el momento, ahora me tocaba vivir este, y despedir a la abuela iba ser importante para el resto de mi vida.

Yo sabía que más que haber venido a por los papeles, era esta la razón por la que estaba aquí. La sacaba cada día a tomar el sol y leíamos juntas un curso de milagros. Yo comencé a practicar los ejercicios día a día, eran 365 lecciones.

Mi esposo vino a visitarme y a ver cómo iba el proceso. Había que tener paciencia aunque la información no era muy buena. Tuve que visitar varias veces el ministerio y actualizar la documentación, que al parecer el expediente aún no estaba procesado, cosas del burocratismo administrativo, pero iba a salir bien. La segunda visita, tres meses después, ya no parecía tan calmado. La demora era ya de más de 6 meses, se quejaba de volver a bélgica, los gastos en españa le resultaban muchos, ¡uy, muchas quejas! Si te soy honesta, no me importaban sus quejas. Yo estaba ahí, sabía que saldría en el momento oportuno, ni más ni menos. Mi hijo ya estaba haciendo el bachillerato, el primer año interno (aún no habían escuelas externas), y cada vez que iba a visitarlo o el venía de permiso, yo veía el deterioro del sistema educativo. Estas escuelas tendrían que cerrar, ya este programa no funcionaba. Claro que quería sacarlo, pero cada cosa a su debido momento.

Una tarde de agosto, 3 días antes, la abuela había sufrido uno de esos dolores terribles que no se aliviaban con nada. Se aferraba a los barrotes de la ventana y daba gritos: «esto es el infierno, quítame este dolor». Hasta morfina tuve que ponerle. Después de unas horas, logré que se durmiera, me senté a su lado y miraba como sus huesos se habían perfilado, el ángulo de la mandíbula estaba muy marcado. Abrió los ojos y me dijo:

—Cuando me vaya quiero que me lleves directo de aquí al cementerio.

Dijo una serie de nombres que ella no quería ver y se durmió. Al mediodía se respiraba una quietud tremenda. Me senté al borde de la cama, ya no tragaba casi nada, me miró y me tomó las manos. Me besó y me besó, y dijo:

—Recuerda que el amor y el cariño son lo único verdadero que existe. No hagas como yo, para mí es tarde, no lo vi hasta hace muy poco. Pero tú no renuncies.

Cerró los ojos y sentí su expiración larga, suave, hasta que se hizo un silencio absoluto. Había muerto.

Cuando los que amamos parten, pasan de vivir entre nosotros a vivir en nosotros. Tenía más de 98 años, había vivido una vida de trabajo desde la niñez, no conoció el amor y el cariño, pero amó a su madre más que a nada. Fue mi maestra de paciencia, de compasión, de gratitud y de humildad. Me enseñó a cocinar y a siempre poner un plato de más en la mesa, por si llega alguien, decía; compartió, desde su mesa hasta su cama. Una fiel temerosa de dios, pero jamás la vi pisar una iglesia. Me decía: «aquí dentro, a dios se le lleva aquí dentro», y se tocaba el pecho.

Lo hice exactamente como lo pidió. No tuve que excluir a nadie, aquellos que no quiso que estuvieran simplemente no pudieron venir. Abrimos una botella de ron y cantamos lágrimas negras a ritmo de una guitarra.

"El proceso del duelo
permite buscar para tu ser querido
el lugar que merece entre
los tesoros de tu corazón(...) Es recordarle
con ternura y sentir que el tiempo que
compartiste con el o ella
fue un gran regalo(...) Es entender con
el corazón en la mano que el amor
no se acaba con la muerte".
- Jorge Bucay

CAPÍTULO 13

La vida te depara situaciones inesperadas, contradictorias, y a veces muy dolorosas. Yo había aprendido en estos años que no importa cuantas veces te equivoques, siempre puedes empezar de nuevo, siempre hay una forma, siempre hay una opción, una salida.

Yo viví la experiencia como tenía que ser. Había estado allí porque no pude estar para despedir a mi abuela ni a mi madre, pero tuve la oportunidad de estar con esta gran abuela, por lo tanto, no me arrepentí ni un momento. Las cosas pasan como deben ser.

Era agosto, el calor en la habana en ese mes de verano es casi irresistible, y todo el mundo va a vacacionar, y las oficinas gubernamentales también. En cuanto llegó septiembre, reinicié mis trámites para mi regreso. Ya mi marido estaba desesperado, y la espera lo tenía muy mal anímicamente. En octubre tuve noticias de que mi liberación definitiva había sido aprobada, que en cuanto me firmaran los documentos se me enviaría notificación. Por lo que comencé a tramitar la baja del colegio de los niños. Pero llegó diciembre y aún no me entregaban el expediente. Como en todo el mundo, llegaron las festividades de fin de año, y para no cansarte, hasta enero no me confirmaron la salida del país. Tenía entonces que entrar en una serie de gestiones, cual de todas más burocráticas y engorrosas. Añádele que el transporte en esos momentos era pésimo y había que estar de un sitio a otro para que me hicieran los pasaportes. Fue toda una aventura, y aun llegado el día del vuelo, tuve que estar con mis hijos vestidos y el equipaje en las oficinas de emigración para recogerlos. Estaba teniendo una lección de paciencia fenomenal.

Pero al fin podía viajar con mis hijos. Ellos eran mi razón de ser, mi familia. Ya había perdido a los más viejos, ahora solo los tenía a ellos y a la familia que me quedaba en miami. Dejaba en cuba a mi hermana, a mi sobrino, y a mucha gente querida: amigos, vecinos, compañeros de trabajo..., era toda una vida, y yo había pasado por muchas experiencias dolorosas y no quería repetir. Ya sabía algo, que las circunstancias se repiten en tu vida no como un castigo, sino como una oportunidad para trascenderla y hacerla lo mejor posible, porque los anteriores, tus ancestros, como los míos, no supieron hacerlo mejor. Entonces, yo sabía y quería que esa niña mía no repitiera las mismas frustraciones y fracasos. Si de mí dependía, ella tendría unas experiencias diferentes, y mi hijo era ya un adolescente, entraba en una etapa difícil, yo tendría que hacer todo lo posible porque su vida fuese lo mejor posible.

Había aprendido que heredamos no solo el físico, sino también los patrones, los programas, del que ya había estudiado algo, y qué más del 80% de las enfermedades tenían un factor sicosomático. Si aprendía a cambiar, si conectaba con esa alma mía, se producirían muchos cambios, y claro que merecía el esfuerzo.

Desde mi regreso a españa, nunca tuve problemas de trabajo. Me incorporé en cuanto llegué a la seguridad social como médico de medicina general y, como tenía la practica bastante actualizada, hice muchas sustituciones y guardias a todo lo largo de la costa gallega. No hubo un sitio en que no encontrase el cariño y la solidaridad del pueblo gallego, y para mi bien, casi todos tenemos un pariente en común, ya sea un gallego que emigró en sus días a cuba, o un cubano aquí de regreso. Fueron muchas las personas que se conectaron conmigo. Las raíces son lo que son.

Recuerdo que un día me invitaron a una actividad y debía llevar un plato típico, y se me ocurre hacer un arroz con pollo. Joder, resulta que el arroz con pollo es gallego no cubano.

En unos meses, me homologué como ginecobstetra y comencé a trabajar en mi campo. Si me has estado siguiendo, querido lector, sabrás que me apasiona lo que hago. Ayudar a traer un bebé a este mundo, para mí es glorioso, ese sentir no se puede explicar con palabras. Es tal el regocijo, la emoción, la satisfacción de ver la cara de esa madre, con su hijo en sus brazos, y al padre todo orgulloso, y la alegría que representa, que aunque es un trabajo de muchas noches sin dormir y de mucho estrés, la satisfacción vale todo eso, de veras lo digo. También esta la parte de las complicaciones y los riesgos, claro.

En mi diario, decidí que ya era hora de darle una sustitución a mi rodilla, así que me operé y puse una prótesis. Doy mil gracias a quien un día me dijo: «te voy a enderezar esa rodilla». Gracias amigo, la mejor de mis decisiones.

Repetí los estudios que había hecho en cuba, y nada era concluyente. Yo cada vez tenía menos síntomas y comenzaba a estar mucho más equilibrada emocionalmente. Faltaban muchos estudios, mucha indagación, pero quería aunar en la medicina convencional y la medicina alternativa, sobre todo porque traer hijos al mundo es la gran responsabilidad de las mujeres. Y si pudiese ayudar, solo dar un granito de arena, para que ese acto sea un acto de amor consciente, porque el útero es como un santo grial donde creas y das vida, donde puedes transformarte y traer a un ser sano, no solo físicamente, sino también emocionalmente, desde el momento de la concepción, porque ya hay estudios que demuestran que los acontecimientos de la vida de los padres previos, van a influir en la mente y el cuerpo de su hijo. Las circunstancias que rodean la concepción se convierten en la base de patrones inconscientes.

Querido lector, quizá no estemos de acuerdo o tal vez sí, pero somos seres espirituales que hemos venido a experimentar este gran proceso que llamamos VIDA.

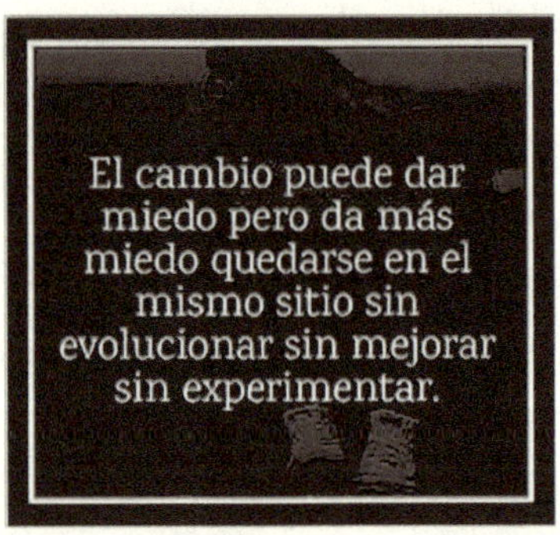

CAPÍTULO 14

El mejor día de tu vida y el mío, es cuando asumimos la responsabilidad, total de nuestras actitudes. Ese es el día en que realmente crecemos.

La mente racionaliza y prefiere mantener las verdaderas causas de la emoción al margen de la conciencia. Para ello utiliza el mecanismo de la proyección. Culpa a los acontecimientos o a otras personas por "causar ese sentimiento" y se ve a sí misma como la víctima inocente e indefensa de causas externas: "ellos me hicieron enfadar", "él me ha lastimado", "los acontecimientos del mundo son la causa de mi ansiedad".

Somos como ollas de presión que solo esperan el momento oportuno para liberar el vapor. Yo, amigo lector, tenía que saltar desde la posición de víctima y culpabilidad a empoderamiento. De ello dependían, no solo mis descendientes, sino que dependía yo. La ficha más importante del juego mi vida, era yo, y cuando lo comprendí, sabía que estaba en el camino del cambio, en el camino a sanar. Había escuchado la voz de mi alma y estaba comprometiéndome a seguirla, a permitirle que me guiara. No iba a ser fácil, tú y yo lo sabemos, por eso nos justificamos constantemente. Porque cada vez, y recuerda esto, que dices es difícil, es que en el fondo no quieres; cada vez que dices no puedo, es que tienes miedo; y te limitas, te autosaboteas, como lo estuve haciendo yo, porque somos ignorantes, y nuestro ego no nos deja admitir que no sabemos, que no controlamos, que es una ilusión en la que estamos viviendo, y no escuchamos la voz interior que nos dice, basta ya.

Estamos llenos de programas mentales tóxicos, heredados de nuestros ancestros. Es un estado inconsciente e incoherente constante, que nos hace manifestar toda clase de síntomas, vicisitudes diarias y problemas interpersonales. Es hora de liberarse de estas lacras que nos hacen vivir bajo el sufrimiento y el dolor.

Amigo mío, yo tuve que perdonarme y no fue un ejercicio de un día. Perdonarme por lo que creí sobre la muerte de mi madre fue un ejercicio que duró muchos días y meses, practicar cada noche y cada tarde libre. Pero cuando lo logras, cuando en verdad te sientes liberado, cuando ves la verdad, es una enorme carga que te has quitado de encima. Perdonar al padre de mi hijo fue tan trabajoso que pensé en renunciar a veces, y te lo repito, valió la pena. Te sientes completo cuando te perdonas, cuando te responsabilizas y dejas de culparte, creces. Cristo nos lo dijo, "la verdad no hará libres".

Dios, el universo, la divinidad o como quieras llamarle, te brinda la oportunidad, a través de la repetición, para que lo hagas diferente, para que lo hagas coherentemente. Un día me pregunté:

¿Qué es lo que realmente quieres? ¿Cuál es mi propósito de vida? ¿Cuál es mi verdadero motivo de estar aquí?

Me falta mucho camino por recorrer, pero hoy sé que puedo lograr mis sueños y ayudar a otros, porque las leyes universales que nos rigen no fallan jamás. Los principios están para que podamos lograrlo. Ya sé que no nos los enseñaron, al menos yo no los conocía, pero una vez estás preparado, una vez te decides, todo aparece, todo va fluyendo.

La voz de tu alma, tu intuición, tu corazón, te van a guiar. Ten fe, el cambio empieza en ti, está dentro. Dejé de buscar fuera y encontré el gran regalo de la vida. Solo yo podía hacer el cambio, abrirme a las posibilidades, al campo de infinitas posibilidades, porque este campo es la autoridad última, y en mi forma más primordial, yo soy el campo de oportunidades.

Me arriesgo y crezco. Si crezco, podré llegar a ser mi mejor versión, y soy quien quiero ser. Por lo tanto, el resultado es que soy feliz.

Ámate a ti mismo, ama a tu cliente, ama a tu público, ama a todos, ama al mundo.

No existe un poder más fuerte que el amor.

Bendiciones. Y gracias, gracias, gracias.........

TOMO 2

Practica lo que aprendes

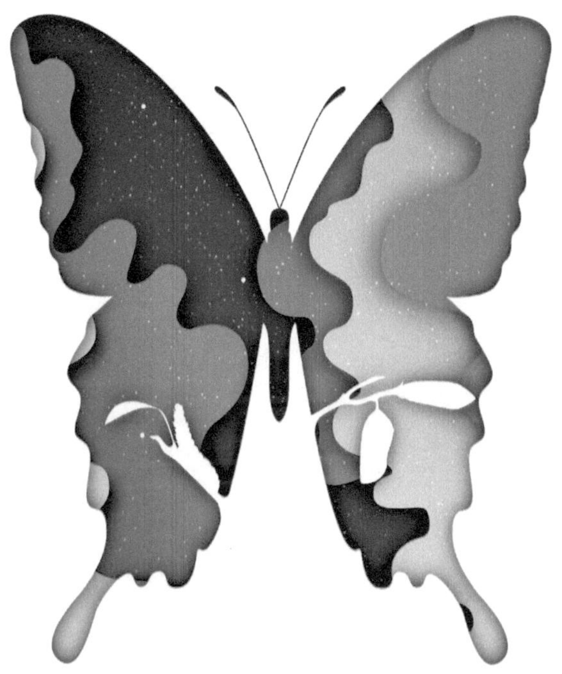

Clara Limonta Bonitto

A TI, GRACIAS POR ESTAR

La práctica de las enseñanzas aprendidas es la clave para producir el cambio que deseas en tu vida, practicar cada día. Cada encuentro con un ser humano es una oportunidad para crecer. En la diaria labor dentro de mis actividades médicas lo he incorporado, he experimentado cómo aprendes a través de cada síntoma, cómo la sincronicidad comienza a manifestarse, cómo tu alma te va guiando cuando la escuchas, la importancia del silencio. Desde que incorporé la meditación a mi vida, he tenido cambios muy importantes, no solo psicológicamente, sino también físicamente.

Como siempre te digo, querido lector, no es mi intención que me creas, solo tú puedes hacer el cambio que deseas en tu vida. Yo solo comparto contigo las experiencias que he vivido y que me han hecho una persona con mejor salud, mejores relaciones, más abundancia. Cada día me siento mejor y mejor y descubro una fuerza interior que estaba ahí, y que solo he conectado con ella a través de mi alma.

En todos estos años, cada día he ido integrando la funcionabilidad de mi mente con mi cuerpo a través de métodos aprendidos en cursos, lecturas y estudios de muchos autores. Cada vez más relaciono o integro cómo el impacto emocional que vivimos o hemos heredado transgeneracionalmente se relaciona con una necesidad biológica no satisfecha.

El impacto emocional más importante de mi vida que me llevó a tocar fondo fue la pérdida vivida imprevistamente en soledad, sin solución satisfactoria, porque no sabía qué hacer, y lo experimenté de forma muy dramática estableciéndose un conflicto entre lo que ocurría y la necesidad biológica de ese momento. En mi caso, la muerte de mi madre y el hecho de quedarme embarazada, y, no siendo consciente de ello, tuve un embarazo lleno de estrés, de sufrimiento, dando como consecuencia un parto, mejor dicho, una cesárea, por un sufrimiento fetal, que además repercutieron secundariamente en mi hijo, en su desarrollo tanto emocional como físico.

A cada mujer que hoy consulto, a cada pareja, siempre les digo la importancia que tiene para el hijo que llevan en su vientre la alimentación, el descanso, el ejercicio, pero, sobre todo, el estado emocional y las consecuencias del estrés durante el embarazo.

- Según la OMS, la calidad de vida es la percepción que un individuo tiene de su lugar en la existencia, en el contexto de la cultura y del sistema de valores en los que vive y en relación con sus objetivos, sus expectativas, sus normas, sus inquietudes. Se trata de un concepto que está influido por la salud física del sujeto, su estado psicológico, su nivel de independencia, sus relaciones sociales, así como su relación con el entorno.

- Relvares Mendizábal J. Diccionario Mamby. Medicina, enfermería y ciencias de la salud. Quinta ed. Madrid: Ediciones Harcourt, 1998.

- Descriptores en ciencias de la salud (desc.). Disponible en: http://decs.bvs.br/cgi-bin/wxis1660.exe/decsserver/

Esta definición no solo abarca lo físico, concebido como la ausencia de la enfermedad, sino que también tiene en cuenta la dimensión psicológica y social. Es una percepción propia del individuo, por lo que es subjetivo; universal porque es común a todas las culturas; holístico porque el ser humano es un todo; dinámico porque cambia con el tiempo, e interdependiente porque todos los aspectos de las vidas de las personas están interrelacionados.

Yo quiero compartir contigo cómo este camino de ser consciente ha influenciado en mi vida personal y en mi vida profesional. Mis experiencias cada vez las percibo más interrelacionadas. Esto ha hecho que los juicios cada vez se desvanecen más, que los prejuicios y el condicionamiento mental en el que vivimos nos hagan víctimas, en vez de seres libres y sanos empoderados y conscientes de su responsabilidad con nosotros mismos, con todo lo que nos sucede.

Gracias a mi comprensión de culpabilizar o culpabilizarme de las diferentes circunstancias vividas en todos estos años he podido crecer, no solo como mujer, sino también como persona, para así cumplir con el propósito de curar y hacer feliz a otros.

Gracias por acompañarme.

El cambio está en ti.

No importa cuantas
palabras sagradas
hayas leído
a cuantos
grandes maestros
hayas escuchado,
no sirven de nada
si no llevas a la
práctica.
www.
meditar.tv

CAPÍTULO 1

Mi estado físico y emocional ha mejorado y mucho. Hace unos días he estado en un curso en el que el maestro me ha dicho: "Clara, tú y yo venimos del mismo sitio, del mismo programa de escasez. ¿O cuántas veces has escuchado la frase de que el dinero no crece en los árboles?". Estaba claro de dónde venía mi estado mental de escasez, de limitación, de que todo tiene que ser con mucho esfuerzo y trabajo. Venía de una familia de mujeres sacrificadas, trabajadoras y temerosas de Dios, a las que además les habían enseñado que los ricos no van al cielo, así que ser pobre era algo así como un estatus de dignidad y honor.

"Esta es tu oportunidad", me dije. Estando haciendo un ejercicio, me llama mi hijo:

—Mamá, mira, tengo un problema. Estoy prácticamente en la calle.

—¿Qué ha pasado, hijo?

—Pues el dinero de la fianza del piso que me han devuelto no cubre la entrada del otro piso.

—Tranquilo, ya lo resuelvo yo.

Percibí aquello como una oportunidad, ni juicios, ni excusas. Salí de la clase, hice unas llamadas y me fui a casa, al llegar, ahí estaban mis amigos para ayudar. Ni hablé, solo centrada en mi respiración. Tres intentos para contactar con la inmobiliaria y mandar el contrato por e-mail firmado, yo seguía sin hablar mucho, centrada. Salimos y nos fuimos al correo, tenía que girar el dinero. Llamo a mi hijo y le pregunto: "¿Ya estás en correos?". Me responde que sí. Llego al correo, hay cola, algo pasa y me dice una señora: "Usted se ve apurada, pase primero". En ese mismo instante, el ordenador de la empleada se atasca, yo respiro y respiro, me llaman del otro ordenador, un chico muy amable, y me dice: "Tranquila, todo está perfecto". Me sonríe, y yo por primera vez me relajo. Envío realizado. Me manda mi hijo un WhatsApp: "Todo listo, gracias". De regreso, me detengo en el banco, voy al cajero, meto la tarjeta y ahí estaba la cantidad exacta para devolverla.

Ya en casa mis amigos me preguntan: "¿Qué te ha pasado?". Les cuento la historia y no lo pueden creer.

Ese día aprendí que, cuando te encuentras en una situación estresante, no juzgues, no enjuicies, céntrate y acciona. Practica, no me creas.

La vida en todas sus manifestaciones es Dios en acción. Si prefieres el universo, la divinidad, llámale como quieras. Te va a poner en situación, para que trasciendas, para que lo vivas de una manera diferente o, mejor dicho, para que lo experimentes de una manera diferente.

Yo estaba alucinando, había sido un ejercicio revelador.

La meditación me ayudó mucho y tenía muchas ventajas.

*Un interesante artículo publicado en la revista **Scientific American** escrito por Matthieu Ricard, un monje budista y biólogo celular, Antoine Lutz, líder en el estudio de la neurobiología de la meditación y Richard J. Davidson, pionero en el estudio de la ciencia de la meditación, afirma que **a través de la meditación tenemos el poder de cambiar nuestra mente.***

*Este estudio se llevó a cabo durante casi quince años por la Universidad de Wisconsin, en colaboración con otras diecinueve universidades, en más de cien monasterios budistas. Y en él se compararon escáneres de cerebros con decenas de miles de horas de práctica de meditación, obteniendo conclusiones muy interesantes. **Según los resultados, meditar genera que:***

- ***Los niveles de ansiedad y depresión bajen.***

- ***Se activan algunas zonas del cerebro**, en concreto las asociadas a los sentimientos de empatía, compasión y amor altruista.*

- ***Se reduce el volumen de la amígdala,** la región del cerebro involucrada en el proceso del miedo.*

- ***Tiene efectos positivos sobre la molécula telomerasa**, la encargada de alargar los segmentos de ADN en los extremos de los cromosomas; es la enzima que facilita la inmortalidad de las células en la mayoría DE LOS PROCESOS CANCERÍGENOS.*

Comencé a compartir estas experiencias con mis pacientes, podía ver y detectar cuándo estaban muy estresadas y cómo somatizaban con síntomas que iban desde una pequeña molestia hasta verdaderos abscesos de Bartolino, poco a poco fui relacionando y aplicando el método.

Un día estoy y entra una paciente, y me dice: "La verdad, doctora, yo voy muy poco al ginecólogo, pero por algo hoy me dio por venir a visitarla, pero no me siento nada, estoy bien". Yo la miro y ella me pregunta: "¿Usted está bien?".

Me inspira esa confianza que luego aprendí que se llama resonancia. La miro y le contesto: "No, para nada, estoy teniendo un conflicto, y de veras necesito un abrazo". Sin más, se pone de pie y se acerca, me abraza, y aquel abrazo fue emocionante, fue como un bálsamo, sentí que algo vibraba en todo mi cuerpo físico. Se me llenaron los ojos de lágrimas, ella me acarició y me dijo: "Todo está bien en tu mundo, no estás sola". Sonrió y me dijo: "Ahora sé por qué tenía que venir a verla".

Para nada soy una persona supersticiosa, había visto mucho a lo largo de mi vida, pero me resistía, era lo que se llama una mujer "dura".

Déjame compartir algo contigo, amigo lector.

La vida son estaciones, hay un invierno, un otoño, una primavera y un verano. Todo es cíclico, pero lo importante es saber sacar un partido de cada una de esas estaciones, entrar en lo que yo llamo "resonancia con la naturaleza". Así que no te sorprendas si estás pasando por un invierno en tu vida. Aprovecha para sacar el mejor provecho de ella, no te quejes. La queja es como un estancamiento, te quedas ahí y no sales, no hay movimiento, no hay acción. Ahora, si agradeces y aceptas, entonces avanzas. Y otra cosita, si eres capaz de trascender un hecho negativo con aceptación y sin juicios, no se repite. He tenido otras situaciones, pero la de mi hijo no se volvió a repetir. Aprendí eso, y sabía que vendrían muchas más. Eres como una cebolla que lleva capas, yo estaba desnudando cada una de esas capas.

No es lo que ocurre lo que va a determinar tu futuro, sino que es cómo vas a reaccionar ante lo que sucede lo que determina dónde vas a terminar. Si te resistes, el universo te lo pondrá de nuevo ante ti, es la lección no aprobada. A eso que llamas pruebas, no es más que la lección que tienes que aprender, esto lo aprendí en "Un curso de milagros".

Cuando enjuicias, cuando criticas a otros o lo haces contigo mismo, estás haciendo que la crítica encoja el espíritu. No hace otra cosa que imponernos la creencia de que somos unos inútiles y, por cierto, no hace aflorar lo bueno que hay en nosotros mismos. Y lo peor es que comenzamos a desvalorizarnos y nuestro sistema inmunológico comienza a sufrir las consecuencias y nuestro cortisol sube, a veces a cifras elevadas y constantes, agrediendo a todo el sistema óseo.

¿Suena así tu diálogo interno? ¿Tu voz interior está constantemente criticando? ¿Miras siempre el mundo con ojos críticos? ¿Te eriges en juez de todo? ¿Te pones farisaicamente como ejemplo?

Casi todos tenemos el hábito de criticar y juzgar tan arraigado que no nos resulta fácil deshacernos de él, y jamás llegaremos a amarnos a nosotros mismos si no dejamos atrás la necesidad de agraviar la vida. ¿No es asombroso el tiempo que te has pasado riñéndote por la misma cosa? ¿Y te ha traído algún cambio positivo? A que no, ¿verdad? Pero la pregunta crucial sería: ¿Cómo acabar con tan nefasta costumbre?

Amigo lector, sé que es difícil, no te voy a decir lo contrario. Meditar, entrar a la mente, al silencio, lleva muchos horas de práctica, escuchar vídeos, música de relajación, pero lo más efectivo que a mí me ayudó fue el practicar cambiar la frecuencia de los pensamientos. Un pensamiento de alta frecuencia vibratoria es aquel que cuando lo expresas sientes esa satisfacción interna, es algo que le dirías a alguien y esa persona te diría: "Gracias". Ten un pensamiento positivo hacia una persona ahora mismo, vamos, hazlo, experiméntalo, no me creas.

Jesús, el profeta, decía: "Ama a tu prójimo como a ti mismo". Yo me pregunté tantas veces: "¿Cuánto te amas? ¿Cuánto te estimas?".

El espejo me dio la respuesta. Cada mañana, ahí frente al espejo, comencé a amarme, a elevar mi autoestima, a decir un pensamiento de alta frecuencia a todo aquel que se sentaba ante mí en mi consulta. Al principio quizás dos minutos, luego más, y un día reconoces que lo has incorporado, paso a paso, pero, sobre todo, ¡siéntelo!

Tenía sentada ante mí a una señora de unos cincuenta años. Venía por molestias y dolor, comenzaba su proceso menopáusico. Se quejaba de todos y de todo, el mal humor, las hormonas, que el marido y los hijos no la entendían. Eran un sinfín de quejas. Para mí era ese el momento y le pregunté: "Señora, ¿qué no le gusta?".

A medida que iba mencionando una cualidad, yo intentaba que la buscara en ella. Le dirigía el dedo hacia su pecho y le decía: "¿Ves algo parecido en ti?". Y le reafirmaba con mucho cariño: "¿Seguro que no lo ves?". A medida que fuimos viendo algunas de tantas, se dio cuenta de cuántas faltas ella se encontraba a sí misma, y luego invertimos los términos. Ahora veámoslo de otra manera, convertimos lo negativo en una cualidad positiva, algo así como: "Cada día estoy mejor y mejor, tengo un cuerpo sano y soy una persona muy cariñosa".

Lo que no te gusta del otro, también forma parte de ti.

Carl Gustav Jung: "La sombra es la parte inferior de la personalidad, la suma de todas las disposiciones psíquicas personales y colectivas que no son asumidas por la consciencia por su incompatibilidad con la personalidad que predomina en nuestra psique. Estos contenidos rechazados no desaparecen y cuando cobran cierta autonomía se constituyen en un agente antagonista del yo, que mina los esfuerzos de este. Por otra parte, en la conciencia también se produce en ocasiones una sensación de desequilibrio, producida por la añoranza de aquello que no aceptamos o no sabemos encontrar en nosotros mismos. De ahí el carácter marcadamente ambivalente de lo inconsciente, que según los casos puede actuar tanto como recuerdo antagónico, que pone de manifiesto las carencias del yo consciente, como en alivio compensatorio de esta misma insuficiencia...".

Antes, mi querido lector, estaba un gran desafío, el de reconocer mi sombra, cuánto había de los otros en mí. Me decidí un día a sentarme en silencio, en ese entonces vivía en una casacón, una pequeña finca, seguía casada, mi hijo estudiaba Bachillerato y mi hija estaba en Primaria. Las circunstancias eran bastante cómodas, diría yo, pero mi pareja no compartía mucho mis nuevas incursiones en este mundo del crecimiento personal. Así las cosas, esa tarde fresca y verde que caracteriza a nuestra Galicia, con unas vistas a la ría, que inspiraban a meditar, a escuchar esa música ancestral y gaitera, me puse a escribir en un folio aquellas cualidades que no me gustaban y que me costaban mucho aceptar, la lista era larga, muy larga diría yo.

Si lo que te resistes en la vida persiste, además se te va a repetir para que lo trasciendas. A mí me iban a quedar muchas lecciones que aprender, y la primera era la crítica y el juicio, y lo que yo llamaba exceso de control en mi pareja y manipulación estaba ahí también en mí. De solo pensarlo, comencé a tener unas erupciones en la piel, no te rías, que aquello era muy serio, no había manera de que yo lo aceptara y entonces sucedió algo.

Nos fuimos todos de vacaciones, era verano, queríamos visitar Disneyland, en Orlando, y visitar Jamaica. El viaje fue muy bien hasta que, de regreso, mi hijo me pregunta si tenía los documentos en regla, y, al pasar por la oficina de emigración en Kingston, me dicen que ni él ni yo podemos retornar, pues necesitábamos visado de regreso, ya que viajábamos con pasaporte cubano.

Era fin de semana, el vuelo por Miami estaba perdido, a ver cómo regresábamos, y esto significaría más gasto. Después de muchas gestiones, se me orientó probar viajar por Londres. Efectivamente hicimos el viaje de regreso después de haber tenido que confirmar una serie de datos y verificaciones con el jefe de la aerolínea. Marcos, mi hijo, solo me dijo, porque él es tan excesivamente cuidadoso y tú tratas de ser todo lo contrario.

Vuelvo y te repito, amigo lector, este camino de crecer no es nada fácil, pero sí te digo otra cosa: es posible. Si no, tú y yo no estuviésemos compartiendo estas líneas.

Va a haber días duros, momentos tristes. La resistencia te va a hacer que te sientas frustrado a veces y quieras claudicar y resignarte, vas a perder amigos en este viaje, te vas a sentir traicionado, pero no hay vuelta atrás.

Me había caído muchas veces y me había puesto en pie, sabía que ni los juicios, ni las críticas, ni el resentimiento, eran de mi pareja. No, qué va, yo estaba mirándome al espejo del maestro, es más, dormía con él. No iba a necesitar ni ir al Tíbet, ni pasar un mes de retiro en un ashram en la India, ni visitar a los monjes del Himalaya. La respuesta estaba frente a mí y esta relación era mi gran oportunidad de conocerme.

No busques más, duermes con él.

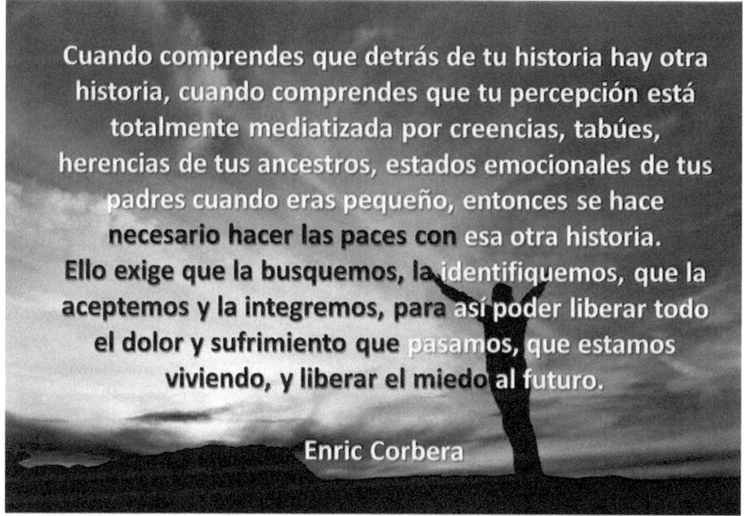

CAPÍTULO 2

No hay amor sin libertad, no hay libertad sinamor.

La música, la música te hace vibrar, te calma por momentos, te hace recordar bellos momentos, y no tan bellos también, pero sobre todo la música te hace conectar con lo más genuino de ti, y cuando te golpea no sientes dolor, te olvidas de los problemas; era mi refugio.

Ahí estaba, amado lector, en mi cocina con mi pequeña que me mira con ojitos vivos y alegres, mira a su madre tararear y moverse al ritmo de la salsa o uno de esos boleros que estremecen el alma. Eran mis momentos de libertad, eso y mis libros, que ya venían haciendo más que enseñar, estaban creando desafíos, verdaderos desafíos.

"Vamos, Clara", me decía cada día. "Tú puedes hacerlo, lo tienes que hacer por esa niña que te mira con amor, que tú miras con amor, por ella, por tu hijo que le ha tocado desde muy temprano ser un guerrero, por ti, porque vas a ser esa persona que sabes que tienes dentro, y va a valer cada minuto, cada hora, cada frase, cada vídeo, cada taller, lo vas a poner todo en juego, porque te lo mereces".

Difícil, sí, no imposible. Tenía que aceptar que lo que veía en el otro era mi espejo. Tenía que trascenderlo, y la herramienta, el arma, era la aceptación. Tuve que realizar un viaje a mi tierra, tenía que resolver una situación con unas propiedades, y me hacía falta el dinero para mi hijo que ya estaba a las puertas de la universidad. Todo listo, y mi hijo pregunta: "*¿Seguro que todos los documentos están listos?*". "Sí, claro", contesté, una semana, en una semana, a mi manera yo podía luchar esto.

Y ahí estaba, ya de regreso, prácticamente en las puertas del avión, después de todo el *"check in"*, me dicen: *"Hay un problema, hace dos días su documento expiró y no tiene pasaporte español, no puede viajar al menos que traiga un documento o una autorización de la Embajada Española".*

Así de simple. No, no era tan simple. Cuando después de días y gestiones de todo tipo pude conseguir una cita, la funcionaria me explica que como no estoy nacionalizada mi esposo tiene que realizar una nueva reclamación de reunificación familiar para poder tener un visado de entrada. Entonces sí que se me cayeron las alas, ni qué decir cuando lo hablé por teléfono. Para colmo de males, en mi casa en España había una amiga con sus hijos que se había quedado sin alquiler y yo le había dado cobijo, es decir, había tres bocas más a quien ayudar a comer y a dormir y mi hijo que tenía que irse a Madrid, y de Cuba no se podía emitir o transferir dinero fuera del país, no existía ese tipo de convenio bancario. Contacté con mis colegas cubanos aquí en España e hicimos un trato: yo le daba a su familia la remesa familiar que ellos enviaban mensualmente, y ellos lo daban a mi hijo en euros. Hubo repartos por más de tres sitios diferentes, doy gracias a esos grandes amigos, a su apoyo, son mis hermanos, siempre lo serán.

Al contrario de lo que muchos pensaron, incluyendo mi pareja, yo estaba pasando por un momento muy angustioso, el estrés que sentía. Solo Dios sabe cuánto llanto, cuánto rezaba cada noche, cada vez que recibía un mensaje de la dirección del hospital dándome su apoyo, diciéndome: "Dinos cómo podemos ayudar". De la dirección médica del seguro fue mucha la gente que envió mensajes a la Embajada, y la pregunta: *"Señor, ¿por qué a mí?"*.

Dos meses que no se los deseo a nadie, ni a mi peor enemigo. La documentación hubo que reenviarla en dos ocasiones por una frase no completada, retrasos porque el transporte de DHL tenía problemas o por causa de las lluvias, del temporal, había que esperar. Estaba al borde de la locura, mi hermana y mis vecinos me alentaban: "No desesperes, de una forma u otra tiene que pasar, ya verás que sí, ten fe". No dormía, a las cuatro de la mañana estaba en el balcón y miraba en medio de la oscuridad de la noche hacia el mar o caminaba hasta la orilla y ahí en ese silencio lloraba y meditaba, respiraba una y otra vez tratando de encontrar algo de calma a mi desaforada mente, que no paraba un minuto: *"Esto tiene que acabar o yo voy a terminar con una depresión de carajo"*.

Había viajado en agosto, ya estábamos en septiembre, había logrado que Marcos, mi hijo, se fuera a Madrid. Y aunque dormía y comía poco no dejaba de practicar mi método zen de meditación, no tenía otra cosa, aquí no había ni ordenador, así que me agarré a lo que había, meditar, y dejar de luchar: *"Me rindo, señor, hágase tu voluntad"*.

Cuando me presenté en la Embajada, ya inicios de octubre, la funcionaria de la Embajada me mira y me dice: *"Tengo mi ordenador lleno de mensajes desde Vigo, doctora, regrese con su familia. Lo sentimos mucho que haya tenido que pasar por este estrés, y por favor, nacionalícese".*

Llegó el 10 de octubre, por suerte no perdí el boleto de Iberia, pero la conexión a Vigo no la tenía, así que pagué lo que tenía que pagar, no me importaba. Mi hija cumplía ese día diez años, ni qué decir cuando aterricé. Llegamos a casa y, cuando la fui a arropar, me dijo: "Mamá, yo le pedí a Dios que si él te traía de vuelta yo iba a hacer todos mis deberes, todos los días".

Me caló una lluvia y más de críticas, de juicios, de amenazas. Los perdono todos y, al contrario de lo que yo creí que sucedería, sentí un gran alivio, no luché, no hubo respuesta a las peleas, estaba como hipnotizada, me sentía responsable de las consecuencias, pero no culpable. No culpabilicé a nada ni a nadie, la lección estaba aprendida, al menos esta. No me iba a permitir más dolor, se acabó, era suficiente, más que suficiente. Era hora de dejar el victimismo, había que desatar ese poder que hay en mí, que hay en ti, que existe en cada mujer. Y era posible, no me creas nada, practícalo. Ponte en marcha. Si yo pude salir, tú también puedes.

Ya no me escondía, ni me cohibía de hablar de crecimiento, al contrario, aprovechaba cada oportunidad, cada encuentro. Cada vez que había un taller, asistía, una conferencia. Quería aprender a desaprender. Sí, estaba programada y condicionada. Pues vamos a cambiar, y el cambio tiene que ser de dentro, pues vamos a buscar en lo más profundo de mí, hay que indagar. Pues autoindagación.

En uno de esos talleres, el maestro me dice: *"Clara, la resistencia no te va a transformar, mientras más te resistes más se repetirá, y con un mayor grado de dificultad. Lo has vivido ya en otras ocasiones, y funciona para todo en tu vida. Has revisado el transgeneracional de tu árbol, eso te vale para tener más información. Sé consciente, escúchate y no te juzgues, sabrás lo que es paz interior".*

No dejaba de practicar, meditaba cada día. Sabía que el conflicto empezaba en mí misma, tenía que saber gestionar las emociones que salían a flote, había muchas situaciones no resueltas. Si yo era el instrumento que el universo estaba utilizando para resolverlas, para trascenderlas, si ello significaba que mi hija no las repetiría, pues tenía que apurar. No huyas: muévete. No busques: experimenta. No vayas: sé tú mismo en todo. No preguntes: tú eres la respuesta.

Mi salud estaba mejor, pero no todo lo que podía estar. Aunque mis analíticas estaban dentro de límites normales y la rodilla funcionaba bien con su prótesis, a veces tenía dolores migratorios en diferentes articulaciones. Hice exámenes de las manos, y la doctora siempre me decía: "Si no hay clínica, no la hay, Clara". Comencé a cambiar mi manera de comer e incluí más alimentos alcalinos y un poco más de ejercicio, pero había algo muy curioso. Los partos.

Siempre fui una apasionada de los nacimientos, es algo que creo nunca he podido describir o expresar con palabras, porque no es solo un acto, es un proceso en el que te involucras tanto profesional como emocionalmente. La parte técnica se aprende, lo hacemos todos los días, y con ello va la faena de la profesión con sus noches en vela, sus horas de espera y alerta, pero yo quiero decirte, amigo mío, que para mí traer un ser humano a este mundo trae consigo una sensación de bienestar. Hay una vibración que va desde mis manos a mis pies, recorriendo mi pecho en el centro de mi corazón, es una conexión que se establece y que sana no solo mi físico, sino mi alma. Y ocurría cada vez más a menudo, cada vez me involucraba más en el bienestar de la mujer embarazada, porque sabía que de ella dependía mucho el estado en que naciera su hijo. "Yo solo soy el instrumento", siempre les digo.

Fue una temporada en la que trabajaba mucho, sobre todo haciendo partos. Llegaba a casa cansada, pero valía la pena. Me regeneraba cada vez que cogía a un bebé en mis brazos y veía a esa mujer sonreír ante la experiencia de ser madre. La alegría es contagiosa, se lo confieso, doy gracias a cada uno de esos momentos que han significado tanto para mí.

"La salud es coherencia entre lo que pienso, lo que siento y lo que hago", lo repite en cada uno de sus talleres de formación el maestro Corbera. Si las embarazadas son capaces de tener un embarazo en el que se sienten felices, en el que establecen una conexión de amor entre ella y su hijo, asistimos a un parto y a un bebé sano. Me gusta enseñar esto siempre, es mi propósito curar y hacer feliz a cada individuo que se encuentra en el camino. Gracias a todos esos pequeños individuos, gracias, bendecidos sean, porque son la bendición en mi vida.

Conocí a Lau, una chica de origen brasileño. Ella ya tenía hijos, pero era su segundo matrimonio y él no tenía hijos. Un día me contó su historia, la había criado su abuela, no su madre biológica, y desde los doce años trabajaba. Quedó em-

barazada muy temprano, a los dieciséis años, y a los dieciocho de su segundo hijo, con una relación de mucho maltrato y abuso doméstico, con mucha violencia. Le pregunté por su madre y si sabía algo de su nacimiento. No tenía mucha información, pero la relación era de mucha dependencia, ella había sido entregada a la que llamaba su abuela, esposa de su padre. Lau siempre había sentido mucha culpa porque había tenido que dejar un hijo con su madre y otro con su abuela para venirse a España a buscarse una mejor vida. Ahora estaba casada, había traído a sus hijos ya adolescentes, y aún estaba joven. Quería tener otro, pero no se quedaba embarazada, tenía además una abdominoplastia, para que me entiendas, su abdomen era una tabla plana, sin el más mínimo tejido graso, todo músculo. La verdad, como había sido bailarina por mucho tiempo, tenía una figura espectacular.

Después de varias consultas y revisiones, aparentemente no había problemas, sus ovarios funcionaban perfectamente. En una de esas sesiones, así le llamaba yo, pues era evidente que necesitaba ser escuchada, yo quería que fuese a ver un psicólogo o terapeuta. La verdad que, a pesar de mis cursos, no me dedicaba a hacer consultas de terapia en bioneuroemoción y conocía a otros que sí utilizaban este método como consulta. Así las cosas, y poco a poco, fuimos indagando en sus miedos, que eran muchos, en su sentimiento de culpa, y le indicaba algunos ejercicios, más por la amistad que se había formado entre nosotras que por lo profesional.

Había mucho que perdonar en la vida de Lau, y yo

solo le explicaba cómo lo había hecho en mi caso. Añadimos unas vitaminas y un poco de ejercicio con el fin de bajar el nivel de estrés, y un día sucedió, Lau estaba embarazada.

No fue un embarazo fácil, pero sí muy deseado. Había mucho dolor físico a medida que su barriga crecía y su piel se resistía a estirarse. Tenía mucho dolor de la pared abdominal, a veces necesitaba medicación. Era una lucha entre contenido y continente, pero ella y su esposo estaban felices, tenían una nueva ilusión, y un día me dijo: "Esta vez sí que voy a tener un hijo, voy a poder criarlo, y tenerlo siempre conmigo, ¿verdad que sí?".

Yo la miré emocionada, se había dado cuenta del origen de su verdadero dolor, ella había sido entregada, ella había tenido que entregar a los suyos, era una oportunidad de hacerlo y de vivir la experiencia de otra manera, era el momento de trascender y crecer, con mucho amor.

Así llego Lucca al mundo, un bebé precioso. Costó un huevo sacarlo, por ser grande y porque el proceder quirúrgico de una cesárea en su abdomen era técnicamente difícil. Pero ahí estaba su hijo deseado. Yo me sentí igual de feliz, de veras que se lo merecía. Siempre nos merecemos otra oportunidad, ¿verdad que sí? Desgraciadamente, la abuela estaba en Brasil, muy enferma, y falleció el mismo día en el que nació Lucca. Para Lau fue un "shock", no obstante, lo aceptó y no dejó de lactar a su hijo. Sabíamos ella y yo que el duelo de su abuela iba a ser vivido de otra manera, ahí estaba su hijo, al que había que priorizar.

Aunque había mucho miedo, tendría que aprender igual, porque pase lo que pase estás condenado a aprender, sí o sí.

Para mí era también una segunda oportunidad, yo había pasado por unas circunstancias muy parecidas hacía ya más de veinte años, así que me involucré mucho con ella acompañándola y apoyándola. Ella tendría que poner mucho de su parte, pero lo hicimos, y un año después se fue a Brasil con sus hijos y Lucca ha crecido rodeado de amor, cariño y es un niño risueño y feliz.

Quiero compartir contigo algo que aprendí.

Solo una pequeña parte de la estructura cerebral se ocupa del consciente aprendido. El resto, que es el 95 % restante, es decir, casi todo, se ocupa del inconsciente intuitivo y emocional encargado de dirigir todas las funciones para sobrevivir. Actualmente, y con el avance de la ciencia y la tecnología, se empieza a comprender que el inconsciente fue lo que surgió evolutivamente hace millones de años y que la conciencia se ha desarrollado mucho más tarde. Por lo tanto, a través de la evolución se han desarrollado muchos sistemas adaptativos útiles que han guiado la conducta. El inconsciente reacciona biológicamente debido a los programas evolutivos que nos han permitido sobrevivir sin conciencia, y para comprender cómo decide el inconsciente debemos tener en cuenta cuatro características.

El otro no existe.
La ilusión no existe.
Es atemporal.
Es inocente.

(Extraído del manual
"Lecciones básicas en bioneuroemoción", pág. 3)

Ahora puedes reflexionar un poco y comprender cómo nos afectan los impactos emocionales, cómo nos afecta a nuestra salud mental y física el hecho de vivir una experiencia de una manera u otra, y es muy particular en cada individuo. Si llegásemos a comprender que nuestro pensamiento de desamor hacia nosotros mismos crea una realidad que se presentará en forma de una experiencia dolorosa, como la violencia, nuestra vida sería otra y empezaríamos a adueñarnos de ella.

Ante mí estaba el desamor de mi paciente, pero como mi inconsciente no reconoce al otro, yo estaba frente a mi espejo. También tenía una historia de desamor creada en mi vida, era mi experiencia vivida anteriormente, tenía la oportunidad de trascenderla y vivirla desde el perdón, la comprensión y el amor.

Ahora, querido lector, podrás comprender un poquito más a tu vecina, a tu amiga, a tu compañera de trabajo, a la señora que se sienta a tu lado en la iglesia, al señor que está solo en el parque. A cada mujer de África, de América Latina, del norte, de cualquier parte del planeta. Quizás ahora, como yo, podrás comprender algo. Si aumentas tu conciencia, los cambios en tu vida vienen solos. Pero recuerda:

Querer cambiar al otro, solo te mantiene en el problema. Sé tú el cambio que quieres en tu vida.

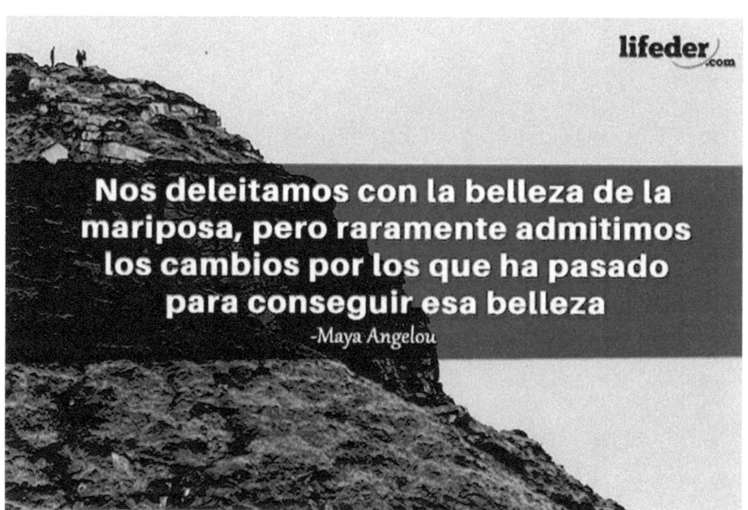

lifeder.com
Nos deleitamos con la belleza de la mariposa, pero raramente admitimos los cambios por los que ha pasado para conseguir esa belleza
-Maya Angelou

CAPÍTULO 3

"Todo fluye, nada permanece".

(HERÁCLITO DE ÉFESO)

El cambio trae consigo consecuencias, pero cuando ese cambio te hace sentir más fuerte, te hace sentir bien, es que estás en el camino de ser tú mismo, has dejado la queja, el victimismo, estás en el poder y empiezas a comprender, dejas de luchar y te rindes a ese ser superior que vive en ti. Tu alma comienza a guiarte y tú fluyes. Conocí una persona que un día me dijo: "No permanezcas en una relación por los hijos, ni por las ganancias, ni por piedad, ni porque te vas a quedar sola, ni porque es bueno o porque tienes miedo a enfrentarte a la vida". Fueron palabras que, de inicio, no entendía, pero, a medida que fui conociendo a esa persona, me fui dando cuenta por lo que había pasado él mismo. Él había estado viviendo por todas las razones equivocadas y todas las excusas existentes, y debemos tener en cuenta que son muchos los factores que afectan a nuestras creencias, pero en última instancia, el principal responsable eres siempre tú, tú y solo tú.

Nunca me reí tanto, parecía una gente alegre, pero, como se dice por estas tierras, la procesión va por dentro. Un día descubrí que yo estaba proyectándome a través de esta persona. Cuando comencé a escuchar los reveses de su vida, las frustraciones, las pocas ganas de vivir, por así decirlo, era otro de esos espejos en los que te miras o que el universo, Dios, la divinidad, llámalo como quieras, amigo mío. Era una gran oportunidad para verme a mí misma o para ver lo que yo no quería en mi vida. A veces reíamos, otras veces yo escuchaba. Luego, recibes más información de otros y entonces te dices: "Pero, ¿no es posible? ¿Será la misma persona?". Había tanta historia, tanta incoherencia, tanta violencia emocional a su alrededor, que hasta yo me sentí frustrada, engañada, pero ya había aprendido a mirar desde dentro a afuera.

Fue como si el telón del escenario se cayera y ves la parte trasera de las bambalinas. Me sentí muy mal, pero enseguida me pregunté: "Si alguien te miente, ¿cómo te mientes tú a ti misma? Si alguien te engaña o te sientes engañado, ¿cómo te estás engañando tú a ti misma?".

Dejar de apuntar al otro solo te lleva a apuntarte a ti, y comencé a reflexionar sobre estas preguntas. No me tocaba cuestionar al otro, me tocaba cuestionarme a mí. Si esta relación me estaba afectando, ¿en qué parte de mis relaciones estaba yo afectada? ¿Me entiendes, amigo lector?

Los juicios que haces de los demás hablan más de ti que del enjuiciado. Así comencé a autoindagar, y, en vez de quejarme y victimizarme, aproveché las circunstancias para ver lo positivo de ello. Me di perfecta cuenta de que yo estaba viviendo con el padre de mi hija en una relación de hija y no de mujer, por eso extrañaba ese juego seductor de risas, halagos e ilusiones, de comidas, cenas y poesía. Ya yo no estaba resonando, mi pareja se había convertido en un padre protector al que se le pide permiso y esperamos la autorización, el que te riñe porque llegas tarde o gastas de más, como si fuese una adolescente. Pero si yo ni siquiera me había criado con mi padre, al menos biológico, comprendí que inconscientemente estaba haciendo una sustitución, y ese era mi autoengaño. En lo más profundo de mí había encerrado mi sexualidad, mi pasión, intimidad, la confidencialidad que debía existir en una pareja. Y solo cuando vi lo miserable de la vida de mi amigo, entonces supe que a esa vida es a lo que yo temía. En el fondo temía terminar de esa manera, era triste, y eso fue lo que sentí, tristeza. Y claro que, a pesar de todo, cada quien puede excusarse para llevar la vida que quiere, y cada cual decide a quién tener en su entorno, con qué tipo de gente reunirse, compartir, qué tipo de historias quiere escuchar. "No puedes volar como las águilas si estás rodeado de pavos".

Sucedieron dos cosas, la primera, que tenía que tomar una decisión en cuanto a mi vida matrimonial, y, la segunda, poner un límite a una amistad que, con toda buena intención, era muy tóxica. Y, sí, de buenas intenciones está hecho el camino al infierno, yo simplemente tenía otro.

Decidí separarme, la tensión y los sinsabores no nos hacían ningún bien ni a mí ni al padre de mi hija, y mucho menos a los niños. Como ya tenía la experiencia anterior, supe gestionar mucho mejor, claro que el dolor es inevitable, el duelo suele ser a veces largo y te encuentras mal. Pero supimos hacerlo lo mejor que pudimos por nuestros hijos. Quedaban muy buenos recuerdos, muchos momentos vividos en solidaridad y respeto, pero había una gran verdad: lo que un día fue conveniente, hoy no lo era.

Siempre hay desacuerdos, pero después de negociarlo, llegamos a un buen convenio de divorcio, priorizando a mi hija, ya que el varón tenía más de dieciocho años y no era su padre biológico. Habíamos hecho muchas cosas juntos y estuvimos de acuerdo en que nuestros hijos serían los beneficiarios. Lo peor de las separaciones es la parte emocional, y aquí insisto, cuando hay comprensión y perdón, cuando la compasión prevalece ante los resentimientos y rencores, entonces los hijos siempre lo van a agradecer y las consecuencias son de menor cuantía. La niña tuvo algunas crisis de migraña, pero se resolvieron con terapia y hubo que utilizar poca medicación. Estaba cerca de la menarquía y el desarrollo hormonal incipiente, pudo haber sido con peores síntomas, por suerte no fue así. Lo hicimos lo mejor que pudimos los dos y dimos gracias por todo lo vivido.

Las relaciones de dependencia suelen llevar consigo muchos problemas, sobre todo de salud, ¿quién no ha tenido un amigo o una amiga con una depresión o con estados de ansiedad que necesitan altas dosis de ansiolíticos? Lo peor es que mientras más incoherentes somos, peor responde nuestro sistema inmunológico, y enfermamos.

Cuántas pacientes vienen a la consulta por tumoraciones en el útero o en los ovarios, órganos que son reproductores que se encargan de perpetuar la vida biológica, y que se ha demostrado que se asocian a muchos conflictos de desvalorización por no poder procrear, no querer tener hijos con la relación que tienen o no tener las condiciones necesarias, como, casa, ingresos, estabilidad de pareja. Son muchos motivos y varían en intensidad, pero todas o la gran mayoría producen estados de estrés y ansiedad, desdoblándose luego en un síntoma en nuestro organismo.

Tuve un caso en el que la paciente tenía todos los meses problemas vulvovaginales, infecciones de diferentes tipos. A veces los exámenes eran negativos, pero las molestias persistían. Cuando fuimos indagando, ella tenía un estrés tremendo porque convivía con un hombre al cual no quería y no sabía cómo separarse. La vida sexual era para ella muy violenta: "Es como si me violasen cada noche", fueron un día sus palabras.

Resignación y rendición no son lo mismo, si te resignas estás perpetuando una dependencia y permaneces en el conflicto sin hacer nada para reducir un cambio, cuando te rindes dejas la lucha interna y aceptas que ese yo interior, que ese algo más que existe, ese poder más grande, estará contigo, y entonces dejas que fluya, lo aceptas, dejas de querer controlar a todos y a todo lo que sucede en tu vida, dándole un espacio para que nuevas soluciones afloren en tu mente, te desbloqueas.

Una de las cosas que más trabajo me ha costado es dejar de enjuiciar, dejar de prejuiciar, y cuando he renunciado a estar constantemente clasificando las cosas como buenas o malas y comencé a experimentar mayor silencio en mi conciencia, nuestro diálogo interno se acalla. Cuando he soltado la carga del juicio, porque crea la turbulencia del diálogo interno, entonces se produce algo genuino, las soluciones y las respuestas han venido a mí en el momento preciso. Dios, el universo, la energía, son el campo de todas las posibilidades. Me propuse seguir buscando ahí y no fuera. Si soy una con el universo, entonces debía conectar con esa fuente de creación y riqueza, de salud y alegría.

La dependencia te va a llevar como me llevo a mí en su momento a un estanco, a un grado de enfado e irritabilidad que solo trae consigo muchas noches de insomnio. La meditación trascendental cada día me proporcionó no solo mejoría en mi estado mental, sino que mejoró mi estado físico y emocional. Recuperaba cada vez más esa energía de vida, esa alegría de saber que yo y tú somos parte de algo mayor, que no descansa, que es eterno. Sigue el modelo de Dios, es tu fuente, es la mía, es la de todos los humanos. Conecta con tu poder interno, tienes ese gran poder personal. El universo funciona por leyes que no fallan jamás, y al conocerlas y aplicarlas en el día a día, verás ese cambio. Yo lo he visto, poco a poco, pero sin desfallecer, el sentido de mi vida ha cambiado y he encontrado mi propósito. En este camino me he dejado ir, cada día fluyo más y más, como el río que no se detiene, que llega al mar y se funde con los grandes océanos.

La naturaleza se expresa en perfecto equilibrio con ciclos de nacimiento, envejecimiento y muerte. En los animales el comienzo de la vejez está ligado a su evolución física y su reloj de envejecimiento interno está regido por hormonas llamadas glucocorticoides, de los cuales el cortisol es la más importante, es la llamada hormona del estrés. Pero si observamos en la naturaleza, todo está equilibrado. Seguro que has visto en uno de esos programas de National Geographic cómo la gacela percibe a la fiera, que la pone en peligro, ella echa a correr para escapar, y, unos minutos después de que ha evadido el peligro, sigue pastando.

El ser humano tiene una respuesta primaria igual que los animales, pero, a diferencia de estos, posee una mente consciente que responde al peligro y que es nuestra respuesta biológica de supervivencia. ¿Pero qué sucede cuando el peligro cesa, cuando ya no es real? La mente subconsciente no diferencia entre lo real y lo imaginario, así que lo que imaginamos produce una respuesta en la amígdala, igual que si estuviésemos ante un peligro inminente, descargándose la misma respuesta hormonal, esa es la base de nuestro creciente estrés. Nuestro sistema libera constantemente cortisol, porque lo sometemos cada vez más a circunstancias estresantes, porque no somos conscientes ni siquiera del verdadero peligro que esto conlleva para nuestra salud física y mental, y ponemos en riesgo a múltiples órganos de nuestro organismo.

Lo tenía claro, poner mi vida primero.

Confiar en lo que sentía y en mi intuición.

Valorar el ahora y la constante renovación de la fuente.

Cultivar la resiliencia emocional, dejando a un lado viejas heridas que me estancaban.

Activar mis creencias fundamentales y llevar mis visiones a la acción.

Poner mi confianza en el amor y crecimiento espiritual cada día.

Somos almas en un cuerpo, somos espíritu, energía, o como prefieras llamarlo, en un cuerpo físico. Era hora de buscar, no el porqué, sino el para qué, y así fui incorporando lo aprendido a cada instante, a cada encuentro, a cada amanecer. Y entonces la gratitud se expresó a través de mí y doy gracias por simplemente ser.

Cuando estamos en coherencia emocional, no importa lo que hagamos, lo exterior son efectos. La causa siempre está en nosotros y no acabamos de reconocer que lo que pensamos lo manifestamos en nuestra vida. Si realmente queremos cambiar nuestra vida, tenemos que cambiar nosotros, y no es simplemente conductual el campo cuántico con qué conciencia haces o dejas de hacer, y eso está relacionado con nuestro estado emocional.

Todo aquello, amigo lector, que llamamos casualidad es simplemente una información que aún no hemos podido descifrar. Descubre las sincronicidades que se te dan en tu vida, entiende que tienen algo que mostrarte. Abre tu conciencia a descubrirlas, la vida no para de darte pistas en tu camino, obsérvalas, estate atento.

El miedo ve problemas donde el amor ve siempre posibilidades.

Ámate a ti mismo y podrás amar al mundo.

"Dejar ir, enseña que hay que dejar de proyectar la culpa en los demás. Tomamos conciencia de que todas nuestras proyecciones al final se vuelven contra nosotros y, si las liberamos, nos liberamos. Este es el gran secreto para hallar la felicidad aquí en la Tierra".

(ENRIC CORBERA)

CAPÍTULO 4

Tendemos a pensar que lo que nos sucede viene de fuera, que son los factores externos los que nos hacen sentir de una manera determinada, y cuando lo que sentimos no nos gusta señalamos a algo o a alguien como responsable de nuestra sensación.

Al culpar al otro nos liberamos de nuestra responsabilidad. Sin embargo, olvidamos que al renunciar a la propia responsabilidad otorgamos el poder a los demás y nos convertimos en víctimas. "Culpar tiene un coste: la pérdida de nuestra libertad. Además, el papel de víctima trae consigo una autopercepción de debilidad, vulnerabilidad e indefensión, que son los componentes principales de la apatía y la depresión".

David R. Hawkins (1927-2012) fue doctor en medicina y filosofía, psiquiatra, escritor e investigador sobre la consciencia. Durante su vida obtuvo numerosos reconocimientos, entre otros, recibió el Premio Huxley por su "inestimable contribución al alivio del sufrimiento humano" y se convirtió en caballero de la Orden Soberana de los Hospitalarios de San Juan de Jerusalén (fundada en 1077) en reconocimiento a sus contribuciones a la humanidad. En su libro, *Dejar ir. El camino de la entrega*, nos habla del apego y de todo lo que hacemos por mantenerlo y nos dice que **"el miedo a la vida es en realidad el miedo a las emociones"**.

Para Hawkins, "los apegos crean una dependencia, y la dependencia, debido a su naturaleza, intrínsecamente lleva al miedo a la pérdida". Y el miedo nos paraliza, **"la mayoría de los 'No puedo' son en realidad 'No quiero'**. Tras los 'No puedo' o los 'No quiero' con frecuencia hay un miedo".

Donde hay miedo hay culpa.

La culpa es "una autocondena y autoinvalidación de nuestra valoración y valor como ser humano". La cuestión es que siempre valoramos lo que nos sucede como bueno o malo, es automático, lo hacemos sin pensar: "¿Por qué debe algo ser siempre "fallo" de alguien? ¿Por qué debe ser introducido todo el concepto de "malo" en la situación en el primer lugar? ¿Por qué debe uno de nosotros estar equivocado, ser malo o culpable?".

No nos damos cuenta de que encontramos una gran recompensa al culpar a otro de nuestra desgracia: "Conseguimos ser inocentes, podemos disfrutar de la autocompasión; conseguimos ser mártires y víctimas, y conseguimos ser los destinatarios de la simpatía". No es un deseo consciente, sin embargo, "es el propósito inconsciente de la culpa". Lo importante es el deseo de obtener "el castigo de otra persona, y combinarlo con el autocastigo".

Hay culpa en cada juicio crítico.

"La culpa en sí misma engendra sentimientos negativos y los sentimientos negativos por sí mismos también engendran culpa". Y hemos vivido durante tanto tiempo en este ciclo que ni siquiera lo reconocemos. **"La culpa es tan omnipresente que sin importar lo que hagamos sentiremos de algún modo en nues-**

tra mente que 'deberíamos' estar haciendo otra cosa". De alguna manera u otra proyectamos culpa sobre el mundo que nos rodea "es por eso que la mayoría de las personas necesitan de un 'enemigo'".

Hawkins nos recuerda que "no hay ganador en el juego de la culpabilidad". Y nos invita a observarnos a nosotros mismos cuando nos dice "el primer paso para dejar de culpar es ver que estamos eligiendo culpar". Solo al dejar de culpar podemos experimentar el perdón y, como consecuencia, sentimos "el resurgir de la energía de la vida, el bienestar y la salud física".

Perdonar no es reconocer una equivocación, es soltar. Es entregar nuestra percepción completamente, abandonando todo juicio y "dado que todo juicio es realmente a uno mismo, nos hemos liberado en el proceso".

En Bioneuroemoción® sugerimos que nos relacionamos con nosotros mismos a través de los demás y que podemos convertir toda relación en una oportunidad para conocernos a nosotros mismos. Los otros son espejos en los que tenemos la ocasión de vernos y reconocernos, en los que podemos ver nuestra alma para saber lo que tenemos que trascender, lo que tenemos que sanar. Cuando aprendemos a observarnos liberamos al otro de llenar nuestras necesidades.

La primera vez que leí este artículo entre otros, comprendí la importancia que tenía "dejar ir". Cargamos con tanta basura del pasado, que la carga a veces se hace insoportable.

Tenía en mi consulta a una pareja joven que quería tener un hijo, y no se quedaba embarazada. Cuando hice algunas preguntas de para qué tanta ansiedad, la respuesta fue: "Dra. es que, la verdad, si me quedase embarazada mi ubicación de trabajo mejoraría y no tendría que aceptar irme de esta zona, pero tendría que ser ahora antes de las oposiciones, y no me doy quedada".

En esta historia había mucho que contar, pero me llamó la atención que su abuela ya se había quedado embarazada en los años de la posguerra y así no enviarían al marido (o sea, el abuelo de mi paciente) a trabajar lejos de casa, ya sea otra ciudad u otro país. El caso fue que nunca regresó. El estrés vivido y las necesidades que pasaron fueron muchas. Cuenta ella: "Mi madre nunca quiso ni estudiar ni irse de casa, de hecho, no trabajó nunca en lo que estudió, porque eso implicaba irse a otra zona".

Nuestras historias hablan mucho de nosotros mismos, pero sobre todo hablan más de uno mismo que del otro. Yo también resonaba con ese tipo de drama familiar, dejar el hogar implicaba separación. El inconsciente no juzga y el universo nos repite la lección para trascenderla.

Una vez más, comprender era la clave. Después de esa consulta en que mi paciente comprendió y entendió qué ocasionaba ese estado de ansiedad y ese estrés tan marcado, hicimos algunas pruebas, pusimos un tratamiento muy simple, y unos meses después se aparece muy sonriente y me dice: "Estoy embarazada, Dra.". Y yo le pregunto: "¿Y el puesto de trabajo?". "Pues muy bien, al final no tuve que irme a ningún sitio, tuve una oportunidad aquí mismo, en mi área, la he aceptado y estoy muy bien conmigo y con mi bebé".

He aceptado que las creencias y nuestras interpretaciones de ellas están activando constantemente una respuesta en nuestro cuerpo, es nuestra decisión consciente el que hagamos de una situación determinada un proceso sano o tóxico.

Yo siempre tengo la expectativa de ser feliz y estar bien.

Cualquier cosa que necesite o perciba como un reto, estoy preparada para ello, sabiendo que el único control que existe es el interno.

Me siento a salvo y sin temor.

Tengo el apoyo de mis amigos y de mi familia, acepto el ser que soy.

Me amo y el mundo me ama.

Si observas con solo un poco de atención, todas las bases de lo que creo de mí están dirigidas a la persona, a mi persona, y en gran medida nuestro ser es un sistema de creencias, que es un pedazo de código genético invisible que nos ha ayudado a crearnos como personas.

Prueba tú a ver tus creencias, invierte estas que yo te he puesto anteriormente y observa tus pensamientos al respecto. Por ejemplo, en vez de "me siento a salvo y sin temor", digamos "me siento en peligro y tengo miedo de todo".

El proceso de transformación o de transformar nuestro sistema de creencias no es un misterio, ni tienes que ir a lo alto del Tíbet, ni pertenecer a ninguna secta religiosa, es simple, solo pregúntate: "¿Esto que estoy pensando es real?". Sé tú el creador de tu propio sistema de creencias, deja de estar comprando a segunda mano o simplemente repetirte lo que te han inculcado. Cuestiónate, autoindaga, puedes hacerlo, tú puedes ser el creador de tu vida, de lo que realmente quieres hacer o no.

No existe un día en mi vida en que, por un simple momento, un segundo, no sea capaz de apreciar algo de toda la belleza que nos rodea, desde una sonrisa de un niño en su inocencia, hasta una puesta de sol, el batir de las olas en invierno. No dejes que tu día pase sin apreciar un detalle de toda la vida que te rodea.

Amigo lector, aún estás conmigo a través de estas páginas. Si aún sigues aquí, es porque de algún modo tú también quieres ayudar, tú también puedes hacer posible tender una mano, como yo lo hago contigo ahora. No te voy a convencer, pero como cuando aprendes a caminar, primero gateas, indeciso, explorando, buscando ese punto de apoyo, luego te pones de pie y centras el equilibrio, y cuando menos te lo piensas ahí está, pasito a pasito, y echas a andar, ya vendrán las caídas. Te levantas, porque estás aprendiendo, pues así es, igual que cuando eras un párvulo, con esa misma inocencia. No dejes que ese niño muera, aliméntalo cada día con una sonrisa, con una carcajada, como cuando le devuelves el balón con una patada a los chicos que juegan en el parque.

Crece, pero que nunca muera el niño que vive en ti.

Nos vemos en las siguientes páginas…

Te amo.

CAPÍTULO 5

Hoy ha nacido Oliver, es un bebé hermoso, lleno de vida, con unos grandes ojos y manos fuertes. Su madre lo contempla con amor y su padre emocionado se seca las lágrimas. Después de unas horas, bastantes diría yo que ya tengo algo de experiencia en estos quehaceres, por fin un nuevo ser, una nueva personita. Desde su concepción hasta su nacimiento han transcurrido cuarenta semanas y unos días. Él ha pasado desde un ovocito, unido a un espermatozoide, que a las veinticuatro horas ha tenido su primera división celular, sigue dividiéndose en las próximas doce a quince horas en un embrión primario, y a los veinticinco días ya existe una cámara cardíaca. A los treinta y dos días sus brazos y sus manos se han formado, en treinta y seis días ya sus inicios de su espina vertebral están en acción, es este el periodo de crecimiento más rápido. A los cuarenta y cinco días su corazón late el doble de rápido que el de su madre, en solo cincuenta y dos días su retina, su nariz y sus dedos están formados. Ahora sus movimientos van a ser muy importantes para el desarrollo de su esqueleto y sus músculos, ya a las doce semanas hay un esbozo de lo que serán sus genitales, aún no determinados, si chica o chico.

Oliver ha ido creciendo en estricta conexión con su madre hasta los ocho meses. A las treinta y seis semanas está listo para vivir fuera de su madre, aunque puede suceder que hasta los cuarenta y un días se presenta lo que llamamos "el inicio de su viaje al exterior", o el parto, donde su cabeza empuja y rota para entrar en el reducido espacio de la pelvis de su madre que hace usualmente mirando en dirección hacia abajo, pero tiene que girar para dejar pasar sus hombros. El coxis de la madre está preparado para hiperextenderse en dirección hacia atrás y expandir la pelvis. A medida que la cabeza se abre paso hacia el canal vaginal, el oxígeno pasa a través del cordón umbilical desde la madre hacia el bebé. Veinticinco millones de sacos aéreos, que formalmente están llenos de fluidos, tienen ahora que llenarse rápidamente con aire al momento de la primera inspiración.

Vaya trabajito el que ha tenido nuestro Oliver, pero no ha sido tan simple como describirlo. "¿A que sí?", dirán todas las mujeres que han parido. Estos padres han sido preparados, han sido un ejemplo de amor y cuidado para su hijo desde el momento de concebirse. Se han cuidado, se han reído, han escuchado música, han comido adecuadamente, han hecho ejercicio para estar saludables hasta este momento y han estado alertas, emotivos en cada contracción, respirando, relajándose, diciéndose palabras de confort, de cariño. Se han tomado de las manos, se han apoyado con la mirada, con sus manos sobre el abdomen, hasta el momento del empuje final, donde su frente sudorosa y sus músculos se contraen por el esfuerzo. Ella solo me mira y me dice: "Dime lo que tengo que hacer, Dra.". Yo solo la animo: "Estás haciéndolo muy bien, es perfecto".

Ambos están muy bien. Y llega ese punto crucial en que el dolor se une a las ganas de empujar, y la cabeza de Oliver asoma más, un poco más. Vamos, Oliver, tú puedes, vamos, ayuda a tu madre a que salgas. Y es mágico, es simplemente mágico, como hijo y madre en un esfuerzo final. Y yo tengo a Oliver en mis manos. Todos a la vez, y somos unos cuantos en el salón de partos, gritamos: "Aquí está, lo has hecho muy bien". Sostengo a Oliver con una mano y con la otra corto el cordón que aún lo ata a su madre, y lo pongo en su pecho, ella lo abraza, sonríe, llora, el padre los abraza a ambos. Es mi momento feliz, ha sido un trabajo de meses en equipo, en conjunto, y aquí tenemos un resultado, un Oliver sano, que apenas llora, que se mueve buscando el pezón de la madre, donde sabe está el alimento. Siempre les digo a mis pacientes embarazadas que ellas no solo llevan dentro un feto, llevan vida, la de un ser humano. Y de ahí la gran conexión, no solo de células genéticas, sino que el movimiento emocional trasmitido con la influencia del entorno va a determinar muchos aspectos de la vida de Oliver. Somos el mundo contenido en un cuerpo, desde el punto de vista de la física cuántica. Todos compartimos de alguna manera los mismos átomos, somos conciencia dentro de la materia, y tú, mujer, eres una gran fuente que lo traes a través de ti al mundo. No sabes el verdadero poder que tienes.

En el libro *Los impactos de las emociones en el ADN* (Nathalie Zammatteo):

Cada célula del cuerpo lleva en su núcleo el mismo ADN que contiene toda la información necesaria para construir el conjunto del cuerpo. Así, aunque cada célula solo exprese una parte de toda esa información, esta está contenida en una pequeñísima parte de la célula. El ADN está controlado por señales externas a la célula, provenientes del entorno.

El ADN cuenta con millones de interruptores que permiten a los genes ser leídos o permanecer en silencio. La ciencia que estudia esos interruptores y la interacción entre el ADN y el entorno se llama epigenética. Recientes descubrimientos han demostrado que todo lo que forma parte de nuestro entorno, también las emociones, influye en la apertura o cierre de esos millones de interruptores del ADN, y ello repercute en nuestra salud.

Mientras que la información que llevan los genes es estable, como lo es la tinta de un bolígrafo, las etiquetas epigenéticas tienen una estabilidad relativa, ya que se pueden borrar como se borra el lápiz. Por lo tanto, existe una reversibilidad potencial que permite recuperar la salud. El objetivo principal de este libro es el de proponer la observación de los condicionamientos emocionales bajo un nuevo prisma, el de la epigenética, a fin y efecto de ofrecer a cada cual la posibilidad de encontrar un nuevo equilibrio.

Interesante, ¿verdad? No, mucho más que eso. Es impresionantemente, genial. Somos capaces de engendrar y poder determinar que el hijo que traemos al mundo pueda ser un ser sano, fuerte y conscientemente equilibrado.

Así que cuánta responsabilidad tenemos, y la pregunta es: ¿seremos capaces de asumirla?

Sé que a la medicina actual nos queda mucho por aprender, muchísimo, pero si vamos pasito a pasito, podemos hacer algunos aportes. Y eso es tomar conciencia de que nuestra paciente es simplemente una mujer embarazada a la que debemos orientar adecuadamente con información consciente de todo este proceso. Podemos actuar en reducir uno de los factores de riesgos más frecuentes que es el estrés, el miedo.

Pongamos más amor en nuestra profesión, que nuestras embarazadas lleguen en confianza, confidencialidad, y que se sientan seguras al ser acompañadas en este momento tan mágico que es dar al mundo vida.

Doy gracias por haber aprendido, doy gracias al aprendizaje, a la práctica de cada día, y a ti, amigo lector. Podemos desde cualquier parte de esta gran sociedad humana ser parte de lo divino.

"El que tenga oídos que oiga y el que tenga ojos que vea".

Deepak Chopra plantea en sus estudios la importancia del sueño, de la práctica de yoga, de la meditación, demostrando los cambios bioquímicos que influyen en los procesos inflamatorios asociados a muchas enfermedades de origen metabólico, inmunológico. Porque son herramientas que disminuyen el estrés diario porque aumentan o incrementan los niveles de enzimas y hormonas que intervienen en los procesos de regulación regenerativos o, como muchos hoy llamamos, tóxicos. Y esto quiere decir que podemos actuar sobre ellos, no tenemos por qué quedarnos con la etiqueta de una enfermedad y pensar que es definitiva.

Tuve una paciente diagnosticada con cáncer de mama. Fue operada y decidió irse a un centro que combina la quimio como tratamiento con medicina alternativa, y además se incorporó a un centro de talleres de meditación y crecimiento personal. Cambio total, las sesiones de quimio programadas se redujeron, mínimos efectos colaterales, recuperación de su sistema inmunológico espectacularmente. Y seis meses después sus analíticas eran inmejorables. Tuvo que hacer cambios en su alimentación, en su actividad cotidiana. Me dijo: "He cambiado mis creencias, mi patrón de pensamiento". Claro que se puede, sí se puede realizar el cambio que queremos en nuestra vida, no importa si es sanarte, encontrar la relación de pareja que deseas o crear abundancia económica.

Puedes hacer tus sueños realidad, puedes tener un cuerpo sano, no te digo que es fácil, pero es posible. Si revisas un poco, hay muchas personas que han realizado un cambio en su vida y hoy disfrutan de una vida plena en todos sus áreas, salud, dinero y amor.

Si yo puedo, tú también puedes.

Atrévete a enfrentar el desafío que conlleva, a trascender esos patrones que se te repiten una y otra vez. Eres un ser de infinitas posibilidades, estás diseñado para lograrlo.

Emoción implica movimiento. Muévete, tus células se renuevan cada día, renueva tu mente también, sé una unidad mente-cuerpo. Piensa, siente y actúa con coherencia, rodéate y atrae a aquellos que verdaderamente quieres.

¿Sabes qué quieres?

La respuesta está siempre ahí, dentro de ti, y siempre estará. Solo tienes que mirar dentro, escucha tu instinto, escucha la voz de tu alma.

CAPÍTULO 6

Cuando leí por primera vez el libro de *El secreto* y entendí lo que significaba el poder de la atracción, me quedé sorprendida. Lo primero que me vino a la mente fue: "¿Cómo no nos enseñan esto en la escuela? ¿Cómo nunca había oído hablar de estas leyes?".

Me dediqué a revisar actores, empresarios, gente de todas las ramas, que estaban aplicando la ley de la atracción. Quizás no todos lograban lo que se proponían, claro está, pero el fundamento estaba y las leyes universales no fallan, fallamos nosotros. ¿Pero cómo lo hacían? ¿Qué había que practicar para atraer lo que yo quería ver en mi vida?

Me fui a un evento de 1.400 personas, impresionante. Allí se meditaba, se hacían ejercicios mentales, se hablaba de física cuántica, de metafísica, de emociones, pero sobre todo valoraban los resultados. Pues funcionaba.

Las leyes funcionan y decidí aprenderlas y aplicarlas.

Antes de adentrarme en esta práctica, quiero compartir algo contigo.

En el libro de Chopra *The healing self*, o, traducido al español, *El ser curativo*, hace mención a algo que es crucial en nuestras vidas: las preocupaciones.

Cuando estamos constantemente preocupados y nos ocupamos obsesivamente, nuestra mente nos mantiene en un estado de ansiedad estresante. Esto bloquea nuestra capacidad racional de solución a los problemas y en sí mismo no ofrece ninguna solución, y por no ser útil lo peor es que es endémico en la sociedad. La ansiedad acerca del futuro es el centro de todas las preocupaciones.

Una visión positiva, optimista y esperanzadora puede ayudar mucho en los tratamientos, en su efectividad, en enfermedades como el cáncer, sida, HIV. Por otro lado, condiciones como el asma, la psoriasis y el eczema crónico empeoran el estrés, la depresión y la ansiedad.

En un estudio reciente que incluyó a 100.000 viudas recientes, la ratio de muerte se duplicó en las primeras semanas de luto.

Uno de los aspectos más estudiados hoy en día en psiconeuroinmunología es el efecto nocivo del estrés crónico sobre el sistema inmunológico, siendo la clave de por qué unas personas responden de una manera positiva y curan rápidamente y otras no. Porque el estrés crónico inhibe la respuesta inmunológica rápida para combatir las infecciones (inmunidad innata) o de crear anticuerpos para defenderse de la invasión de gérmenes (inmunidad adaptativa).

Recordemos cómo en 1964 Norman Cousins descubrió espontáneamente el poder curativo de la risa cuando fue diagnosticado de una enfermedad degenerativa.

Solo quiero, amigo lector, compartir mi experiencia de que, en la respuesta de tu sistema, las preocupaciones juegan un papel fundamental desde el momento que entras a la consulta de tu médico hasta que sales, incluyendo que esta salida a veces no es la que esperas, porque incluye no solo los exámenes, sino las máquinas, el personal y tu expectativa.

En *The Wall Street Journal* (2016), había un título de un artículo:

"Apaga el ordenador y escucha a tu paciente".

Nuestra mente vive constantemente culpando al ayer, un pasado que no dejamos ir, o saltando a un futuro que aún no tenemos.

Estar presente en el aquí y en el ahora, ser consciente de que el presente es no perderse en los pensamientos, ya que estos crean tu realidad. Mira tú ahora qué has creado desde tu futuro, mira qué haces en tu presente y sabrás qué vas a tener en tu futuro. Hacer siempre lo mismo, las repeticiones, no te van a dar diferentes resultados. Necesitamos un cambio en nuestra consciencia, en nuestra manera de pensar. Observa qué estás pensando ahora mismo mientras lees estas páginas. Gracias.

No me resultó fácil, amigo lector, hube de revisar y estudiar y, sobre todo, comprender que las leyes no cambian, son universales y funcionan. Entonces podrás comprender cuál es el único secreto. Eres tú.

1.- La ley metafísica del mentalismo.

2.- La ley metafísica de causa y efecto.

3.- La ley metafísica de la correspondencia.

4.- La ley metafísica de vibración.

5.- La ley metafísica de la polaridad.

6.- La ley metafísica del ritmo.

7.- La ley metafísica de la generación.

Creas con tu mente, atraes lo que tu mente piensa. En inicio, todo es una idea, una intención, somos parte de una misma fuente, llámale Dios, universo energía, divinidad, como te venga en gana y como mejor te sientas. Cosechas el fruto de lo pensado, plantas las semillas, o sea, tus pensamientos, que, más está decir, son energía, y la energía ni se crea ni se destruye, se transforma. Y eso lo dijo ya Albert Einstein.

Resumiendo, somos los gestores de nuestro cuerpo, de nuestras circunstancias, de nuestra abundancia. Si pensamos en la abundancia la atraemos, si pensamos, hablamos y vemos todo lo bueno que nos circunda eso atraemos siempre. Ahora el universo es inocente, no juzga, tú decides lo que piensas y lo que sientes. En fin, tú eliges la vibración en la que estás. Siempre le digo a mis hijos: "Cuando insultas, cuando sientes rabia o frustración hacia algo o hacia alguien, es en ti donde se produce el proceso, el otro quizás ni se entere". ¿Te suena esto de algo?

Una vez más, amigo mío, solo comparto mis experiencias contigo. Tú decides, no te voy a convencer, no es posible. Y las leyes no fallan.

Aprendimos en física que cada acción tiene una reacción, pues en metafísica cada causa tiene un efecto. Existe una solución de continuidad entre todo lo que acontece, lo que aconteció y lo que acontecerá.

Entonces es fácil si nuestros pensamientos atraen a nuestras vidas lo que sea que queramos manifestar o no. Atraemos las causas, y por consecuencia, los efectos derivados de ellas.

En cada taller al que asisto, cada seminario, siempre sale esta pregunta: "¿Me vas a decir que yo creé de alguna forma esta enfermedad?". Yo lo pregunté, la ignorancia en la que vivía no me dejaba verlo. Pero sí, el inconsciente no juzga, no enjuicia, y yo tenía mucho miedo a perder, pues ahí lo estaba atrayendo, tenía todo el pensamiento ocupado negativamente, pues sí. Lo mejor está por llegar.

Un pensamiento de paz cosecha miles de estados de paz. Si cosechas maíz, no tendrás trigo, tendrás maíz. Funciona igual en lo físico, que en tu mente y en tus emociones. Todo es energía, todo se mueve.

Sigues ahí, ¿a que sí?...

El dulce maestro Jesús nos dijo: "Dad uno y recibiréis multiplicado de acuerdo a la naturaleza que hubieses dado". Resumiendo: lo que sembréis, cosecharéis multiplicado.

Lo afín atrae a lo afín, es correspondencia, lo negativo atrae negativo, lo positivo atrae positivo.

Si esto es así, cómo yo había atraído a tantas cosas negativas. Te vas a reír, yo también lo comprendí, pues atraes lo negativo del otro para que veas lo negativo que hay en ti escondido en tu sombra. ¡Puaf!

Los seres humanos nos vinculamos normalmente por credos, razas, ideas políticas afines o sociales. Nos identificamos con el prójimo por su forma de pensar y actuar, es decir, lo afín atrae a lo afín.

El átomo es un universo en miniatura, eso ya lo aprendimos, ¿verdad? Y toda la creación está conformada a base de átomos. Y no estamos separados, somos átomos en nuestra mejor versión.

De esta manera, la materia pasa de sólida a líquida, gaseosa, luz, etcétera. Todo lo que existe en el universo se irradió desde la misma fuente. A cada unidad o combinación de unidades les rige las mismas leyes.

Como es arriba es abajo, como es en el pensamiento es en lo físico. Nada reposa, todo se mueve, todo vibra.

La paz es movimiento en armonía; aunque la materia nos parezca estática, si la llevamos a un potente microscopio, veremos átomos, moléculas, que están en constante movimiento.

Mira, en resumen, para cambiar una condición o estado mental, hay que cambiar su frecuencia de vibración. Y punto.

Cuando empecé a comprender esto, acepté que hay cosas que puedo cambiar o percibir de otra manera. Puedo escoger ante una situación vivirla desde el sufrimiento, vivirla desde la paz.

¿Nos vamos entendiendo? Creo que sí.

Ahora sabemos que todo tiene un opuesto, el mundo es dual, y los opuestos no son sino los extremos de una misma cosa, frío y calor, alto y bajo, cóncavo y convexo, amor y odio.

Centremos la atención en el amor (alta frecuencia). En cualquiera de sus elevadas manifestaciones se disipa en consecuencia el odio (baja frecuencia de vibración).

En la medida que baja la altísima frecuencia vibratoria del amor, comienza a manifestarse el odio.

Cuando no quieres algo, concéntrate en el polo que quieres, pero lo que hacemos es centrarnos más en lo que no queremos, le damos nuestra atención y así nuestra energía. Y lo atraemos.

Todo en el universo tiene un ritmo, todo fluye, todo avanza y retrocede. La ley del ritmo ordena el movimiento cósmico, se la conoce también como la ley del péndulo.

Yo tuve momentos muy tristes y dolorosos, le sucedieron otros de felicidad, porque, aunque no conocía las leyes, igual funcionan. Es cíclico, después de la noche siempre viene el día, después del invierno viene la primavera y el verano. Toda la vida oscila desde el nacimiento, crecimiento hasta su desaparición, y luego renacerán en otras cosas más evolucionadas.

De ahí que, cuando trascendemos mentalmente, podemos evadir la oscilación pendular. Cuando comprendes tu odio hacia tu vecino, cuando comprendes su historia que resuena con la tuya propia y la trasciendes, no la repites, te centras en dar amor, y vibras más alto. Te vas a enfadar, sí, pero ya no vas a odiar porque te estás amando cada vez más y tu percepción ha cambiado.

La palabra género viene del latín: generar, procrear, producir. Esto lo vemos en la naturaleza.

Del aspecto femenino y masculino de un pez se genera otro pez, de vegetales se generan vegetales, de animales se crean animales, de hombres se generan hombres. Siempre esta ley de la generación es respetada, y en el plano espiritual también se cumple esta ley.

En el plano mental tenemos la conjunción de lo masculino y lo femenino, yin y yang.

Nuestra mente subjetiva es la que imagina, crea, sueña, visualiza, es lo más cercano a la mente divina. Al consciente o mente objetiva se le atribuye todo lo racional, lógico, práctico, es más masculina. Y cuando unimos lo subjetivo o femenino, con lo objetivo o masculino, con la voluntad, se proyecta el fenómeno de la creación.

Maravilloso… ¿y cómo lo hago?

CAPÍTULO 7

Amigo, estoy sorprendida, aún estás aquí conmigo. Eres maravilloso, ¡eres espectacular! Eres grandioso. Gracias.

La visualización es una de las herramientas que se utiliza mucho en la ley de la atracción. Para mi meditar no fue tan difícil, sobre todo porque, a pesar de que soy una persona que me gusta hablar, disfruto mucho de los estados de silencio y contemplación. Me encantan los atardeceres cálidos y solitarios a la orilla del mar o el olor a tierra húmeda en el monte, y qué decir de los días lluviosos en el sofá contemplando las gotas caer sobre la ventana con un buen libro en mis manos.

Mis primeras visualizaciones fueron para atraer salud a mi cuerpo, quería visualizar cada célula de mi sistema inmunológico, vibrante, sana, cada articulación flexible, en movimiento. La visualización lleva concentración y focalización, y supondrás que la mente, que no para por un segundo, se interpone, y el autosabotaje es que no lo logras a pesar del esfuerzo. Y ahí estaba la cosa, me esforzaba. Cuando aprendí a dejar ir, aunque los pensamientos venían e iban, no les fui haciendo mucho caso, simplemente me dejaba fluir, y, día tras día, practicaba una y otra vez, los acompañaba con algún audio de sanación, y hubo dos cosas fundamentales para los resultados.

La fe, la certeza de lo que esperas, es un principio de acción y poder, es saber que lo que no ves puedes lograrlo, puedes crearlo. Ya lo vimos en las leyes, pero hay que tener fe en que esto funciona, aunque no lo tengas delante, lo puedes generar.

El poder de la mente creativa, el cerebro humano, tiene una mente inconsciente que no diferencia lo real de lo virtual, para la mente inconsciente todo es real.

Cuando una mujer está de parto, siempre la animamos a que visualice a su hijo saliendo por el canal del parto. Esta acción mental hace que en cada contracción sea más eficaz y el momento expulsivo sea más rápido.

Así que yo comencé la práctica de la visualización atrayendo salud a mi cuerpo, hacía ciclos de veintiún días por quince o veinte minutos.

El otro factor importante es sentir. Tienes que ser capaz de conectar con la sensación en tu cuerpo y vivir lo que visualizas. Yo quería sentirme sana, ágil, y lo sentía, lo veía. Me veía caminando ágil por la arena, sientes el calor del sol en tu piel, la brisa en tu pelo, los colores a tu alrededor.

Cuando visualizas en tu ojo mental sientes y vives cómo está pasando, como si ya lo hubieses logrado, sea lo que sea tu meta, tu objetivo.

En mi vida había tenido muchos momentos en que la fe en Jesús me había abierto puertas. Tuve días en que salí de casa con lo exacto para coger el transporte, sabía que vendría a casa con el dinero que requería, y así era, siempre ha sido.

Salimos de un evento mi hija y yo, llegábamos exactas al aeropuerto, y al llegar a la puerta de embarque, cerrada. Me acerco y le digo a la chica: "Pero si aún los pasajeros están en el pasillo, no han abordado el avión". "Pero tenemos un horario y usted llega exactamente a la hora de cerrar". Solo respiré y dije para mis adentros: "Sé tu espíritu santo, te entrego mis batallas". Hay una persona que abre la puerta con una tarjeta de autorización y me dice: "Tranquila, señora, las vamos a llevar". El señor regresa y le dice al personal que se encarga de hacer el chequeo: "Dice el capitán del avión que la podemos llevar, que él se responsabiliza". La respuesta fue exactamente la misma: "Es que nosotros hacemos nuestro trabajo". Trato de interferir, el señor me hace una señal de que debo guardar silencio, y él regresa al avión. ¿Y adivinas qué?

Por el pasillo se acerca el capitán del avión, se dirige a los empleados, ni una palabra. Solo escucho que alguien me dice: "Su boleto, por favor". El capitán me dice: "Tranquila, usted y su hija se van con nosotros". Mis ojos se llenan de lágrimas de la emoción, y mi hija de quince años se queda mirándome con una ternura y me dice: "Algo más grande, el universo, madre, ha librado su batalla. Eres genial".

La fe, eso es tener fe en que siempre hay una manera que no es la tuya. El cómo no siempre es tuyo, deja fluir, y verás los resultados.

Así comencé a visualizarme con un cuerpo sano, energético, alegre, y, como resultado, comencé a atraer a mi círculo de amistades gente que vibraba igual que yo en mi misma frecuencia. Incluso cada día mis pacientes son más y más positivos, es una alegría trabajar con gente que es amable, que te da las gracias, que incluso cuando tienen un síntoma ya te dicen: "Estoy somatizando tal y cual estrés". Y me consultan abiertamente, es maravilloso, es una colaboración, es compartir, y de eso se trata el crecimiento personal.

Meditar y visualizar son dos bases en el poder de la atracción, con fe y sentimiento.

Siente la emoción que te embarga. Sea cual sea nunca la reprimas, ella te está hablando, quiere decirte algo, te va a ayudar a indagar en caso de que sea un malestar.

El entorno, de quién te rodeas, quiénes son tus amigos, qué sitios visitas, a veces, y ten por seguro, que muchos se van a alejar, pero otros vendrán, porque en la medida en que vibras esa vibración se expande, y vas atraer a gente nueva. Ya lo habíamos visto en las páginas anteriores cuando hablamos de las leyes.

Las visualizaciones tienen un poder muy efectivo y se utilizan en muchas terapias. Ahora recuerdo, estando hace unos años en un taller de sexología en el que la sexóloga planteaba el uso de las fantasías, el visualizar. En ese caso, puso como ejemplo la trilogía de Grey, y fue algo cómico, porque como obra literaria podría tener sus objeciones, pero como estimulante para visualizar en una terapia era efectivo. Yo también en mi práctica médica, sobre todo en la mujer perimenopáusica donde los factores hormonales interfieren a veces con la libido y afectan la actividad sexual, he aconsejado a mis pacientes el utilizar esta técnica. Siempre hay quien pregunta: "La teoría está bien Dra., ¿pero y si no hay alguien al lado?". Mi respuesta fue: "Pues habrá sex shop cerca o te tienes a ti, mujer". Al fin de cuentas, tu mente inconsciente no distingue entre lo real y lo virtual. Y un orgasmo es siempre bueno para la mente y el cuerpo. Además, la liberación de endorfinas, dopamina y oxitocina disminuye la depresión y aumenta la felicidad. Pero como todo esto va por barrios, habría que dedicarle todo un libro.

Amigo lector, la constancia es lo que me ha enseñado a través de estos años que no vale con la teoría, hay que dejar de dar tumbos a ciegas. La constancia y la perseverancia, hay que tener disciplina y un compromiso contigo mismo. Si asumes la responsabilidad que tienes para contigo, y así dejas de culpar, te vas enfocando cada vez más en tu interior, porque ese es el cambio que se va a producir, algo que sucede de dentro hacia fuera. Y cuando observes que hay un limitante, un obstáculo, busca la creencia que lo sostiene y cámbiala, ya sabemos que estamos condicionados, programados. Pues igual que yo tú puedes sustituir la creencia que te limita por otra que sea más positiva, que te deje expandirte.

El hombre a través de la historia siempre ha vivido en comunidad, es el único animal del reino que no sobrevive solo, porque es un ser social, vive y crece con la ayuda de los otros y de su entorno.

No somos víctimas de nuestros genes, sino los dueños y señores de nuestros destinos. No son las hormonas ni los neurotransmisores producidos por los genes los que controlan nuestro cuerpo y nuestra mente; son nuestras creencias las que controlan nuestro cuerpo, nuestra mente y, por tanto, nuestra vida... ¡Oh, vosotros, hombres de poca fe!

Hubo un chico nacido en Detroit. Este niño era de una familia pobre, hasta el punto que su madre lo llevaba a la biblioteca pública porque no podía comprar un libro. Su interés en la lectura y en las ciencias, con la motivación de su profesor, que a pesar de su timidez y su pobre rendimiento estudiantil vio algo en ese niño, lo ayudó a ganarse una beca y luego continuar sus estudios. Hoy en día ese niño es uno de los mejores neurocirujanos pediátricos de Estados Unidos. Ben Carson.

Laín García, un chico deportista, nadador, diagnosticado con un síndrome de fibromialgia y fatiga crónica, un niño que vivió unas circunstancias que llevaron su sistema inmunológico a deprimirse, ese joven, fue ganador de España en su división. Ese joven no creyó que era el final para él, y logró ser hoy unos de los mejores coach y motivadores de España. Autor del best seller La voz de tu alma.

LeBron James. Su madre lo tuvo con dieciséis años, padre exconvicto, una familia totalmente disfuncional. Ese niño se destacó en el deporte, hoy lo llaman "El Elegido". Es una de las figuras más importantes hoy en día en el baloncesto del mundo.

Podría seguir y seguir mencionando grandes hombres y mujeres de hoy que han dado ese salto cuántico del que tanto hablamos. Sí que es posible hacerlo, ¿estás preparado? Para utilizar tu mente consciente, para crear una vida colmada de salud, felicidad y amor sin la ayuda de la ingeniería genética o la adicción a los medicamentos. ¿Estás dispuesto a ir más allá del modelo de la medicina que considera al cuerpo solo como una maquina bioquímica?

Solo tienes que dejar a un lado las creencias arcaicas que te inculcaron las instituciones y los medios de comunicación para considerar por un momento la emocionante visión que te ofrece hoy la ciencia vanguardista.

Esto no es un libro de ciencia ni pretende serlo, pero yo soy una persona que cree que si el ser humano es espíritu en un cuerpo, entonces es una unidad con el todo, y, por lo tanto, interactúa, no está aislado.

Pero todo tiene un precio.

¿Te atreves? Paga el precio por tus sueños para hacerlos realidad, merece todo y cada momento de tu vida.

CAPÍTULO 8

Las creencias y pensamientos alteran las células de tu cuerpo.

(BRUCE LIPTON)

Viene a verme una chica a la consulta que aqueja un malestar crónico en lo que llama "el cinturón pélvico". Me explica: "Soy terapeuta y trabajo con gente. No me falta nada, al menos materialmente, pero hay algo que ocurre en mis ovarios o en mi útero. Tengo treinta y nueve años, no me he quedado embarazada y tengo conflictos con las parejas, y lo somatizo incluso en mis genitales". Viendo que esta persona ha estudiado o tiene información de medicina alternativa, le pregunto desde cuándo vienen esos síntomas. Ella me da la información que tiene, y me cuenta que de muchos años y es por épocas más o menos, pero en general siempre está este malestar. Nos ponemos a conversar sobre su madre y su abuela, y resulta que su abuela tenía una relación que no quiso y las relaciones eran forzadas. Ahondamos en el tema y vamos a una serie de creencias que ella desvela o se da cuenta sobre el juicio a los hombres y la infidelidad de estos.

Al examinarla, veo que, a pesar de todo, sus pruebas son orgánicamente normales, pero, sin embargo, al preguntarle por su sistema digestivo estaba fatal, comía muy poco y muchos alimentos le hacían daño o no los toleraba. Ella me mira y me dice: "Creo que ya se cómo han vivido o cómo han experimentado las mujeres de la familia desde varias generaciones, el hecho de que siempre han tenido que compartir a sus parejas, y es lo que yo detesto de los hombres. Pero es curioso, yo quiero amar incondicionalmente, quiero aprender a vibrar en ese amor". "Acabas de ser consciente de algo muy importante", le digo. "Primero, que el intestino es quien está somatizando, el dolor no viene de tus órganos reproductores, sino de tu colon, que es el órgano que se encarga de eliminar los desechos y reciclar el agua, es como un filtro. Segundo, cuando vives una experiencia en tu vida como una guarrada, algo muy sucio, y este sentir se trasmite a la descendencia, ya sea real o simbólica, se va a somatizar en nuestro intestino grueso, como es este caso. Y tercero, cuando eres consciente de toda la información que llevamos y lo que repetimos, en tu caso el rechazo y los conflictos con parejas, es solo para comprender. Cuando comprendes, perdonas y eres libre de actuar de otra manera diferente, sin enjuiciar...". Nos reímos y nos abrazamos. "Ya comprendo el para qué de mis síntomas". Le puse tratamiento adecuado y acorde a las molestias siempre. Antes de irse, le dije: "En mi opinión, y es muy personal, amar incondicionalmente es todo un camino para aprender, pero lo más cerca es cuando creas y llevas a tus hijos en tu vientre, para mí en esta etapa de mi vida es lo más incondicional que amo. Mis hijos".

La información siempre está, no se destruye, es energía, solo se transforma. Tener una visión más integral me ha ayudado, no solo personalmente, sino en la práctica diaria, y no me posiciono, solo trato de integrar las enseñanzas desde el punto de vista convencional con las enseñanzas alternativas. Y lo que más resuena conmigo, pues lo practico. Esto me ha dado buenos resultados y, en la medida en que más practico, mejor me siento, y trato a los que están a mi alrededor trasmitírselo. Y escuchar es de sabios, cuando el alumno está preparado el maestro siempre a la vida que tienes ahora mismo es el resultado de lo que tú creíste que era. Tu nivel económico lo determinaron tus creencias, no tu pasado o de dónde vienes o las circunstancias, que a la vez fueron creadas por tu mente.

Si cambias tu mente, podrás cambiar las circunstancias que percibes, si no lo haces, seguirás teniendo los mismos resultados y tu vida continuará igual. Y recuerda que la gente siempre cree lo quiere creer, lo que está en su zona de confort, aunque esa sea la zona más incómoda de todas. Por eso, no podemos cambiar a nadie, solo puedes cambiar tú.

Cuántas veces escuché que no podía hacer esto o aquello, que esto está prohibido, y te tienes que callar. Eso fue metiendo y creciendo el miedo, cada vez más y más, y mis estados de estrés fueron creciendo cuando dije: "Ya es suficiente. Me pongo a trabajar en mi cambio o voy a empeorar". Y así sucede también con las relaciones y con la economía.

El mundo cambia cuando tú cambias. Aplica los principios y tendrás mejores resultados, obtendrás cualquier cosa que desees. Tus sueños no se negocian, ve a por ellos.

Cada día hay más motivadores y emprendedores, sé tú el mejor motivador para tu descendencia, sé tú el mejor ejemplo. Deja de decir a tu hijo que no puede y conviértelo en una pensamiento positivo de "sí que puedes", y déjate fluir. El apego no es tu mejor compañero, al contrario, es tu bloqueo.

Cuántas veces te has sentido atacado o discriminado, y, cuando te sientes así, en vez de cuestionártelo con un para qué, te defiendes y te posicionas. Mira, amigo lector, yo soy negra, cubana, nacida en el comunismo. Y mujer. Pues bien, nunca, nunca, me he sentido discriminada por ninguno de estos factores.

Sí he tenido que aprender y comprender, eso sí, me he posicionado en aras de la solidaridad, pero sentirme discriminada o rechazada, nunca. Siempre he tratado ante la crítica ser mi mejor versión, porque ante la excelencia no hay barreras. El amor es la fuerza más poderosa que vibra sobre el universo, ama a tu prójimo, ama a tu cliente, ama a la vida, ama a tu dinero y, sobre todo, ámate a ti mismo.

Porque te lo mereces y punto.

Te dejo con un poema del poeta Rumi.

Disfrútalo, gracias por estar aquí.

*Deja tus preocupaciones
y ten un corazón completamente limpio,
como la superficie de un espejo
que no contiene imágenes.
Si quieres un espejo claro,
contémplate
y mira la verdad sin vergüenza
reflejada por el espejo.
Si se puede pulir metal
hasta asemejarlo a un espejo,
¿qué pulido podría necesitar
el espejo del corazón?
Entre el espejo y el corazón
esta es la única diferencia:
el corazón oculta secretos,
pero el espejo no.*

CAPÍTULO 9

Quiero poder abrir mi mano y soltar lo que hoy ya no está, lo que hoy ya no sirve, lo que hoy ya no es para mí, lo que hoy no me pertenece.

"… no quiero retenerte, no quiero que te quedes conmigo porque yo no te dejo ir.

No quiero que hagas nada para quedarte más allá de cuanto quieras. Mientras yo deje la puerta abierta voy a saber que estás acá porque te quieres quedar, porque si te quisieras ir ya te habrías ido…".

JORGE BUCAY

El camino de las lágrimas, Editorial Sudamericana, página 76.

Uno de los más frecuentes apegos, diría yo, es a las parejas, lo es también a los hijos. Cuántas madres decimos o hemos escuchado: "Ella es la que me va a cuidar cuando esté viejita". Nos apegamos a muchas cosas, al trabajo, al lugar donde vivimos, a las cosas materiales, al dinero, y vamos creando una relación de toxicidad que nos carcome, y la clave es el miedo a la pérdida.

Y cómo puedes disfrutar de algo si siempre estás pendiente a que algo o alguien te lo arrebate. El apego a la pareja es sin duda y quizás el más frecuente y el que peor consecuencias tiene consigo. "No puedo vivir sin ti", y ahí está, o se suicida, o peor, queda tan inhabilitada que nunca más puede salir del pozo.

Habría mucho que decir y mucha historia que contar. Siendo reflexivos, cuando te anclas a lo que ya no sirve, a lo que ya no está pensando en qué es lo que te va a salvar, es una gran "mentira". Y lo peor es que nos podemos volver neuróticamente manipuladores. Y, aun así, a veces, hagas lo que hagas para que te necesiten, el otro no parece o puede decidir no necesitarte… frustración total. Y viene la lástima, que se parece a "te quiero", y baja un escalón más la víctima, algo así como: "yo te quiero y tú no me quieres". A veces saltamos dos escalones y pasamos directamente al odio, pero es que a veces nos topamos con gente tan mala, tan mala, que ni siquiera quiere odiarnos. ¿Qué malas personas, verdad?... ¡Quiero que, aunque sea, me odies, y no lo consigo!

Entonces, ¿estoy casi en el fondo? Dado que dependo de ti y de tu mirada, acudo al último peldaño, trato de que tengas miedo de lo que puedo llegar a hacer o hacerme. El miedo como recurso malsano unido a la culpabilidad. ¿Te hago sentir culpable, pero nunca indiferente?

Cuando el amor se transforma en una lucha por el poder, caemos en la tentación de ponernos al servicio del otro y nos llenamos de sufrimiento. Y, dicho sea de paso, es una opción. Sí, ya lo hemos hablado antes, ¿o no has estado leyendo?

Solo vivimos una vez y es nuestra oportunidad para desarrollarnos en libertad, crear vínculos sanos emocionales, no solo es saludable, sino que enriquece nuestras relaciones interpersonales. Si en vez de apegarte y depender eres capaz de transformar el curso de una relación, puedes convertir tu vida en una obra de arte.

Niñez, adolescencia, madurez, vejez, otoño, invierno, amanecer, día, atardecer, siembra, cosecha, son ciclos de vida, déjalos fluir. Cuando no ocurre así, la vida se estanca, se pierde la armonía y la evolución del ser. El apego a una relación, a un espacio, a un objeto, a una actividad, a una idea, a una creencia, no solo puede ser tóxico, te enfermas.

El desapego es el arte de soltar, de dejar ir, de cerrar círculos para que otros nuevos se abran. Mira estas frases de Wayne Dyer.

10 FRASES DE WAYNE DYER

1. CUANDO JUZGAS A OTROS, NO LOS DEFINES, TE DEFINES A TI MISMO.

2. LA PREOCUPACIÓN TE MANTIENE INMOVILIZADO.

3. ESTÁS CONDENADO A TOMAR DECISIONES. ESA ES LA MAYOR PARADOJA DE LA VIDA.

4. SI CREES QUE FUNCIONARÁ, VERÁS OPORTUNIDADES. SI CREES QUE NO LO HARÁ, VERÁS OBSTÁCULOS.

Si de veras quieres crear relaciones fructíferas, sanas, extraordinarias, escucha la voz de tu alma. Deja de sufrir por amor y empieza a vivir por él, deja de pedir y empieza a dar, si entra en tu mente entra en tu mundo. Ya hemos visto las leyes universales, si quieres atraer algo como el amor en tu vida, comienza por dar amor, vibra en compasión, amor y ternura, da alegría, porque lo que das te será devuelto con creces.

Desde bebés venimos a la naturaleza abiertos en nuestro corazón y en todas nuestras células a llenarnos y alimentarnos de amor, amor con forma de leche materna, de caricias, de besos o de abrazos, de sonrisas, de palabras dulces, de presencia y mirada.

"Mira a tu alrededor, todo en la naturaleza es amor", María teresa de Calcuta. Es amor repartido, el amor a la vida sana tu cuerpo.

El respeto es uno de los pilares para construir una relación sana, cuando te respetas atraes ese respeto recíprocamente, confianza. Confía en ti, en tu corazón, en tus instintos, no juzgues. Honestidad, sé verdadero, sé genuino, se tú mismo. Apoyo, igualdad, y, sobre todo, buena comunicación. No tengas miedo a sentir y a expresarlo, no des nada por sentado, no somos adivinos. Basa tu relación en compartir todo aquello que quieres.

Siente la alegría de que el otro existe.

Cuando leí este artículo que hoy comparto contigo, me invadió una sensación de compasión y ternura.

PRÁCTICA DE AMOR

"El amor es espíritu. El espíritu es el Yo".

"Eres el secreto del secreto de Dios. Eres el espejo de la belleza divina".

"El objetivo del camino es transformar tu consciencia de separación en unidad. En la unidad solo percibimos el amor, solo expresamos el amor, solo somos amor".

Purificar el corazón.

Nadie sigue por mucho tiempo un sendero que no le resulte natural, como tampoco logrará en él el crecimiento necesario, por muy buenas que sean sus intenciones.

Existe en el cuerpo un centro donde se unen amor y espíritu, ese centro es el corazón. Es tu corazón el que se oprime o se ensancha de amor, el que siente compasión y confianza, el que parece vacío o colmado. En el corazón existe un centro más sutil que experimenta el espíritu, pero al espíritu no se le percibe como emoción o sensación física. ¿Entonces cómo puedes ponerte en contacto con él?

Según los maestros espirituales, el espíritu se experimenta primero como ausencia de lo que *no es espíritu*.

En la India esto se describe como *Netti, netti*, que significa "ni esto ni aquello". El espíritu no tiene causa, no está limitado por el tiempo ni espacio, no es una sensación que pueda ser vista, tocada ni percibida por el gusto o el olfato. Esta puede parecer una manera desconcertante de definir algo, pero imagina que nunca hubieras visto el color blanco, que el mundo entero estuviera compuesto de rojo, verde, azul y todos los demás colores. De pronto, un maestro te da una camisa negra diciendo: "Si lavas esto el suficiente número de veces, verás que es blanco".

Si pides ver el blanco antes de lavar la camisa, lo que pides es imposible. El negro es la suma de todos los colores; solo cuando los laves todos aparecerá el blanco.

De igual modo, tu vida actual está hecha de sensaciones: no solo los colores, sino todos los estímulos que captas por los sentidos. Algunas de esas sensaciones pueden ser muy placenteras, pero ninguna es adecuada para hacerte saber qué es el espíritu. El espíritu subyace bajo todas las capas de sensaciones. Para experimentarlo debes ir al corazón y meditar en él hasta que se purifique todo lo que oscurece el espíritu.

Tú puedes atraer el amor a tu vida y construir una relación excepcional, aplica la ley de la atracción, y los principios nunca fallan.

¿Te molesta mi amor?
Mi amor de juventud,
y mi amor es un arte
en virtud.

¿Te molesta mi amor?
Mi amor sin antifaz,
y mi amor es un arte
de paz.

Mi amor es mi prenda encantada,
es mi extensa morada,
es mi espacio sin fin.
Mi amor no precisa fronteras;
como la primavera,
no prefiere jardín.

Mi amor no es amor de mercado,
porque un amor sangrado
no es amor de lucrar.
Mi amor es todo cuanto tengo;
si lo niego o lo vendo,
¿para qué respirar?

¿Te molesta mi amor?
Mi amor de humanidad,
y mi amor es un arte
en su edad.

¿Te molesta mi amor?
Mi amor de surtidor,
y mi amor es un arte
mayor…

"Señor, yo sé que en tu santa gloria existe una persona
que me acompaña en este camino de vida,
gracias, gracias".

CAPÍTULO 10

Como es arriba es abajo, como es el día es la noche, como es cóncavo es convexo, como es dentro es fuera, como es en tu mente es en lo físico.

Aquello que llamas problema no es más que el reflejo de lo que creas, y lo que ocurre en tu mundo interior va a tener su correspondencia en el mundo que percibes en el exterior. Es la ley de correspondencia. Dentro de ti hay amor, paz, hay felicidad. Utiliza esas virtudes para relacionarte con lo exterior, aprende a experimentar lo interior y crearás en lo exterior, es el verdadero propósito que nos trajo a los humanos al mundo físico de la materia.

Cuántas veces vas a preguntarte: "¿Por qué sufro tanto?". ¿Qué es lo que no estás aceptando? ¿Cuál es la resistencia si tenemos todo lo que necesitamos?

En mi experiencia personal, la clave estaba en que dejé de trabajar sobre los demás, esto es hacer todo para agradar al otro. Comencé a modificar dentro de mí aquello que me molestaba dentro del otro. Pues somos espejos, y ante el espejo practicaba cada mañana y me repetía todo lo que quería ver en mí y sacar de la sombra todo aquello que no me gustaba y veía en los otros. Sí, así de simple. Bueno, si te vale, nuestra mente consciente procesa dos millones de bits por segundo y tu mente subconsciente cuatrocientos millones de bits, es como tener dos mil millones de soldados contra un ejército de cuatrocientos millones, es imposible ganar. Lo único que tenía que cambiar era mi mentalidad y, muy interiormente, el programa subconsciente que llevaba (el ego), que llevaba muchos juicios y prejuicios, sobre todo en aquellas personas de intransigencia religiosa. No me creía merecedora del cielo, quizás a ti también te inculcaron una serie de creencias que están detrás de esta manera de verte a ti mismo, y autosaboteas la resonancia que quieres tener en tu entorno y te encuentras más de lo mismo. Pues aproveché la oportunidad para autoindagar de dónde venía tal creencia y cómo yo la proyectaba. "Como es dentro es fuera", si lo cambio dentro el resultado fuera será diferente. Ser constante es fundamental, pero comencé a observar cómo cada día me rodeaba más y más de personas positivas, alegres, con elevada autoestima, y cada encuentro negativo solo me mostraba dónde quedaba por trabajar, qué estaba aún oculto en mi subconsciente sin salir a la luz.

Esto es aplicable a cada fase de la vida, ya sea en las relaciones, en la salud y con la abundancia financiera. ¿Qué deseas crear? Los sueños no se alcanzan si no te pones en acción masiva y trabajas en ello. Dejarás de centrar tu atención en lo negativo o lo que no deseas y multiplicarás aquello que deseas, en vez de centrarte en las deudas, en los síntomas, en lo que no te gusta, en las circunstancias que ahora estás viviendo. Céntrate en lo que quieres lograr. Si entra en tu mente entra en tu mundo.

Las leyes universales son inmutables y no derogables. Se originan en la sabiduría de lo absoluto o divinidad, no se pueden negociar ni se modifican, no fallan. Los seres humanos no construimos leyes, dictamos normas que son derogables, transitorias y útiles para un momento dado. En la experiencia de vida de todo ser humano están presentes cinco elementos.

Un propósito. El amor que nos trajo al mundo es el objetivo perfecto para aprender a ser feliz por uno mismo, sin depender y amar al prójimo como a ti mismo. Esto es respetar los derechos de todos los seres del universo.

Destino. Es lo que venimos a aprender a este mundo dual o material. Ya decía Carl Gustav Jung: "Hasta que el inconsciente no se haga consciente, dirigirá tu vida y tú lo llamarás destino". Y no está predeterminado, cuando repites cualquier cosa en tu vida es la oportunidad de trascenderlo, de hacerlo de otra manera. Tú eres el capitán que lleva el timón, tú lo creas.

La misión. Lo que has venido a hacer lo disfrutas y lo compartes con el universo que te rodea, ama lo que haces y eso te amará a ti. A medida que transmutemos nuestra ignorancia en comprensión y sabiduría cada vez poseeremos más misión, y, por tanto, más satisfacción.

La intención. Es lo que queremos para nosotros mismos y para los demás, ahora, siempre que no interfiera en cada cual. Te voy a poner un ejemplo.

Mi hijo quiso emanciparse y no me opuse a ello, si lo hubiese hecho estaría interfiriendo no solo en su destino, sino también imponiendo mi intención sobre él. Así que al no oponerme y decirle: "Lo importante es que tú seas feliz, y que encuentres tu camino. Respeto tu decisión y mis puertas siempre estarán abiertas si en algún momento quieres volver".

La sabiduría implica el tener claro el propósito, aprovechar el destino, disfrutar de la misión, asumir la función y la intención de no interferir en el otro, y requiere que esto se practique en tu pensamiento, tu palabra y tu acción.

Querido lector, toda relación tiene un sentido, la más cercana siempre va a ser esa pareja, sí, esa con la que duermes. Y fíjate, no utilizo género. Recuerda que, para tu inconsciente, el otro al final no existe, tú siempre estás contigo, así que deja de quejarte de la soledad, siempre te tienes a ti mismo. Conecta contigo, con tu ser interior, cuando dejes este cuerpo físico, el ser, tu alma, lo divino que hay en ti, o como quieras o te suene mejor. Es información, es energía, solo se transforma la relación con tus hijos, en mi experiencia, el motor más fuerte, mi gran motivación a trascender para que no repitan, porque eres uno con ellos. Sí, mujer, que traes vida a través de ti a este mundo, y, desde mi punto de vista, somos las encargadas de cambiar o producir el cambio que queremos ver en el universo terrenal, porque simplemente los hombres, los varones, no engendran, no tienen útero. Ese es tu gran poder creativo, haz de ello una fuente de amor, vibra en amor y compasión, que sea razón de felicidad en tu vida, aprovecha ese momento, es mágico.

Toda circunstancia que te rodea no es casual, en el universo nada es casual, todo está interconectado.

Cuando asumimos nuestra responsabilidad y dejamos de vivir en el victimismo y la queja, nos convertimos en maestros de nuestras vidas, contribuyendo así a la de los demás, y tendremos la oportunidad de vivir en el presente, trascendiendo el pasado, y desde ese presente crearemos un futuro.

En una de mis consultas tuve una señora de más de ochenta años, venía acompañada de unos parientes, ella no tenía hijos. El motivo era valorar

la capacidad mental de la señora. Se sienta frente a mí, con sus manos surcadas de arrugas que revelan tantos años de trabajo, y me toma las mías, morenas. Se sonríe como diciendo "vaya contraste". Sus ojos, ya casi sin brillo y de azul que revela mejores tiempos, me piden: "Escúcheme, por favor". Respiro profundo y, con sus manos en las mías, asiento con la cabeza. "No estoy loca", me dice, y en su relato, que es muy locuaz, cuenta la historia de su niñez, de su sufrida adolescencia, de su amargado matrimonio convencional de más de cuarenta años. "Yo solo quiero morir en paz, Dra. ¿Por qué no puedo estar conmigo misma, sola? No quiero morir cerca de él. Ayúdeme".

Respira ya más lento, como si hubiese dejado una gran carga, solo viene a mi mente una frase: "Más vale un mal divorcio que no aguantar una relación tensa durante mucho tiempo. Usted está muy bien. Y si es su decisión, así será".

Mandé a entrar a sus acompañantes y solo les dije: "La señora no necesita un médico, ella quiere un abogado". Nadie dijo nada, no hubo quejas, no hubo réplicas. Al salir ella se vuelve y me hace un guiño con el ojo.

Escuchar es un arte que yo admiro, pero que me ha costado mucho, y no lo voy a justificar, pero doy gracias a esos momentos en que, cuando escuchas, las respuestas que necesitas vienen solas, porque el que escucha, acalla la mente y la vacía de todo juicio. Solo estás en el presente momento y permites que fluya la información que necesitas en ese preciso instante. No me creas nada, pero puedes probar, podría serte útil.

Y recuerda cada encuentro, cada relación con un semejante tiene un sentido, es una oportunidad.

Cuando tengo un encuentro o tengo un impacto en mis emociones, me producen un malestar. En el caso descrito en las líneas arriba, yo tuve diarreas esa noche, quise darle muchas explicaciones y me dije: "Clara, quieta, detente. Busca la emoción que estás sintiendo". Había miedo, estaba aguantando una situación que resonaba con la historia y la estaba somatizando. Me dije: "Más vale un mal divorcio que mantener un estrés acumulativo durante mucho tiempo". ¡Pues qué casualidad! Para reírse, vamos que hasta los pelos de tu cabeza están contados, dice la Biblia.

Te digo algo, querido mío, tus emociones no son ni buenas ni malas, son adaptativas y donde primero se expresan es en la tripa. Sí, para que lo entiendas, en los intestinos, encargados del 95 % de la liberación de serotoninas y del 50 % de la liberación de dopamina. Estos neurotransmisores son además los encargados de lo que llamamos "bienestar". Nuestros mayores antiinflamatorios: el triptófano, enzima que se encuentra en el chocolate negro, los frutos secos, las carnes animales, son un mediador importante en su liberación. Así que… cuida lo que comes y no reprimas lo que sientes. ¿Me hago entender? ¿A que sí?

Siempre que puedo digo a mis pacientes: "Cuidado con el azúcar", sobre todo si son embarazadas. Cuida los lácteos, cuida el gluten, en fin, cuida tu primer cerebro… tu intestino.

¿Puedes ahora mismo pensar en esa situación que aguantas, en esas circunstancias que te estresan? Mira tus emociones y busca para que puedas gestionarlas, son el vehículo que llevan la información, autoindaga. ¿Para qué te encuentras repitiendo lo mismo? Somos jardineros, la mente es el campo, los pensamientos son las semillas y las regamos con nuestras emociones. Deja de permitir que cualquier mierda se siembre en tu campo. Deja de poner en riesgo tu salud.

La información no se puede perder, pero sí puedes hacer que vibre en otra frecuencia.

Tú eres el único ser vivo que puede decidir cómo vivirlas, tú puedes cambiar tu historia.

CAPÍTULO 11

as creencias más arraigadas en nuestro subconsciente son aquellas que nos inculcaron de niños y las más difíciles de cambiar, ya hayan sido heredadas o aprendidas. Creo, amigo lector, que esto nos ha quedado claro.

Tenemos que ser conscientes de aquellas cosas en nuestra vida en la pantalla de la vida para ver qué es lo que tenemos que cambiar nosotros. No es un castigo, no es una cruz que tengo que llevar, no es tu destino.

Cuando comprendemos, lo hacemos con armonía, y la decisión estará sincronizada, y tu estarás en paz contigo y con el entorno. No hay recetas, no hay normativas, solamente la integración es algo que una persona individual puede conseguir. Observa las emociones, siéntelas y suéltalas, no te ancles. No se trata de un todo o nada, se trata de buscar un equilibrio y una madurez emocional para que tu descendencia sea más sana, mejor ser humano, mejor persona.

Utilicemos todos las ventajas que hoy nos da la ciencia, los avances tecnológicos están a nuestro favor.

—Maestro, me han dicho algo de usted.

—Contesta. Y eso que te han dicho, ¿me va bien que me lo digas?

—Más bien no.

—Y eso que te han dicho, ¿tú sabes que es verdad?

—Creo que no.

—¿Y tú crees que, aunque no sea verdad, me puede beneficiar?

—Pues yo creo que no.

—¿Y para qué me lo cuentas?

Los tres filtros es una anécdota de Sócrates, seguro que la has escuchado. Pues es muy simple y muy sabia. Hoy tenemos información de todos lados y la tecnología cada día es más amplia, es un gran campo que resuena en todo el planeta. Así que tú decides.

Mi propósito es curar y hacer feliz a aquellos que encuentro en este camino de la vida, y frente a los acontecimientos de mi vida he decidido que hay dos acciones, vivir con el dolor sin dejar que me hunda; Buda decía: "El dolor es inevitable, el sufrimiento es una opción", y mirar alrededor y ver nuevas posibilidades saliendo siempre fortalecido...

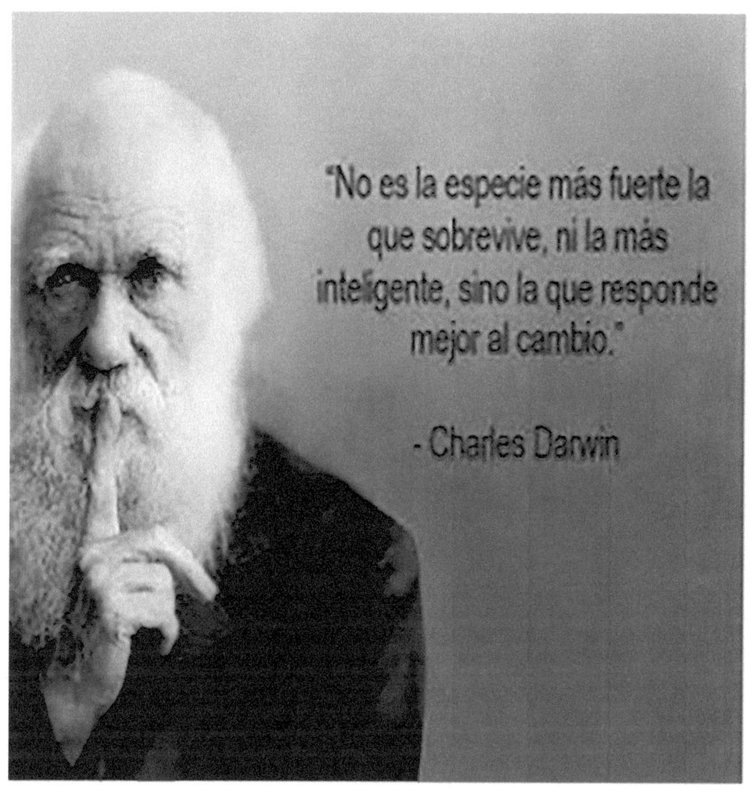

Atrévete a cambiar. No mañana, no después, ¡AHORA!

CAPÍTULO 11

"Espera de mí, lo que recibo de ti"

Dar y recibir forman parte de un mismo proceso, son unos de los grandes principios universales. Cuando das, creas un vacío inmenso que el universo llena multiplicado, cuando recibes, es un acto de gracia por lo que has dado, porque todo lo que siembres, coseches, todo lo que das, recibes, y todo lo que haces a los demás te lo haces a ti mismo.

Si quieres saber cuánto has dado y en qué medida lo has hecho, mira lo que tienes hoy, y si quieres saber lo que tendrás mira lo que estás dando ahora, cada pensamiento emite una vibración, y ella regresa a ti. Si das bondad en cada acto recibirás bondad, si das amor en cada encuentro te será devuelto, si creces en abundancia económica desde pequeño, sin miedo a dejar fluir y sin miedo a perder, esa misma vibración de riqueza te será devuelta multiplicada.

Pero, amigo lector, a mí también me enseñaron a dar a cambio de algo, nos condicionan a ser de una manera, a actuar de aquella forma, a que si no haces esto no te doy lo otro, y se va formando un programa en tu subconsciente de merecimiento, dado por una serie de reglas y normativas, ya sean heredadas de la familia, enseñadas por tus profesores, inculcadas por la sociedad. Y se van añadiendo capas y más capas a la cebolla, y, entonces, ¿dónde queda el principio básico universal? Pues muy escondido, todo se vuelve proyección, y la búsqueda fuera, en los demás. Nos vemos esperando a que nos den, cuando no, una sonrisa, una palabra amable. Recibimos lo que esperamos, lo llamamos o nos creemos que no somos merecedores. Esto va minando nuestro cerebro, como una célula cancerígena que va atacando todo un órgano, y vamos subestimando el poder de cosas tan simples como una caricia, un oído atento, un cumplido honesto o el más mínimo acto de cuidado, todos los cuales tienen el potencial de cambiar la vida.

Estaba un día en un comercio, la gente de la cola se quejaba más y más por la atención de la dependienta. En el preciso momento que me toca mi turno, se produce por algún motivo un cambio. Llega otra chica y con una sonrisa amable me dice: "Por favor, ¿qué desea?". Atraeremos a nuestra vida lo que damos, somos vibración.

Si piensas, amigo mío, en alguna cosa que has dado y entregado, ¿por qué lo diste?

Tenía esperanza de recibir algo a cambio.

Lo di para quedar bien.

Siento alegría en dar, eso es todo.

Estaba yo en casa con un amigo de mi hijo, eran pequeños aún, y lo invito a comer. Nos sentamos a la mesa y yo observo cómo ese niño sonríe con cada bocado, aspira el olor de la comida, come pausadamente, saboreando en su boca, y traga despacio, así todo lo servido, no deja ni un granito de arroz. Cuando termina me mira, sonríe y dice: "Gracias, señora Clara, no he dejado nada, pues no sé cuándo volveré a probar algo tan bien hecho, gracias". Se levanta y me da un beso. Lección aprendida. No hay palabras que puedan expresar tal satisfacción.

"Hay más dicha en dar que en recibir"

JESÚS DE NAZARET

Todas las cosas que nacen de ti las recibirás, así que ¿para qué nos preocupamos tanto en recibir y no nos enfocamos en lo que estamos dando? Pero hay que sentirlo desde nuestra biología, desde donde tenemos la realidad de nuestras emociones, no desde la mente, que solo interpreta y no da la respuesta verdadera. Permítete sentir desde dentro de tu corazón, siéntelo en tu barriga, eres merecedor de todo lo que el universo te depara y mucho más. Eres único y has de vivir esta experiencia de vida llena de gozo, amor y prosperidad. Sé coherente. "Olvido los no puedo, los no valgo".

Practica cada día una sonrisa, no imaginas cuántos músculos se mueven, ni cuánta serotonina se activa en tu cuerpo. Haz un acto de bondad cada día, cuando des, deja de preguntarte: "¿Y para qué lo querrá?". Simplemente da y siente esa gratitud dentro de ti. Cuando te enamores no te bloquees pensando si va a ser o no. Despliega toda esa magia que tienes en ti y entra en el poder del momento presente.

Observa tus creencias, el inconsciente no entiende de bromas, de ironía, ni el sarcasmo. Tu inconsciente guarda toda la información que llevas desde antaño, está ahí. Si tienes miedo al león y sabes que ya no estás en la selva, tu inconsciente lo va a vivir como real y se dispararán todas las reacciones endocrinológicas que lo acompañan, desencadenando el estrés y la ansiedad, para tu mente inconsciente todo es real. Cuando vas a una entrevista de trabajo y comienzas a negativizarte y a entrar en pánico, el resultado será que no lo conseguirás porque el programa de "no voy a ser capaz" estará dominando. Cuestiónate cada vez que estés en una situación de estrés cuál es la creencia que está detrás y reflexiona. Una vez la hayas encontrado observa si es cierta, cuán real es, si te sigue sirviendo en estos momentos y recupera el poder de cambiarla, porque puedes hacerlo.

Hay muchísimas técnicas para lograrlo. En mi caso, comencé con la meditación, las afirmaciones positivas aprendidas con Louise Hay, las visualizaciones, la planificación, los ejercicios del espejo y, sobre todo, practicar, practicar y más practicar. No me creas nada de lo que aquí te escribo. Pero puedes buscar tus caminos, puedes crecer desde dentro de ti, no te falta nada, solo estamos dormidos y necesitamos despertar.

Gracias, gracias a ti, amigo lector, la gratitud es tu herramienta. ¿Alguna vez te has percatado de la profunda sensación que sientes al estar agradecido por algo o incluso solo porque tienes cerca a personas extraordinarias? Te lo comenté en el primer tomo, cuando estuve cerca del monseñor Desmond Tutu. Hay algo mágico cuando empiezas a sentir gratitud. Tómate un descanso, sí, ahora mismo, piensa un segundo en algo por lo que das gracias.

Cuando vives ese sentimiento de gratitud te sientes más abierto, más generoso, más conectado, más consciente y vivo.

Nada ha cambiado más mi vida que practicar la gratitud, cuando la gracia guía mis pensamientos, mis acciones, entonces mi yo interno vibra con mi yo físico y todos mis éxitos y propósitos se sienten satisfechos en una dirección de compasión, con inteligencia, sin mi ego controlador y manipulador, sin el apego a querer cambiar el otro, y enfocándome en qué debo cambiar en mí, que me está mostrando lo externo para aprender de ello. Me conecto desde mi corazón, siento desde mi ser, y es ahí donde mis deseos son cumplidos. Porque mi verdadera realidad nace desde dentro de mí, yo he sido una mujer afortunada en mi vida y doy gracias por todos y cada uno de esos momentos difíciles, me han hecho crecer, empoderarme, me han hecho más humilde, más generosa y más feliz.

La gratitud te hace expandirte en tus relaciones de cada día, ya no insistes en cambiar al otro, no hace falta decir "por tu culpa". Soy quien soy, me amo y me respeto cada día más, soy una persona maravillosa y el mundo me ama.

Los principios no fallan, fallamos las personas. Cuando fui y cada vez que voy a visitar a mi familia y llego a ese aeropuerto de Miami, me doy cuenta de lo cambiada que está mi percepción desde aquel primer viaje en el que estaba llena de rabia, de dolor, de resentimiento. Visité la tumba donde están los restos de mi madre y di gracias: "Tú lo hiciste lo mejor que supiste hacerlo, yo hoy lo hago lo mejor que puedo hacerlo, con mucha compasión. Pedro sigue siendo ese padre que siempre quise tener. Después de veinticuatro años, nos reímos, disfrutamos de una peli, comemos un granizado juntos". Mis familiares los veo llenos de esa divinidad que todos llevamos dentro, cada quien en el camino que le toca recorrer, y hablamos de recuerdos bellos, alegres, de la tía Carmela, de la abuela. Cocinamos aquellos platos tradicionales y hacemos de cada encuentro un momento lleno de paz y gratitud. Ya no trato que nadie haga las cosas como yo quisiera que fuesen, doy gracias por mi aceptación, porque cuando aceptas, creas paz interior.

Comparto este artículo contigo.

La diferencia entre aceptar las cosas tal como son actualmente y estar frustrado porque las cosas no son como quisiéramos que sean.

Cuando no aceptamos los hechos, **lo que realmente es como es**, cuando escapamos hacia algo llamado **"lo que debería ser"**, es decir, un ideal, una ilusión, algo que no existe, esto es lo opuesto de **'lo que es'**, entonces el conflicto es inevitable.

Cuando uno es incapaz de mirar, observar y aceptar lo que realmente estamos sintiendo, entonces evadimos lo que es, cómo es, evadimos la verdad, la realidad, entonces PROYECTAMOS un ideal, "lo que debería ser", esto crea el conflicto y crea nuestro DOLOR EMOCIONAL.

Si son ustedes serios, y quieren aprender a vivir sin conflictos emocionales, verán que existe una manera de vivir en la que no hay ninguna clase de conflicto.

Si les interesa esto, si realmente les importa y quieren vivir una vida más plena, si desean **encontrar un modo de vivir en que no exista ese sentido de LUCHA y de esfuerzo inútil**, entonces, por favor, presten cuidadosamente atención a lo siguiente:

El conflicto existe cuando, haciendo caso omiso de lo que es como es, defendemos la creencia de que "debería de ser" de otra manera. En ese momento,

estamos defendiendo el conflicto, defendiendo el dolor, el sufrimiento, no aceptamos lo que es como es, lo resistimos, eso causa nuestro sufrimiento emocional.

¿Por qué los seres humanos nunca han querido enfrentar "lo que es como es" y siempre han estado intentando escapar de ello, y de esa manera siguen sufriendo?

Francisco Jaramillo.

La revista *Medicine* publicaba hace tres semanas un artículo de revisión que sienta las bases sobre las consecuencias de vivir bajo estrés.

La trascendencia, el valor, del artículo del *New Engranda* reside en que se trata de una revisión. Y así se denomina a los trabajos en los que un experto en una materia concreta del campo de la medicina repasa minuciosamente las mejores investigaciones que se han realizado sobre su especialidad.

El artículo, en el que finalmente se citan ciento trece estudios que han sido difundidos en varias revistas científicas, redefine lo que es el estrés, sus tipos y sus efectos a largo plazo.

O, como dirían los profanos, por qué un trabajador intenta quitarse la vida debido a presiones profesionales. Por qué algunas mujeres enferman de cáncer años después de sufrir una tragedia familiar. O por qué hay ejecutivos que ni fumaban ni bebían y llevaban una vida sana, pero murieron de un infarto tras vivir durante décadas bajo la presión de la cuenta de resultados.

Ante cualquier situación de estrés, externo o interno, el sistema nervioso central, el eje hipotalámico hipofisario (HPA), el sistema cardiovascular, el metabólico y el inmune responden.

El precio que cada persona paga por adaptarse a las situaciones estresantes es lo que el científico Bruce S. McEwen, de la <u>Universidad Rockefeller</u> y autor del artículo de la revista *New Engranda*, denomina carga isostática.

Es, en definitiva, el desgaste que se produce tanto por una actividad extrema o demasiado baja de los sistemas enumerados anteriormente como respuesta a las tensiones.

Fíjate, amigo mío, cómo nos autoagredimos y, lo peor, seguimos culpando a lo externo. No nos responsabilizamos con nuestra salud, con nuestro bienestar financiero, con nuestras relaciones de pareja, con nuestros hijos, nuestros padres, nuestros amigos. Y cada día escogemos más y más el camino del sufrimiento, con la consecuencia del deterioro de la salud del cuerpo.

Me encanta cuando Mario Alonso Puig dice: "Somos seres espirituales en un cuerpo". Hasta cuando lo vamos a esconder o evadir, somos nosotros los responsables de vivir una vida plena con relaciones de calidad. Somos responsables de tener y manifestar una sexualidad llena de placer, pasión y amor. Somos responsables de que la abundancia económica crezca, haciendo lo que queremos, lo que amamos, y aceptando que hemos venido a este mundo a manifestar una experiencia que llamamos vida, punto.

En medio de toda dificultad,
hay una oportunidad

CAPÍTULO 12

La carga alostática, cada vez mayor en las personas estresadas, conlleva a más deterioro de la salud física. En este artículo también se menciona aquellas actividades que pueden disminuir esa carga. Comento:

Inmunidad.- Aunque existe la sospecha, los científicos desconocen aún cuáles son los mecanismos exactos por los que el estrés prolongado puede llegar a provocar cáncer.

Los estudios sobre enfermas de cáncer de mama, explica al mundo Bruce S. McEwen, "argumentan de forma clara que reducir la carga isostática de estas pacientes con apoyo social prolonga su supervivencia. Los mecanismos exactos por los que se produce este hecho no están nada claros. Una de las razones puede ser que la falta de apoyo inhiba a las defensas del sistema inmune y que, por el contrario, el soporte social rompa esta supresión".

Otros trabajos han demostrado que las tensiones nos hacen más vulnerables a las infecciones y a las gripes.

En este sentido, un estudio publicado recientemente en *Psicosomática Medicine* relaciona el estrés postraumático de algunos de los soldados que combatieron en

Vietnam con un mayor riesgo de sufrir enfermedades infecciosas y crónicas.

Según el trabajo, y tras estudiar la historia médica de 1.399 combatientes, se demostró que aquellos que sufrieron estrés postraumático tienen entre un 50 % y un 150 % más de riesgo de padecer problemas graves de circulación, digestivos, músculo-esqueléticos, respiratorios e infecciosos veinte años después de acabar su servicio militar, cuando se les compara con los que no sufrieron estrés postraumático.

Implicaciones.- "Tener en cuenta la carga isostática es cada vez más importante para el diagnóstico y tratamiento de muchas enfermedades", destaca el científico Bruce McEwen.

Pero, sobre todo, este concepto puede resultar relevante a la hora de orientar a los pacientes sobre las medidas que pueden adoptar para proteger su salud de los estragos que causa vivir bajo estrés.

"Los médicos pueden ayudar a sus pacientes a reconocer sus propias limitaciones, a comunicar sus frustraciones y a valorar la importancia de relajarse. También es importante que sepan que el tabaco, la dieta y el alcohol son factores que aumentan los efectos del estrés crónico".

Por lo tanto, si la ciencia ya lo está demostrando y hay miles de estudios hoy en día que soportan cómo nos afectan los factores externos a nuestro sistema biológico, es hora de detenernos y reflexionar conscientemente a qué estamos condenándonos.

Tuve una paciente que venía a consultarme por dolor y molestias en el bajo vientre, caso muy frecuen-

te en las salas de ginecología. Esta chica, al examinarla, tenía un fibroma, crecimiento del útero, que llegaba a los 14 cm de diámetro. Después de realizar todas las investigaciones y análisis pertinentes, se decide realizar un método conservador, que reduciría los miomas y secundariamente el dolor y los sangrados. Pero empatizando con la paciente, cosa que hago muy frecuente, vengo de una escuela en que la relación médico paciente es fundamental y creo que cada día se enseña mucho más, no quiero desviarme del tema. En la historia de esta persona que no pudo tener hijos, aunque en la adolescencia se había practicado una interrupción voluntaria de un embarazo, había una creencia de que no quería hijos, que ella no había sido querida por su madre. "A mí no me abortaron porque era demasiado tarde", fueron sus palabras, y "yo no sería buena madre porque la mía no lo fue conmigo". No voy a dar todos los detalles. Después de autoindagar en sus antecedentes transgeneracionales comprendió el para qué su útero se "enfermó", era una cuestión de protección. El miedo hace a veces bloqueos que nos sorprenden en la práctica diaria, el inconsciente humano siempre va a tratar de proteger la supervivencia y va hacer lo que tiene que hacer para lograrla.

Otro caso muy parecido a la paciente en cuestión, que tenía un poco de práctica de terapias o medicina alternativa, me explica: "Tuve un hijo y casi pierdo la vida. Hubo que ingresarme para darme alimentación nasogástrica, porque la anorexia que tuve en el embarazo llegó a comprometer el bienestar fetal, y mi madre fue lo mismo o peor en mi embarazo. He tenido múltiples tratamientos. Dra., hoy tengo un perro pequeño que trato como a un

bebé, sé que es una sustitución, porque ya mi hijo es un hombre y comprendo que tiene que hacer su propia vida y yo no puedo tener más hijos". El programa de no poder alimentar a la descendencia heredado desde tres generaciones anteriores.

Porque el peligro de un embarazo atenta contra la vida de la persona.

Nuestros programas inconscientes no son ni buenos no malos, son un medio que la naturaleza emplea para proteger biológicamente al individuo.

Enric Corbera en una de sus muchas conferencias plantea:

"Al cuerpo hay que tratarlo, por supuesto, y darle la medicación que corresponda, pero si no sanamos la mente, solo tratamos una parte del problema. La persona tiene que cambiar también sus creencias, sus limitaciones y prejuicios, y de alguna manera el método se vuelve bastante espiritual también, porque aparece el concepto del perdón, desaparece el sentimiento de culpa y se libera ese rol de víctima", continúa el especialista.

"A diferencia de una terapia tradicional, donde un psicólogo indaga sobre la historia del paciente y su familia, la Bioneuroemoción desarrolla una visión cuántica de la historia, es decir, aquello que lo rodea y tiene relación con el sujeto y con lo heredado.

»Somos como detectives que preguntamos situaciones concretas: qué pasó y cuándo, qué conflictos había en ese momento. Todo eso conforma un programa que se expresa y tiene resonancia en el árbol genealógico.

»Las emociones son más importantes de lo que pensamos, afectan a nuestra biología y son el vehículo que el inconsciente recibe. Cuando tenemos un impacto emocional nuestra biología reacciona, notamos que sudan las manos, tenemos dolor de cabeza o una diarrea".

Para explicarlo mejor, Corbera cita otro ejemplo. "El inconsciente cree todo y confunde lo real con lo virtual, si piensas que tu marido te engaña, para el inconsciente es así, aunque no te engañe, y eso te puede dar un problema biológico. Nuestro trabajo consiste precisamente en investigar esto y de dónde viene esa desconfianza. Si la persona recupera la coherencia emocional y está dispuesta a cambiar creencias, ingresa la filosofía y la parte metafísica, es decir, la comprensión", concluye el especialista.

En los casos mencionados anteriormente, las dos pacientes respondieron muy bien al tratamiento, y el caso de la anorexia bulímica mejora gradualmente.

Hay que ver aquello que nos limita, hay que tomar conciencia de que vivimos en una hipnosis. A veces somos como una estatua parlante, habla mucho y no dice nada (je, je). Cuántas veces nos encontramos cosas como: "Me he separado porque se acabó el amor", habría que ver si se puede medir en cantidad, un cubo, una porción, un vaso. Las personas nos comunicamos mal, hay una barrera que no nos permite expresarnos libremente, el qué dirán, el "está mal decirlo", "es un pecado", y muchas más. Cuando aprendemos nuestras limitaciones, sustentadas por unas creencias específicas, en mi caso te diré que mis hijos fueron mis maestros, de hecho, mi hija, que ya creció con todo este material, cuando tiene alguna situación o repite algo que no le gusta viene y se me sienta y me dice:

"A ver, mamá, ¿cuál es el programa ahora? Porque yo lo voy a trascender ya". A mí me hace mucha gracia a veces, pero nos sentamos, lo vemos, yo le doy la información clara de lo que busca, y, si no la tengo, preguntamos, indagamos. Si ha somatizado algo simplemente se toma un ibuprofeno y es consciente del programa y ya está, no hay que hacer nada. No hay juicios. De ahí la importancia de que eduquemos a nuestros hijos para ser maduros emocionales, para saber gestionar sus emociones, para saber cómo observarse y observar sin posicionarse, sin hacer juicio.

Los niños son una esponja, todo lo captan, pero también tienen muy pocos filtros o capas de la cebolla, como digo yo. Tratemos de no ponerles más de la cuenta o al menos ponerles los más sanos posibles, no sé si me hago entender. Ejemplo: si le dices o lo acostumbras de pequeño a: "Niño, ve a ver a la yaya y te regalo un eurito"; nos reímos, es gracioso, pero él va a crecer, y eso se vuelve en "para recibir cariño tengo que pagar". Y millones más, podríamos hacer mil libros de ello. "El dinero no crece en los árboles", ¿sabes la creencia de escasez que lleva implícito? Estamos programados, por favor, vigilemos lo que repetimos por el bien de nuestra descendencia, aspiremos a tener seres más sanos, más maduros emocionalmente y más conscientes. No hay otra manera de tener un mundo mejor.

La sobreprotección es una herramienta que usamos muy frecuentemente, no voy hablar mucho de ello, lo puedes revisar tú mismo, amigo lector, simplemente porque no es algo que practique (je, je, je). Te repito: ayuda a que tus hijos sepan ser independientes, libres, con sabiduría, y esto se logra con ejemplo y mucho amor.

Aún estás aquí conmigo, pues no ha sido fácil, ¿verdad? ¿Y quién dijo que lo sería? Se aprende de ello. Si solo queremos a quien nos quiere, pues mira qué fácil. Cuando encontremos a alguien que simplemente piense diferente, nos vamos a sentir atacados, y créanme, vamos a crear "guerra", pero si solo tenemos que mirar a la historia o más cerca, mira a tu alrededor.

El silencio tiene el poder de conectar. Las personas que aprendemos y practicamos la meditación, al menos en mi caso, hemos encontrado un gran recurso. Cuando silencias la mente y ralentizas tu respiración, el cerebro y todo tu cuerpo funcionan mucho mejor, pero he encontrado algo curioso, mira esto.

Diez grandes empresas que apoyan la meditación para reducir el estrés laboral

Post en angosto, <u>Carola</u>

(Traducido y adaptado de <u>MBA)</u>

Estas son algunas de las empresas que apoyan activamente la práctica de la meditación:

1.- Apple

Steve Jobs siempre quiso contagiar su amor por la meditación a sus empleados, a quienes permitía cogerse treinta minutos al día para meditar en el trabajo, ofreciendo clases de meditación y yoga dentro de la empresa y ofreciendo hasta una sala de meditación.

2.- Prentice Hall Publishing

Ha creado un espacio de meditación dentro de su sede central al que llaman *Quiet Room*. Los empleados pueden tomarse un descanso y utilizar ese espacio para meditar, rezar o reflexionar en silencio cuando se sienten estresados.

3. Google

Chade-Meng Tan ha trabajado mucho para llevar la meditación al lugar del trabajo y ha creado un programa llamado "Busca en tu Interior", que ha ayudado a más de quinientos empleados a respirar conscientemente, escuchar a sus compañeros y mejorar su inteligencia emocional. Google también ofrece un espacio para la meditación y cursos de meditación regularmente confiando en que la meditación puede mejorar no solo la salud mental de los empleados, sino también el equilibrio general dentro de la empresa.

4. Nike

El lema de Nike, *Just do it,* parece que también se aplica a la meditación. Sus empleados tienen acceso a salas donde pueden echarse una siesta, rezar y, por supuesto, meditar. Además, pueden ir a clase de yoga y meditación sin salir de la oficina.

5. AOL Time Warner

En el 2000, AOL Time Warner redujo su personal de ochocientas cincuenta a quinientas personas, con lo que los empleados tuvieron que trabajar más con menos ayuda.Para ayudarles con sus nuevos horarios más largos y llenos, la empresa introdujo clases de meditación en el horario laboral o también la posibilidad de retirarse a una sala para relajarse y renovarse antes de volver a su jornada laboral de doce horas.

6. McKinsey and Co.

Esta consultora con sede en Illinois ha introducido la meditación como parte de la estrategia de Recursos Humanos para contribuir a la salud y el bienestar de los trabajadores. La compañía está desarrollando programas de meditación y de autoanálisis no solo para sus empleados sino también para otras corporaciones multimillonarias también. Como ejemplo, McKinsey desarrolló un programa de meditación para un cliente australiano que ahorró a la compañía más de 20 millones de dólares.

7. Yahoo

Otra compañía tecnológica que está haciendo todo lo posible por reducir el estrés laboral. Los empleados de Yahoo pueden utilizar salas de meditación o participar en clases gratis en la misma oficina.

8. Deutsche Bank

Aunque podría parecer una empresa demasiado tradicional para ello, llevan varios años ofreciendo clases de meditación y salas para retirarse en silencio dentro de sus oficinas, esperando que esto pueda ayudar a reducir el estrés laboral y contribuir a mentes más equilibradas.

9. Procter and Gamble

Su director, A. G. Lafley, está dedicado a su propia práctica de meditación y piensa que tiene mucho que ofrecer a sus empleados también. La compañía ofrece una gran variedad de programas de bienestar y salud que incluyen clases de meditación dentro de sus oficinas.

10. HBO

Aunque los programas de televisión que ofrece HBO pueden convertir a los espectadores en adictos al sofá, HBO ofrece a sus empleados una gran variedad de recursos para ayudarles a estar saludables tanto mental como físicamente, con gimnasios, clases de yoga y de meditación, gratis y dentro de la oficina. Quizá esto haya contribuido a inspirarles para su nuevo show *Enlightened*.

Entonces, ¿qué piensas, amigo mío? Y no hay que ir al Tíbet, ni convertirte en monje, ni ser gurú, ni hacer peregrinaciones. Ahí lo tienes, meditar tiene muchas ventajas, y, como siempre, no me creas, practícalo.

Yo comencé a meditar o a practicar la meditación en un momento de mi vida de mucho estrés, ya te conté. Cuando tuve a mi hija, el sobrepeso, las circunstancias, me llegaron a afectar mi sistema inmunológico, y en medio de tanta angustia encontré un curso de autosanación y ahí comenzó mi práctica de meditación zen. Luego vino mucho trabajo y estudio, desde Louise Hay, Deepak Chopra y muchos más, pero la clave estaba en practicar cada día. No modificas una creencia o una conducta de la noche a la mañana, es una dedicación y un compromiso. Te repito: no me creas, prueba y verás resultados.

Meditar es un proceso sencillo y natural, basta con sentarte en silencio y observar tu respiración, relajado, espontáneo, nada que forzar. Ayuda a la concentración y la claridad mental a reparar ese desgaste diario que se produce en nuestro sistema nervioso, fortaleciendo nuestro sistema inmunológico.

El *mindfulness*, tal como lo entendemos en Occidente, nos lleva a la experiencia de la consciencia plena, la realidad del momento presente. Facilita que gestionemos mejor nuestro estrés, es una herramienta que nos proporciona bienestar y salud física y mental.

Somos responsables de cuidar nuestro cuerpo y nuestra mente porque son uno.

El silencio
también tiene
tiene
respuestas.
Amor,Corazón,Visión

CAPÍTULO 13

¿Cuándo dejamos ir nuestros miedos infundados más que reales? Tenemos tantos sistemas de creencias, que estamos ciegos a lo obvio. Por un extremo seguimos caminos espirituales que nos llevan a desconectarnos totalmente del otro, como si eso fuera posible, renunciamos hasta el punto de vivir en una escasez justificativa que al final nos hace infelices, o somos tan extremistas y escépticos que nos quedamos a la espera de aquello que nunca llega porque aún no se ha descubierto.

Sin embargo, amigo lector, el estado alcanzado por los grandes sabios de la historia humana siempre ha estado ahí, a nuestra disposición, que no lo hayamos sabido utilizar es solo nuestro. Nuestro maestro interior siempre ha estado ahí y cuando te encuentres con él entenderás el mensaje que todos los sabios han querido transmitir, lo entenderás porque la verdad es evidente por sí misma y está en tu propio ser.

Cuando dejas ir, tienes esa sensación de ligereza, has dejado un gran peso que te has quitado de encima. ¿Alguna vez te has sentido así? Seguro que sí. He estado en discusiones fuertes, rabiosas, y de momento te das cuenta de que es ridículo, y empiezas a reír, sí, solo a reír. Y entonces sientes esa libertad y felicidad de lo absurdo que estaba siendo, ¿nunca te ha pasado?

La represión, la negación y la proyección siempre van unidas, bloqueándonos constantemente, y en lugar de sentirlas, las proyectamos fuera, en el mundo que nos rodea. Ya lo vimos antes en el principio del mentalismo, las personas tienen miedo de enfrentarse a sí mismas por lo que puedan encontrar, y lo disipamos con altas dosis de televisión, de alcohol, de sexo irrefrenable, de drogas, en un intento desesperado de escape, pero, ¿de qué estás escapando? Presionando y reprimiendo cada vez más, como una olla exprés, en una válvula defectuosa… y seguro volará por encima de tu cabeza haciendo como mínimo un gran desastre en tu cocina, je, je, je. Para una persona que vive con miedo este mundo es aterrador y vemos aquello de "es que yo soy hipocondriaca", y tanto, señora, y tanto.

Deja de hacer el tonto y deja ir todo ese sentir y resentir que llevas dentro. Deja que el sentimiento este ahí, deja que siga su curso, y céntrate en dejar escapar la energía tóxica que trae consigo. No te resiste porque persiste, ya lo dijo Jung mucho antes que tú y yo. Llegaremos a esta tierra, y cuando dejes ir solo céntrate en lo que sientes, no le pongas etiquetas, no te enfoques en los pensamientos, no lo condenes, airéalo, déjate estar. Verás cómo se va aligerando y desaparece o surge algo nuevo más tenue, menos frustrante. Mira el miedo tras la resistencia... Quizás no sepas que se han hecho estudios en la escala de las emociones, sí, lo voy a compartir contigo. A mí me resultó revelador, por eso de que somos vibración, verdad y somos energía. Pues Hawking, el famoso investigador y psiquiatra, nos dejó esto. Echémosle un vistazo, si te apetece, claro está. Aquí nada de obligaciones.

Paz (600): Esto se experimenta como perfección, felicidad, fluidez y unidad. Es un estado de no-dualidad más allá de la separación y más allá del intelecto, en tanto que "paz que sobrepasa todo entendimiento". Se describe como Iluminación y Entendimiento. Es rara en el reino humano.

Alegría (540): El amor que es incondicional e inmutable a pesar de las circunstancias y las acciones de los demás. El mundo se ilumina con una exquisita belleza, que es vista en todas las cosas. La perfección de la creación es evidente por sí misma. Hay una cercanía a la unidad y al descubrimiento del Ser, compasión por todo, enorme paciencia, sentimiento de unidad con los demás y preocupación por su felicidad. Una sensación de autorrealización y autosuficiencia prevalece.

Amor (500): Una forma de ser que perdona, nutre y apoya. Que no procede de la mente, sino que emana del corazón. El Amor se centra en la esencia de una situación, no en los detalles. Trata las generalidades y no de las particularidades. A medida que la percepción es reemplazada por la visión, no toma posición y ve el valor intrínseco y la amabilidad de todo lo que existe.

Razón (400): Este aspecto distingue a los humanos del mundo animal. Existe la posibilidad de ver las cosas en abstracto, de conceptualizar, de ser objetivos y tomar decisiones rápidas y correctas. Su utilidad es enorme para la resolución de problemas. La ciencia, la filosofía, la medicina y la lógica son expresiones de este nivel.

Aceptación (350): Esta energía es fácil de llevar, relajada y armoniosa, flexible, incluyente y libre de resistencias internas. "La vida va bien". "Tú y yo estamos bien". "Me siento conectado". Cumples con la vida en los términos de la vida. No hay necesidad de culpar a otros o culpar a la vida.

Voluntad (310): Esta energía sirve a la supervivencia en virtud de una actitud positiva que da la bienvenida a todas las expresiones de la vida. Es amable, servicial, quiere ayudar y trata de estar al servicio.

Neutralidad (250): Se trata de una forma de vida que es cómoda, práctica y está relativamente libre de emotividad. "Se está bien de cualquier manera." Está libre de posiciones rígidas, es no crítica y no competitiva.

Coraje (200): Esta energía dice "puedo hacerlo". Está determinada, entusiasmada con la vida, la productividad, la independencia y el autoempoderamiento. La acción efectiva es posible.

Orgullo (175): "Mi manera es la mejor manera", dice este nivel. Su enfoque es el logro, el deseo de reconocimiento, lo especial y el perfeccionismo. Se siente "mejor que…" y superior a los demás.

Ira (150): Esta energía se sobrepone al origen del miedo con la fuerza, las amenazas y el ataque. Es irritable, explosiva, amarga, volátil y resentida. Le gusta "vengarse", como un "ya te enseñaré".

Deseo (125): Siempre se busca la ganancia, la adquisición, el placer y el "obtener" algo que está fuera de uno mismo. Es insaciable, nunca está satisfecha y anhela. "He de tenerlo". "¡Dame lo que quiero, y dámelo ahora!".

Miedo (100): Esta energía ve "peligros" que están en todas partes. Es evasiva, defensiva, está preocupada por la seguridad, es posesiva, celosa de los demás, inquieta, ansiosa y vigilante.

Sufrimiento (75): Hay impotencia, desesperación, pérdida, pesar y sentimiento de "Si yo tuviera...". Separación. Depresión. Tristeza. Ser un "perdedor". Tristeza, como un "No puedo seguir."

Apatía (50): Esta energía se caracteriza por la desesperanza, el hacerse el muerto, estar en "fuga" de los demás, estar inmovilizado y los sentimientos: "No puedo" y "¿A quién le importa?". La pobreza es común.

Culpa (30): En este campo de energía, uno quiere castigar y ser castigado. Esto conduce al autorrechazo, al masoquismo, al remordimiento, al "sentirse mal" y al autosabotaje. "Todo es error mío". La propensión a los accidentes, la conducta suicida y la proyección del autoodio sobre los demás que son "malos" es común. Es la base de muchas enfermedades psicosomáticas.

Vergüenza (20): Se caracteriza por la humillación, como "enrojecer de vergüenza". Tradicionalmente se la ha acompañado con el destierro. Es destructiva para la salud y lleva a la crueldad con uno mismo y los demás.

¿Te has sorprendido? Pues mira, yo también. Bueno, aunque no tanto. Los años enseñan y, si eres de casi sesenta, la vida te ha ido enseñando algo, ¿a que sí? Cuando yo aprendí a aplicar los principios que rigen este universo y a practicarlos, a comprenderlos, me di cuenta primero de dónde estaba hace veinte años y cómo el camino me hizo avanzar. ¡Bravo! Tú también puedes decirlo, y si algo sabemos tú y yo es que hay que cambiar y mejorar la energía en la que vibramos. Ya no repetimos y somos más conscientes, ya disfrutamos mucho más de una tarde soleada con un buen café, una noche romántica, con o sin cena, pero con ese alguien que nos complementa y con el cual compartimos ese encuentro mezclado de sensaciones y química al que llamamos placer, o damos un paseo y vemos a los niños sonreír en un parque recordando nuestra inocencia. Y claro que disfrutamos lo que hacemos y ni siquiera lo llamamos trabajo, porque nos da tanta satisfacción dar un servicio, que podrá cansar físicamente, pero que nos regocija el poder hacer lo que queremos y eso nos quiere también a nosotros. ¿Has visto qué bien es relajarse? ¿Qué sensación de paz interior y felicidad sientes? Pues solamente has dejado ir, aquí y en este instante te doy las gracias.

Démosle luz a todo eso que llevamos en la "sombra" y disfrutemos de días llenos de vitalidad y ganas de vivir. Es hora de que cuidemos nuestro cuerpo y lo ejercitemos como mejor queramos, vale todo. Siéntete a gusto con quién quieras y dónde quieras, ya sea el mejor gym o los simplemente setecientos pasos recomendados fisiológicamente, yo lo practico, créeme.

Tenemos un cuerpo que es pura bioquímica, pues hay que equilibrarlo, y los alimentos que le damos más que aderezarlos con sal y pimienta, no olvidemos echarle armonía y gratitud. Vive tu sexualidad a plenitud, ya hablaremos en otra ocasión de cómo crear relaciones sanas y plenas, y hablaremos también de cómo desprogramar nuestras creencias de escasez y aceptar que somos capaces de crear toda la abundancia que queramos, todo el dinero de papel que soñamos, o el coche que nos ilusiona tanto, o la casa a orillas de la playa o en medio del monte… Somos seres creadores, creamos con nuestra mente y luego lo colapsamos en la realidad material. No olvides que los principios no fallan, la ley de la atracción funciona para todos y cada uno de los seres de este universo.

Cuando dejé de culpar, experimenté el perdón. Cuando tengo un problema veo una posibilidad, que, dicho sea de paso, bendigo los problemas, son la lección que nos pone en movimiento, son nuestro motor evolutivo, si no, no estuviésemos aquí, mi abuela siempre repetía esta frase.

Dios, concédeme la serenidad para aceptar las cosas que no puedo cambiar, el valor para cambiar aquellas que puedo y la sabiduría para reconocer la diferencia.

Eso es ser consciente, pero se interpone el miedo y no confiamos, no tenemos fe. Como decía Jesús a sus discípulos:

> *"Si tuvierais la fe de un grano de mostaza, moveríais montañas".*

Al dejar ir constantemente los sentimientos negativos, vamos curando el dolor presente y prevemos profilácticamente el dolor del futuro; el miedo es reemplazado por la confianza y experimentamos mayor bienestar.

Recuerdo una vez en un curso, el ponente entró en la sala y dijo: "Aquí se respira tanto miedo, que parece pandémico". Y es que el miedo hoy en nuestra sociedad moderna e hipertecnológica es pandémico y es la emoción predominante que domina al mundo. Joder, cada día nos hacemos más mediocres, ¿y dónde queda la excelencia? ¿Dónde estamos dejando lo mejor de cada uno de nosotros? Se nos ha olvidado que somos "divinos". El consumo de tranquilizantes y ansiolíticos aumenta inconmensurablemente por día, los trastornos de sueño nos están atrapando en un estado de inconciencia aterradora, y hay casos que esto lo han llevado a un extremo de pánico, acompañado de estados depresivos en que el paciente no se levanta por miedo a salir da la calle, y no mencionemos las cifras de suicidio, que crecen por días.

Amigo lector, échale un vistazo a la lista anterior, sí, a esa que hemos puesto sobre las emociones, y vamos a ver si llegamos al coraje o al menos trabajemos en ello, y que no nos hunda ni la vergüenza, ni la ira, y mucho menos la apatía.

Si, por el contrario, los beneficios del amor son inigualables, imagina al amor como la luz del sol, no se acaba, y veamos los pensamientos negativos como nubes. Elimina las nubes y verás que el sol siempre está ahí, y deja que la lluvia lave y nutra toda la suciedad, dejando atrás el puto pasado. Cuando vibras alto, estás alto, eres ligero, flotas, fluyes. Recuerda cuando te enamoraste esa primera vez, ¿no eras como una plumita que soplas al aire y se eleva? Y cuando te dieron el primer plantón, fuiste siendo más pesado y más, como el plomo, y si no te hundiste, pues mira, mucho mejor. Quizás estés aquí conmigo, vibrando en algo más que coraje, ¿verdad? Casi en amor. Vamos bien, amigo, llevamos el camino correcto.

norfipc.com
El objetivo no es ser
mejor que otra persona,
sino ser mejor que
nuestra versión de ayer.
Dalai Lama

CAPÍTULO 14

Cuando vivimos según la referencia al objeto, es decir, desde lo externo, sentimos una necesidad de controlarlo todo, sentimos una intensa necesidad de tener poder externo, la necesidad de aprobación y de controlar las cosas, hasta el mínimo evento o circunstancia de nuestro día a día. Y este poder es falso, solo nos lleva a ser más dependientes, con la consiguiente justificación constante, la excusa, el autosabotaje mental y la ansiedad.

Nuestro verdadero yo es interno, es espíritu, nuestra alma, y está libre de críticas, no le teme a los desafíos y no se siente inferior a nadie. Es humilde y no se siente superior tampoco a nadie. Es autorreferente porque es consciente de que todos los demás son el mismo yo, diría yo que el mismo espíritu con diferentes disfraces. El poder interno respeta la diferencia y la individualidad. Es potencial puro, es el verdadero poder. Cuando te sientas en silencio o te permites un momento de meditación, conectas con ese yo interior, estás en calma, estás en paz y se despliega ese poder creativo de dar y recibir. A veces me propongo simplemente regalar una flor, una sonrisa, una frase amable, dinero, doy algo, sin la referencia de esperar a cambio. Me permito solo "ser".

"Hoy no juzgaré nada de lo que suceda y durante todo el día me repito: No juzgaré".

En el universo nada es estático, incluso nuestro cuerpo está en constante intercambio. Nuestra mente, nuestro cuerpo, interactúan armónicamente con la naturaleza, con el universo cósmico. "Afluencia" viene del latín affluere, que significa "fluir hacia", fluir en abundancia. Si impedimos que nuestra circulación fluya traerá graves consecuencias para nuestro sistema circulatorio y cardiovascular, ¿no es así? Pues lo mismo ocurre cuando no dejamos fluir el dinero, si nuestra única intención es acaparar dinero y aferrarnos a él, este se estanca impidiendo que el universo nos lo haga circular en nuestra vida, porque el dinero es energía vital (je, je, je). Para que esa energía fluya constantemente hacia nosotros debemos mantenerla en circulación, al igual que un río en su corriente, debemos mantener su fluir constante, si no se estanca, se estrangula, se sofoca, se obstruye. La circulación lo mantiene vivo, vital.

Ya vimos en los principios anteriormente mencionados en el Capítulo 11: si quieres alegría en tu vida, pues da alegría, si deseamos atención y aprecio, pues prestemos atención a otros, si queremos más riqueza en nuestra vida, pues ayudemos a otros a conseguirla. La mejor manera de obtener lo que queremos es ayudando a otros a conseguir lo que ellos desean, es un constante fluir de dar y recibir.

Recibe con gratitud todos los regalos que la vida te dé. Recibe con gratitud lo que la naturaleza te ofrece, la luz del sol, la lluvia, el canto de los pájaros, y ábrete a recibir de otros ya sea un regalo material, dinero, cariño, un elogio, una oración.

Cada vez que me encuentro con alguien le deseo en silencio felicidad, alegría y bienestar.

Solo tengo que practicar, practicar y practicar.

Toda acción genera una fuerza que vuelve a nosotros. Pávlov se hizo famoso dándole de comer a un perro cada vez que tocaba una campana, demostrando la asociación de un estímulo con otro. El alma es un haz de consciencia, en el cual residen las semillas de lo que llamamos karma, el recuerdo y el deseo. Cuando tomamos conciencia de esto, nos convertimos en generadores de realidad consciente porque tomamos y hacemos elecciones desde nuestro interior.

Siempre que hago o tengo que tomar una decisión importante, reflexiono y me pregunto: "¿Cuáles son las consecuencias de esta decisión? ¿Traerá esta decisión felicidad y realización tanto para mí como para aquellos a los que afecta?".

Cuando observamos a la naturaleza, vemos que las flores crecen sin el menor esfuerzo, la hierba no hace ningún esfuerzo para crecer, simplemente crece, las aves simplemente vuelan, es su naturaleza intrínseca. La inteligencia de la naturaleza es holística, intuitiva, estimulante, no se resiste, no es defensiva. Cuando los humanos nos resistimos y nos aferramos a nuestros puntos de vista, creamos una "guerra", sino solo tenemos que mirar un poquito a la historia humana.

Hay días en que me despierto y solo digo: "Hoy aceptaré las circunstancias, las personas, los sucesos, tal y como se presenten y no como quisiera que fuesen desde mi punto de vista, desde mi ego. Y sabré que el momento es como es, perfecto, porque hay un poder, una inteligencia superior, y todo el universo es como debe ser. Hoy mi conciencia no se defenderá y me haré responsable de cómo este día se presente". Y no me creas, pero los resultados son espectaculares. ¿No lo has comprobado? Ese día que salgo y simplemente dejo que las cosas pasen he generado hasta novecientos euros en una tarde.

Somos fuente de información y energía, y ya lo dijo el gran físico de la historia: "La energía ni se crea ni se destruye, solo se transforma". Sí, la atención da energía, y la intención transforma. La naturaleza es una sinfonía y el cuerpo humano es también una sinfonía. Allí donde pones la atención, diriges la energía, allí donde plantas en terreno fértil, se dirige tu intención. Somos cocreadores, el pasado, el presente y el futuro son propiedades de la conciencia humana, observa dónde diriges tu atención y qué intención pones.

Aceptar el presente no permitiendo que los obstáculos me distraigan, enfocarme en lo que deseo, para mí ha sido de mucho trabajo. No, no es fácil, es un camino que hay que limpiar de maleza constantemente, porque muchas veces las cosas no han sido como he querido. Y ahí hay una razón, me guste o no, pero he aprendido que esos momentos, si se aprovechan, son una gran oportunidad llena de posibilidades.

Para proyectar el futuro a través de mis intenciones y deseos. Los sueños se cumplen, amigo lector, se cumplen, nunca abandones, no tires la toalla, seguro lo vas a lograr.

¿Qué es la oportunidad si no lo que está contenido en todo eso que llamamos problema? Cada desafío, cada dificultad, es la semilla para un bien mayor, para un gran beneficio. La incertidumbre es un elemento esencial, si no, no tuviera fe. En un gran momento de mi vida en el que necesitaba una solución y estaba a punto de resignarme, no lo hice, confié en esa sabiduría interna, en esa intuición que habla a través del corazón y salí de Cuba, de unas circunstancias personales que pensé no podría superar, gané algo que había perdido, la fe.

Siempre sé que hay opciones, que hay posibilidades, cuando me mantengo abierta a la infinidad de alternativas. Aunque no las vea, sé que están ahí y es entonces cuando experimento todo el regocijo, la aventura, la magia, el milagro y el misterio de la vida.

Maravilloso, ¿verdad? Y difícil, pero no imposible, además, te confieso algo, es simple.

Cada uno de nosotros está aquí para descubrir su verdadero yo, para descubrir por su cuenta que ese yo es espiritual. Porque en esencia somos seres espirituales que han adoptado una forma física para manifestarse, o, si te gusta más, somos conciencia pura y dura que venimos a ser conscientes y pertenecemos o somos parte de toda esa inteligencia o consciencia universal cósmica, ¿vale? La física cuántica a mí me vale, cada día la aceptamos más, cada día la ciencia y la religión confluyen en más puntos.

Descubramos nuestra divinidad, encontremos ese talento único y sirvamos a la humanidad con él. Hay un Dios en embrión que reside en tu alma, prestémosle atención al espíritu interior que anima al cuerpo y a la mente. Despertar no es más que mantener la consciencia del ser atemporal en medio de la experiencia limitada por el tiempo. Cuando expresamos ese talento único y lo utilizamos al servicio de otros, se pierde la noción del tiempo y entonces producimos abundancia en nuestra vida y en la de los demás.

Esta existencia nuestra es tan transitoria como las nubes del otoño. Observar el nacimiento y la muerte de los seres es como mirar los movimientos de una danza. Una vida es como un relámpago en el cielo, que se desliza veloz como un torrente por la pendiente de una montaña.

BE

CAPÍTULO 15

Querido lector, llevar a mi vida lo que aprendo cada día conlleva estudiar, leer, contactar y entrar en interacción con otros que ya han hecho el camino, que están más adelante, que han tenido resultados fructíferos en sus vidas y su mayor propósito es ayudar cada día a más y más personas, es su humilde y gran contribución. Para mí ha sido esencial.

Estoy en una consulta y tengo a una paciente que me cuenta:

"Dra., yo estoy en un estado depresivo desde que tuve la menopausia, es como si no fuera yo misma, ya no me siento mujer, he perdido todo el poder". "¿Cuál es el estrés? ¿Y desde cuándo?". "Recuerdo la última vez hace ya unos años, estaba con mi familia y amigos cuando recibí la noticia de la muerte de mi padre. Sentí pena, pero no lloré, las lágrimas no salían. No podía quitarme de mi mente al hombre comunista, dictador, que me había prácticamente echado de casa a los dieciocho años porque me había enamorado de un hombre negro y latino. El que me había hablado de igualdad estaba ante mí diciendo palabras horrorosas y que no aprobaba esta relación, era un verdadero escándalo". Pregunto: "¿Es este el único momento de violencia vivido?". "No, Dra., qué va. Ya con ocho años mi hermana y yo llegamos un día algo tarde,

veníamos de hacer un recado, y tomó un cinto en su mano y comenzó a pegarle. Yo no sabía qué hacer, era una niña y, aun así, aterrada, me interpuse y le agarré la mano para que dejara de pegarle, y me derrumbo en el suelo. Esto se repetía muchas veces, con mi madre creo que también". Pregunto: "¿Dónde está tu madre en estas escenas?". "No sé, la veo sentada, tiene mucho miedo y solo llora, está enferma, tiene úlceras en las piernas y una obesidad mórbida". Pregunto: "¿Podemos volver a ese momento que te dan la noticia de su muerte? ¿Puedes ahora decir qué sientes?". "Rabia, mucha rabia, odio, era un maltratador, me hizo sufrir mucho en la vida a mí y a mi hermana, por eso al final me casé con un guardia civil, y estoy hablando aún de la época de Franco. Pero mi abuelo también lo maltrataba, él fue víctima también de mucho maltrato cuando niño". Pregunto: "¿Si pudieras decirle algo a tu padre, qué le dirías?". "Pues que ahora puedo comprender un poco, no lo justifico, pero nunca bailó conmigo, nunca hubo una palabra de afecto, nunca un abrazo. Le diría que esas cosas eran más importantes que dictar normas y proveernos de una vida material sin escasez, pero carente de amor. Era como si nunca hubiese estado. Le diría que lo perdono, pero no lo quise, por eso no lloré, ahora lo comprendo".

Las mujeres pasamos por diferentes etapas biológicas, una de ellas es la menopausia y con la consecuente desaparición de sus ciclos menstruales. La regla, para muchas, representa arquetípicamente signo de fertilidad, de vitalidad, de juventud y de poder, pero cuando se ha tenido infancias como estas, y se une la pérdida de una persona como el padre y coincide con la pérdida del hecho de ser "mujer", el programa de dependencia y maltrato condiciona mucho en estos casos, somatizándose toda clase de síntomas, desde el sofoco exagerado, la pérdida de la libido, cefaleas de tipo migraña, ansiedad y depresión. A veces la culpabilidad está muy escondida y no se expresan las emociones verdaderas, escondiéndose detrás de patrones emocionales sociales o aceptables, que son secundarios, no primarios. Ayudar o acompañar a las mujeres a ser conscientes de que esto es un proceso biológico, que ella no puede cambiar los hechos, pero sí que los puede vivir o experimentar desde una manera diferente, no solo es beneficioso, sino que mejora mucho los síntomas, como gestionar las emociones asociadas, hacer el papel de víctima solo empeora la situación. Autoindagar en esos programas le permite comprender y perdonarse, sobre todo a ella, recuperando su empoderamiento y viviendo esta etapa desde la sabiduría y la coherencia. No tienes que obligarte a sentir lo que no es o hacer lo que no quieres, tus padres tuvieron unas circunstancias y no supieron hacerlo mejor, pero tú puedes cambiar cómo lo quieres vivir.

Este caso en especial personalmente me impresionó mucho, es decir, resonaba mucho. Después tuve más información de la misma paciente sobre la época de los partidistas españoles, comunistas, al fin y al cabo, dictadura es lo mismo sea de derecha y de izquierda, y también sobre los prejuicios raciales y las normas y conductas rígidas y sinsentido. Yo lo había vivido en otro país, otra época, pero era lo mismo, ¡sorprendente! Cada día aprendo más y doy gracias por ello.

Solo un día después, me llamó la chica y me dijo: "Hoy he amanecido sin mareos y no me duele la cabeza".

Por supuesto que se le puso tratamiento y se dieron indicaciones de mejoras en su actividad diaria, como incorporar la práctica de ejercicio, que eleva las endorfinas y la dopamina, una dieta rica en triptófanos y con alimentos alcalinos, y buscar el apoyo de un psicólogo o sexólogo, de mucha utilidad en el seguimiento de estas pacientes.

Escuchar a veces es una herramienta que no utilizamos, sin embargo, es de tanta ayuda.

No olvides que la menopausia no es una enfermedad. Simplemente es un proceso natural en el que tu cuerpo se readapta. Para seguir cumpliendo años con salud solo tienes que tomarte esta nueva etapa con positividad y optimismo. ¡Ser mujer es un regalo maravilloso!

Para mejorar la AUTOESTIMA también es importante vivir buenos momentos. ¿Qué te gusta hacer? Si te gusta bailar, cocinar, aprender, ir al monte, bañarte en la playa, comer un helado, prepararte un baño o tomarte un tiempo para leer un buen libro.

Esos regalos son también regalos para la autoestima, porque cuando haces lo que te gusta, inmediatamente te sientes mejor y los pensamientos negativos se difuminan. Prueba y verás el resultado.

TÚ PUEDES VIVIR LA VIDA QUE REALMENTE QUIERES. ATRÉVETE A EMPODERARTE. ES AHORA O NUNCA.

CAPÍTULO 16

Amigo mío, cuando la vida te trae aquellas experiencias que han dolido, aprende de ellas, cada lección es una oportunidad para trascender. Yo estuve ahí donde quizás estés tú ahora, también fui víctima, y repetía patrones y seguía haciendo lo mismo hasta que toqué fondo y me dije: "¡Ya basta!". Y no comprendía que era la protagonista, la hacedora de mis días y mis noches, y estaba pagándolo muy caro cuando comencé a tomar conciencia y a darme cuenta de que solo yo podía hacer el cambio que quería ver en mi vida, que veía en función de mis filtros mentales, y estos eran muy negativos. El programa mental era fatídico, todo era mentira, era mi interpretación y, lo peor, me posicionaba pensando que era verdad, mi verdad.

Todas las putadas que he vivido me enseñaron a convertirme en alguien que hoy es capaz de levantarse si cae, de gestionar desde mi interior y saber decir no cuando es no. Cada día soy más coherente, amo lo que hago y me siento cada vez más completa, y vivo cada momento tal cual es, sin juicio, sabiendo que hay siempre un bien mayor porque somos uno con el universo, somos todos parte de un gran todo.

No se trata de hacer o no hacer, se trata de ser asertivo, se trata de respetar al otro tal como es y aceptarlo, dejar de querer cambiarlo, pero dejar claro que lo que quieres compartir con el otro es lo que es. Deja la hipocresía del falso sacrificio, el *"tengo que"* o el manido *"es que debo hacer".*

Haz lo que sientes, desde el amor, desde la empatía, desde el corazón. Conviértete en tu propio maestro, nos podemos quejar de mil cosas o podemos decidir vivirlo de otra manera. Fluye, porque todo tiene una razón de ser. Cuando yo me divorcié me quedé sin coche y yo no conduzco, pues mira, después de tantos años uso el servicio público, me relaciono y con múltiples personas, escucho historias, me rio con el taxista de buen humor, camino, hago ejercicio y tan feliz como una perdiz. Es una experiencia nueva y divertida. El aquello de "Ay, ¡pobre de mí!" aniquila tu salud, es tóxico. No vivas de excusas, entiende que las dificultades del camino de la vida son oportunidades que te van a fortalecer.

El universo es perfecto, nada es no mejor ni peor, es simplemente ¡perfecto! Cuántas veces has oído a tu amigo o amiga quejarse: "En esta empresa no me consideran, no me suben el sueldo", etcétera, etcétera… Pues coño, deja la empresa y emprende un proyecto. Conviértete en un gran emprendedor. ¿Sabes cuántos hay? Mira a tu alrededor. Ahhh, pero si quieres volar como águilas, no te rodees de pavos, porque no vas a volar. ¿Me entiendes, corazón? Habla un poco más, dialoga, comunícate y no pienses tanto, y, peor aún, no des por hecho que sabes lo que piensa el otro, ¡mentira! Es más, no es posible. ¿Qué es aquello que sabes hacer? Todos tenemos un don, no hace falta cambiar al mundo, cambia tú.

Yo encontré mi propósito de vida cuando me di cuenta de que servir al otro me producía una gran satisfacción, y ese es mi don, curar y hacer feliz al que me encuentro y me acepta en el camino… compartir, servir…

Y lo hago desde aquí dentro, y los que no me gustan me enseñan, esos que llamamos enemigos son mi fuerza. Tienes un don y si no te envío unas circunstancias para que te alinees, te lo vas a perder. Mira tu alma, escoge la experiencia que ha venido a vivir, ¿verdad? Pues te lo va a repetir y a repetir hasta que te alinees con el universo cósmico, nada es casual, el azar no existe. Y todo tiene un precio, así que dejemos de quejarnos de las gratuidades y seamos dignos merecedores del presente.

Amigo lector, tómate un respiro, cuando veas la próxima vez la dificultad, reflexiona y pregúntate: "¿Quién quiero ser yo con respecto a esta situación?". Y cualquier acción que debas tomar que nunca sea contra el otro, porque no hay otro, hay resonancias. ¡Tú te casaste con esa persona! Toma las acciones que tengas que tomar, pero nunca con resentimiento, nunca contra el otro, esto se llama compasión, se llama inteligencia emocional. Sé un maestro.

No te creas nada, pero puedes practicar, practicar y practicar.

El instante es el momento de máxima creación, lo que condenas lo vas a vivir. Comprende y libera, hay que saber abrirse a la incertidumbre, no confundas lo doloroso con lo malo y lo placentero con lo bueno. Gracias a lo doloroso aprendes. Cuida tu pensamiento, es tu peor enemigo. Y para que un pensamiento se convierta en carne, hace falta una creencia, cuestiónate todo. El que cree no sabe, y el que sabe no cree, simplemente sabe.

Aquí te dejo con una frase para reflexionar.

—Agarra el plato y tíralo al suelo.

—Listo.

—¿Se rompió?

—Sí.

—Ahora pídele perdón.

—Perdón.

—¿Volvió a estar como antes?

—No.

—¿Entendiste?

CAPÍTULO 17

Gracias por acompañarme a través de estas líneas, amigo lector, gracias por compartir conmigo no solo mis experiencias dolorosas, sino también mis prácticas en el camino de sanar y de integrar. Lo he hecho sin pretensión, con humildad, con mucha compasión y, sobre todo, comprensión. Sé que es fácil decir frases motivadoras, pero lo difícil es saber aplicarlas. Tengo una amiga con la que he aprendido a saber que nunca vas a poder cambiar al otro, ha llevado muchos momentos dolorosos, hasta tal punto que su cuerpo grita de dolor, sus pulmones se ahogan de insuficiencia, su tensión sube tanto que de pensar en ello la ansiedad contagia, y, a pesar de ello, simplemente la acepto y siempre sonriendo me dice: "Clara, yo sé la teoría, pero no puedo llevarlo a la práctica". También a ella doy las gracias y me ahorro los comentarios. A mis hijos les digo: "Haz siempre lo mejor que puedas, así no te arrepentirás ni te recriminarás nada. Honra tus palabras siendo coherente con lo que piensas y con lo que haces, así eres auténtico y respetable ante los demás, pero, sobre todo, ante ti mismo".

No te tomes nada muy personal, recuerda que estamos siempre ante el espejo, y no supongas nada, si tienes dudas pregunta, así evitas inventarte una historia que la mayoría de las veces no es real. Si te caes aprende a levantarte, la frustración te va a enseñar que la próxima vez lo harás mejor y cada vez mejor, y serás excelente. Cuando no practicas, lo aprendes, será como el guajiro que ara y ara y no siembra. Y siempre haz algo por el otro, porque puedes, porque lo merece, porque simplemente quieres.

Tú y yo y todos somos felices, aquí y ahora, pero no lo sabemos porque un día nos llenaron de falsas creencias y deformaron nuestra percepción llenándonos de miedos infundados, de preocupaciones, de ataduras, de culpabilidades y una serie de juegos programados a los cuales jugamos. Cuando te liberas de esos miedos, de esa tensión constante para triunfar, entonces puedes ser tú mismo. Y deja de pensar en lo que no tienes, porque te hunde cada vez más en la carencia, enfócate mejor en todo lo que has conseguido y da gracias, porque la gratitud trae consigo la compasión, enriquece las relaciones, otorga beneficios al cuerpo y al espíritu, y la gratitud está en ti, no tienes que buscarla fuera. Eres parte de ella, solo tienes que practicarla cada día. Mira a tu alrededor, sí, ahora mismo, detente, deja de leer por un momento y observa cuántas cosas ves o sientes por las que puedas dar… gracias.

Nunca abandoné mis sueños, están aquí conmigo, voy a por ellos con mi propósito de vida y cada día se abren más puertas, y mi alma me guía a través de ellas. Planifica y siembra en terreno fértil y firme. Cuando tienes un plan diario te es más fácil enfocarte en ello y dirigir la energía hacia donde realmente quieres.

Hay un camino para cada quien, pero solo nosotros somos responsables de cuál camino tomar, es nuestra gran oportunidad de ser mejores personas y de construir el mundo que queremos para nosotros y para las generaciones venideras. Y a ti, que llevas en tu vientre la semilla del mañana, a ti, mujer virtuosa, fuerte, valiente, te digo: empodérate. Llevas en tu vientre el nuevo ser, eres tú quien nos dará el regalo de poder cambiar el hoy por un mañana más luminoso. Porque tus hijos serán los frutos que cosecharemos, está en ti el poder hacerlo realidad.

Somos uno con el Dios, la divinidad, el universo. Como quieras llamarlo.

Tú eres un ser divino. Eres uno con el universo que te ha creado.

Tú eres conciencia pura.

El león es el rey de su dominio, el águila es el ave rey de su dominio. Son líderes, sin embargo, el león no es el más inteligente, ni el más grande, ni el más ágil, ni el más fuerte, ni el que más pesa, no es el más alto, no es el más lógico, y, sin embargo, sigue siendo el líder. ¿Qué es lo que lo diferencia? Y todos los animales cuando lo ven aparecer tiemblan de miedo, ¿qué lo hace tan único?

Los líderes pueden transformar a un cobarde en algo valiente y emprendedor. El elefante es mucho más grande y respeta. La jirafa es más alta y respeta al león. El hipopótamo pesa mucho más y respeta al león, y esa diferencia es su actitud. No queremos ser lidereados usando el miedo. Pero sí el respeto. El león ve al elefante y lo primero que piensa es: "¡Esto es comida! Puedo comerme esto". Y actúa como piensa, y, como piensa de esa manera, lo hace atacar. El elefante ve a león y piensa: "Es un comedor, soy su comida". Es víctima de su manera de actuar, no importa cuán grande es él. ¿Lo ves? Es la actitud, es la manera de pensar lo que hace que percibas y actúes de otra manera, el león es el rey porque él ve al resto de los animales como su comida, él cree que se los puede comer y va a por ello.

Cómo tú piensas deriva tu actitud, viene de tu sistema de creencias. Es la que controla toda la situación.

Yo crecí en un medio con pocos recursos y todo alrededor hablaba mal de la abundancia, pero cada oportunidad me hacía pensar en escasez, era mi sistema de creencias, y solo tenía un camino, y tenía que cambiarlo, porque mi vida tenía que cambiar. Y para eso tenía que cambiar mis creencias, la percepción de lo que era, porque existía, y mi esencia de significado de mí misma era de poco valor. Tenía que descubrir el verdadero propósito de mi vida, saber que soy importante para mí, soy importante para otros, soy importante para el mundo, soy importante para el universo. No eres solo un número de la seguridad social, no eres solo un seguidor más, tengo la habilidad, tengo la capacidad, soy parte de la esencia del creador. Descubrir eso me ha puesto en el camino. Y la clave estaba en mentalidad y actitud.

Jesús vino a liderar y solo escogió a doce personas, es mi líder, mi maestro.

¿Qué quieres ser en tu vida? ¿Un águila, un león un líder? Decide y nos vemos en las siguientes páginas. ¡La próxima generación nos está observando!

¡¡Despierta!!

La función del liderazgo
es producir más líderes,
no más seguidores

TOMO 3

Tu poder creativo es infinito

Clara Limonta Bonitto

INTRODUCCIÓN

Ella tiene veinte años, está frente a un paisaje idílico, con el mar que se pierde en el horizonte. El sol calienta su piel y la brisa pega cálida en su rostro, que contrasta con una pradera verde y extensa con un desfile colorido de flores silvestres que crecen adornando el paisaje, como un pintura de Adolfo Suaza, donde el verde, los amarillos, el rojo y los tonos naranjas se mezclan estimulando y activando su estructura neuroquímica cerebral, capturando la naturaleza, esa rodopsina ancestral heredada biológicamente para proteger a sus crías.

Cuando lo percibe está ahí, extendiendo su mano, invitándola a subir a la grupa de su caballo, y sus sentidos biológicos saltan comenzando esa danza antigua y ancestral que está en el aire que respira y en el movimiento pausado y rítmico del animal, conectándose de una forma vívida y mágica, conformando un todo, uniéndose muy dentro, fluyendo con el momento, solo dejándose llevar. Siente en su piel el calor, y no es solo por el sol, comienza a liberarse esa cascada primaria tan antigua como la existencia misma que conforma todo su sistema neurosensorial.

Cada célula, cada neurona, comienzan a entrar en un momento activo, pero puramente fisiológico, cada impacto sensorial empieza a liberar dopamina, lento, pausado, in crescendo, conectado y sincronizado, desatando su complejo mayor de histocompatibilidad conjunto con esas sustancias llamadas neurotransmisores. Fluye la oxitocina en todo el torrente, las endorfinas acompañan junto con la vasoprecina, los esteroides sexuales no faltan, la anandamida y las serotoninas se unen a tan fantástica mezcla junto con ese importante óxido nítrico y factor de crecimiento en un equilibrio perfecto y dinámico de potenciales de acción. Y todos sus órganos responden a esta música de estimulación y reacción, sintiéndose cada vez más libre, cada célula circulatoria y muscular que viaja por ese canal medular hace que se libere más oxitocina en el sistema, su corazón palpita a un ritmo trepidante, su piel transpira, las gotas de sudor son solo un signo limpio y sano de lo que acontece, la respiración se acelera queriendo atrapar todo el oxígeno que hay en el aire.

El viento bate fuerte al impulso del animal sobre el que cabalga, la risa es amplia, sincera, inocente. Todo es bello, todo es posible, es un momento cuántico, eres uno con el todo que te rodea, no hay percepción de los límites. Solo se deja llevar, no hay tiempo, no hay espacio, la mente, el cuerpo, el espíritu, son uno. Solo en lo físico responde en un acto de contracciones involuntarias musculares, sintiendo esa liberación profunda, placentera, en un encuentro con ella misma, con lo divino, con su dios, en un acto creativo en toda su extensión donde el ser es capaz de crear, en toda su abundancia, en todo su poder, proveniente de una misma fuente.

Dios.
El universo.
Lo divino.

CAPÍTULO 1

Amor

Somos un campo de infinitas posibilidades intrínsicamente absoluto, ámate a ti mismo, ama a tu cliente, ama a todos.
No existe un poder más fuerte que el amor.

Amigo lector, definitivamente vamos a tener que cambiar una serie de creencias, al menos en mí, y lo vamos a hacer juntos. ¿Estás de acuerdo?

Está muy claro, esos son hasta ahora de día en mi vida los resultados, o al menos lo fueron, ya hemos revisado los principios, los estoy aplicando. Día a día recuerdas, la práctica hace al maestro, y tú y yo también sabemos que podemos hacerlo, ser nuestros maestros.

Ahora bien, en cuanto a crear riqueza hay que revisar algunas cosas. Ahora mismo me doy cuenta de algo o soy consciente de algo: querer ser rico y serlo lleva alguna diferencia.

¿Cómo pienso? ¿Cómo actúo? ¿Cómo me siento? ¿Cuál es el patrón del dinero que llevo en mi subconsciente?

Mi experiencia fue muy negativa, de niña nací en un hogar en el que se repetía constantemente.

—Los ricos no van al cielo.

—Las mujeres con dinero fácil son castigadas.

—Los burgueses y ricos son opresores.

—El dinero te esclaviza.

¿Te suenan? Podría seguir con una lista interminable. Lo que me enseñaron de niña se convirtió en un condicionamiento, y los pensamientos vienen del archivo de información, ese archivo es tu mente condicionada. ¿Recuerdas cuando hablamos del principio del mentalismo? A lo que piensas le das energía, se materializa en tu vida, pues ahí está, piensas en escasez, eres escaso y vives en ella, la atraes.

¿Qué oías desde pequeño a tus padres, a tus abuelos? ¿Qué veías a tu alrededor? ¿Cuáles eran los modelos, los roles que observabas?

¿Qué experimentaste cuando eras pequeño?

Yo recuerdo que a mi primer vaquero hube de quitarle las etiquetas, porque constituía un signo de diversismo ideológico. Sí, querido mío, así de fácil, y no podía hablar de la procedencia, claro está.

Todas esas afirmaciones que oías desde pequeño se van programando y crean una brutal limitación para el resto de tu vida, y cuando el subconsciente tiene que elegir entre lo lógico y las emociones arraigadas, seguro que ganan estas últimas, la lealtad familiar, la fidelidad al clan, ¿has oído hablar de ello?

Las lealtades familiares son creencias que se llevan y se heredan desde el vientre materno, y te atrapan. Quieres terminarlo y no puedes, y repites una y otra vez. Son invisibles, ni siquiera sabes de dónde vienen, pero sabes que están ahí.

Pues mira trascender esas historias, es crucial. Podrás imaginarte que mi abuela tenía seis hijos y un marido borracho que ganaba dinero, pero que se lo bebía antes de llegar a casa, cuando fui consciente de ello, enseguida me di cuenta del sufrimiento que pasó esta mujer para poder criar y darle estudios a sus hijos. Somos herederos inconscientes de la información y las vivencias de nuestros ancestros con su estrés consecuente. ¿Para qué yo estaba viviendo esta vida de austeridad y escasez? Pues tenía que trascenderla. Perdono a mi pasado y a los que en él estuvieron, y decido crear abundancia en mi vida, sin culpa, sin resentimiento.

No me creas, amigo lector, pero si quieres puedes revisar tu cuenta bancaria o cómo te va financieramente, porque yo viví mucho en el límite, gano dinero, pero me quedo ahí, exactamente en un límite, en los gastos de los estudios de mis hijos, nada, que la copa no se desborda. Pues te digo algo: se acabaron esas lealtades. Habrá otras creencias, pero nuevas, más positivas, más prósperas y más liberadoras.

Cuando fui consciente, comprendí y me disocié de esos patrones, comencé a ver las cosas desde un punto de vista diferente, ya no hay culpa, no hay remordimiento, y me sentí libre de crear abundancia y prosperidad en mi vida. Claro, si volvemos a los principios hay un tiempo de gestación, pero ya no hay estrés, ¿lo comprendes?

¡Es maravilloso!

En cuanto a mis modelos de referencias, no voy a mencionar la cultura, en mi país el modelo era claro y sin discusión, los comunistas no pueden ser ricos, podría decir que se benefician de algunos privilegios legales o ganados, pero no te engañes, también son limitantes y también están condicionados, sobre todo, al qué dirán. Pero cuando te llevas esto a una África donde las diferencias sociales son muy marcadas, caes con este tipo de programación en el prejuicio.

Yo recuerdo mis constantes prejuicios a algunos círculos, creo que ya te conté sobre mi relación con los líderes religiosos. Pero hay más, recuerdo una invitación a Johannesburgo con una familia hindú muy rica, que además se dedicaba a hacer proyectos sociales y de apoyo a diferentes programas, pero a mí me jodía ver tanto allí y tan poco fuera, gente maravillosa, atenta, bondadosa, y no sabía por qué yo pensaba de aquella manera. Hoy lo comprendo, estamos programados y proyectamos nuestra programación. Hoy comprendo las palabras de aquella familia: "Si quieres ayudar y compartir tienes que crecer".

Por lo tanto, mis modelos fueron mujeres trabajadoras, sacrificadas y abnegadas, y que llevaban la pobreza como una bandera encubierta en un falso concepto de dignidad y honor. ¡Vaya, que tenía ganado el cielo!

Por lo tanto, esta programación de pobreza y escasez iba a repetirse. Lo mismo: ganaba, pero tenía deudas, cubría estudios y vacaciones, pero a veces ni llegaba a fin de mes, y a pesar de tener buenos ingresos, el patrón era repetitivo, no podía ser rica. Eso sería una deslealtad al programa.

La inseguridad era otro factor limitante, cuando creces en un sistema que crea en ti la supuesta seguridad de un techo, comida y servicios de salud y educación, no puedes ver más allá, y la dependencia y el miedo a perder es brutal. Ya hablaremos de las gratuidades, el caso es que estos dos factores no te van a hacer crear dinero, te vas a situar en tu zona de confort y solo vas a sobrevivir. Y yo quería vivir.

Quería desbloquear y desaprender para tener una vida llena de abundancia, ser feliz y poder hacer mucho más por los míos.

¿Estás de acuerdo? No pasa nada, gracias. Te amo.

CAPÍTULO 2

Elige siempre lo bueno

El dinero es un resultado, la salud es un resultado, las relaciones son un resultado, la enfermedad es un resultado, la riqueza es un resultado; vivimos en un mundo dual de causas y efectos.

Querido lector, ya sabes que todo es energía, la energía viaja por frecuencias y vibraciones, por lo que nuestros pensamientos son energía que vibran no solo en el subconsciente, sino también en todo el universo. Cuando manifestamos que tenemos la intención de hacer o de ser algo, dirigimos allí energía con la atención. Ya sabes, donde está tu atención ahí va tu energía, por lo que si nos focalizamos en lo que no tenemos o lo que hemos perdido estamos dándole más energía a esos pensamientos, los estamos reforzando, y así es como funciona el autosabotaje a nosotros mismos.

Cuando la raíz está en terreno fértil, se abona, se le da agua y sol, se la cuida diariamente, le quitas las malas hierbas, y el árbol crecerá y nos dará frutos sanos y jugosos, ¿verdad? Imagínate un mango, siente su olor, su textura, mira su color, y ahora pégale un mordisco, generoso, y paladeas ese sabor dulce, la pulpa jugosa, y su zumo, ¡a que es fantástico! Ahora mismo ya estás salivando solo de pensarlo, pues así mismo funciona tu cerebro para cualquier cosa. Esta es muy agradable, pero piensa ahora en cualquier experiencia no tan agradable con respecto al dinero.

Te voy a poner un ejemplo. Tienes un padre iracundo, que siempre pelea por dinero, enjuiciándolo, y es lo que escuchas desde niño, se va grabando ahí, en tu memoria, vas asociando el dinero con la ira. Y creces, te vas de casa, ganas mucho dinero, es más, te haces millonario, pero no sabes por qué nada te satisface, siempre estás de mal humor y al menor incidente explotas lleno de ira. No eres feliz y piensas que el tener tanto dinero es la causa, y te deshaces de él, te arruinas, ¿qué crees que pasará? Muy bien, lo has entendido, ahora estás arruinado y tu ira solo ha crecido más y más, y estás desesperado porque no has resuelto el problema, lo has empeorado.

Querido lector, si la motivación para adquirir dinero o éxito proviene de una raíz no productiva, como el miedo, la rabia o la necesidad de "demostrar lo que vales", el dinero nunca te va a reportar felicidad.

¿Por qué? Pues porque la raíz está en su ira no solucionada, no gestionada, y anclada ahí en su mente, la ha archivado, no ha sido capaz de trascenderla. Lo mismo sucede con el miedo, los resentimientos y algo muy común, la venganza y el castigo. El dinero solo ha hecho que se matice un poco, pero sigue estando ahí, el dinero no nos convierte ni en malos ni buenos, el dinero nos hace más de aquello que ya somos.

Cuando vinculamos aquellas experiencias dolorosas al dinero, actuaremos de forma muy incoherente. Cuando yo estuve retenida por trámites en La Habana, y fue un momento muy estresante para mí y para mi familia, al llegar había traído una buena cantidad que solucionó o cubrió las deudas contraídas con el banco. En aquellos días mi ex y yo fuimos al banco, él estaba muy estresado. En un momento el chico que me atendió me brinda un pitillo y lo tomo, su reacción fue tan violenta que dio un golpe muy fuerte sobre la mesa y en lágrimas me dijo: "Yo no he podido comprar un helado para mi hija tratando de ahorrar, y me dices que ahora fumas". Fue una escena muy fuerte, pero muy dolorosa (hacía veinte años que no fumaba). Eso se quedó grabado en mí y me pregunté: "¿Para qué estoy viviendo esto? ¿Qué tengo que aprender?". Duré mucho en encontrar la respuesta, no fue tan simple, pero cuando fui consciente de que su reacción estaba ligada a experiencias sufridas en su niñez, relacionadas con la escasez y control de los gastos en su familia, lo pude comprender, no justificar ni que me gustara. Cuando comprendes actúas con compasión y puedes entonces perdonarte y trascender, así que no se volvió a repetir, aunque sabía que, con esos patrones, la cosa no iba nada bien, y entonces decidí gestionar las cuestiones bancarias sin él.

Las estadísticas demuestran que la causa número uno de las rupturas de parejas es el dinero. Y las dependencias y permanencias en una relación no deseada también lo son.

Curiosidad:

Discusiones financieras son la causa más frecuente de divorcio.

Esas discusiones son más intensas porque las parejas a menudo utilizan un lenguaje más duro.

Carolina Ruiz Vega. 18 julio, 2013.

Divorcio, separación:

"Los argumentos sobre temas de dinero son, por mucho, el factor predictivo más alto de divorcio".

Así lo asegura Sonya Britt, investigadora que llevó a cabo un estudio con datos longitudinales de más de 4.500 parejas.

"No son los niños, no es el sexo, no son los suegros o no es cualquier otra cosa. Es el dinero, tanto para hombres como para mujeres", asegura en el sitio de la Universidad de Kansas.

También afirma que las parejas tardan más en recuperarse después de discutir sobre dinero que sobre cualquier otro tema, y que esas discusiones son más intensas porque las parejas a menudo utilizan un lenguaje más duro y suele ser una discusión de largo plazo.

El problema, añade, es que estas discusiones impactan en otros ámbitos de la relación: disminuyen la satisfacción de la pareja, y si el divorcio no es una posibilidad debido a los bajos ingresos, la situación empeora.

"El aumento del estrés conduce a una disminución en la planificación financiera, lo que empeora aún más la situación", afirma la investigadora.

Britt aconseja a las nuevas parejas buscar a un planificador financiero como parte de la consejería prematrimonial, obtener informes de crédito de su pareja y hablar sobre la forma en que se manejarán las finanzas al casarse.

No importa el dinero que tengas o dejes de tener, si tu patrón no concuerda con el de la persona con la que estás relacionándote tendrás un reto mayúsculo.

Pero la clave es comprender que estás tratando con

patrones, no con el dinero, el dinero es una energía neutral, no tiene género; y en lugar de enfadarte, trata de entender esos patrones, ya sean de tu pareja, tu socio, tu amigo, lo importante es saber establecer una buena comunicación, comprensión y aceptación.

"Libera tus experiencias con el dinero no productivas del pasado y crea un futuro nuevo y rico".

CAPÍTULO 3

Un billón de pesos en el banco sin la experiencia de la caridad y la despreocupación es un estado de pobreza. La fuente de donde todo proviene es infinita, ilimitada e inagotable.

Tanto la pobreza como la riqueza son un estado mental. A ver si nos entendemos, no estoy hablando de las carencias materiales simplemente, yo estuve en África, sé lo que es miseria y sé lo que es pobreza, yo crecí en un medio pobre, pero no miserable, había escasez de recursos, pero hay que decir que te educaban dentro de principios como la solidaridad, la honestidad y la dignidad, que eran creencias que en su momento fueron valiosas, pero el hecho de cómo lo vives y cómo lo interpretas puede cambiar ese valor, que reconozco como limitante porque sobre todo tenía un fondo muy religioso, es cierto.

Entonces le estás dando su dignidad como ser humano, le estás dando su lugar en la vida.

Querido lector, pero la miseria humana es un grado muy alto de indiferencia ante el dolor humano, ante el sufrimiento, es mantener al hombre en la más pura ignorancia. Porque recordemos que la educación es un derecho, la miseria humana es burlarse a costa de la carencia del otro privándole de sus más esenciales derechos.

Porque cuando privas a un ser humano del derecho a la educación, a la instrucción, lo estás convirtiendo en un esclavo, estás suprimiendo en él su potencial de desarrollo biológico, psicológico y emocional, entonces lo conviertes en un ser miserable, y ese es también un estado mental por deprivación, por falta de estímulo en su cerebro, y aquel que goza en ello es tan miserable como el otro, y lo más triste es que ambos tienen un mismo programa esencial, de limitaciones y miedos.

¿Me comprendes? Unos por no tener nada y otros por miedo a perder, viendo la amenaza en su semejante. Mi abuelo decía: "No le des, enséñale a que lo sepa hacer". Cuando me encontré experimentando la pérdida de mi madre en unas circunstancias de limitación, cuando tenía que caminar distancias para conseguir alimentos como la leche para mi hijo, me sentía carente, pero nunca me sentí indigna, nunca me sentí miserable, y en esas circunstancias cuánto hubiese hecho el dinero, cuánto beneficio me hubiese reportado, ¿pero recuerdas los patrones? Si lo necesitas, tu patrón es de necesitar y atraerás esa necesidad multiplicada, por lo tanto, creas más de lo que ya hay, más circunstancias de necesidad, y eso va conformando y marcando tu subconsciente. ¿Lo ves ahora?

No puedes beneficiarte de algo que no creas, que, al contrario, alejas cada vez más y más de ti y de tu entorno atrayendo por el mismo principio del mentalismo todas las razones para ser pobre.

Estaba cada vez repitiendo la misma situación. Me vi en una ocasión ante un compañero, su hijo estaba enfermo. Cuando llegué a su casa, no tenían ni sal, mucho menos algo de carne u otro tipo de alimento para preparar una sopa, la fiebre era alta, había escasez de medicamentos, y recurrimos a lo más tradicional: baños de agua fría. La tos la aliviamos con salvia, sí, esa misma planta de la que te hablaba tu abuelita.

***

La madre me miró y me dijo: "¿Qué podemos hacer?". Yo sentí desplomarme ante tan triste situación, recordé a ese mismo compañero un día decirme y repetirme tantas veces: "El dinero no trae la felicidad". Me fui a altas horas de la noche a mi casa y tomé parte de mis provisiones, incluyendo medicamentos, y pasé toda la madrugada sentada con la madre junto al chico. Logramos que la fiebre bajara y la tos disminuyó, fuimos preparando algo de comer con lo que había traído. Al otro día había mejorado, su cara era otra, y a los dos días mucho mejor. Aquella mujer me abrazaba tan fuerte: "Me has hecho feliz, Dra. Clara". "¡Pues mira tú!", dije sonriendo. Gracias al dinero hemos salido de esta, porque el dinero en sí no trae la felicidad, pero haberlo utilizado nos ha dado mucho beneficio. ¿Te puedo decir algo? Fue el primer día en que esa familia tuvo tranquilidad.

El dinero es una energía de vida así como la comida, el amor, como las relaciones con otras personas. Te permite hacer, fíjate bien, y si haces lo que quieres, ¿cómo te sientes? Bien, ¿verdad? Entonces estás en bienestar, y cuando estás en ese lugar que quieres, por ejemplo, en el puesto de trabajo que quieres, ¿cómo te sientes? Satisfecho, ¿a que sí? Y si además te rodean esas personas que resuenan contigo, que se reúnen las veces que desees, ¿cómo le llamarías a ese tipo de vida? Muy bien, prosperidad, yo diría mejor libertad de hacer y sentir.

Si lográsemos adquirir ese hábito de centrarnos en la prosperidad de bendecir y agradecer esos momentos, si adoptáramos esos patrones y desbloqueáramos nuestra energía haciéndola vibrar más en la riqueza y la prosperidad, haríamos que se manifestase en nuestras vidas.

¿Estás de acuerdo? No importan entonces las circunstancias.

La primera vez que visité una familia muy rica algo me llamó la atención, y fue la actitud, la fluidez con que se tomaban decisiones, era algo muy natural, el lujo era parte de ellos, lo habían adoptado como algo muy natural. Le pregunté a mi amiga: "¿Todo esto es así por aquí?". Se rio y me dijo: "Clara, pide, ten fe y recibe. Así de fácil. Ya tú haces lo que te gusta, es más, viéndote sé que amas lo que haces, deja el miedo, la riqueza no muerde y se multiplica porque hacemos que crezca, y tú puedes lograr eso en tu vida. Desbloquea tu mente, deja de juzgar, tienes una conciencia de escasez que te bloquea". Eso ya lo sabía, pero ¿cómo hacerlo?

También me dijo: "Olvida las críticas de los otros, temes a la crítica porque siempre has criticado a los ricos, ya puedes vernos, ¿y cómo te sientes entre nosotros? Quien tiene dinero y no tiene conciencia de prosperidad piensa que la provisión procede de fuentes externas, y entra en un constante conflicto de incoherencia, con mucho miedo a perderlo, no acepta el hecho de un principio: el universo es la fuente divina, que es ilimitada y somos uno con esa fuente divina".

Cuando tus pensamientos son creadores y eres uno con la fuente, pierdes el miedo, porque la fuente es infinita y no se termina. Entonces el dinero se convierte en una verdadera experiencia espiritual. Adopta el estilo de vida que desees porque eres merecedor de ello.

La vida biológica o celular tiene un término, la materia se transforma, porque siendo parte de toda la energía no muere. Claro que no vamos a estar físicamente, y nos iremos algún día, pero si observas las noticias, si lees, si estudias y si alguna vez has estado ingresado en un hospital, te darás cuenta de algo: todo tiene un precio en el universo, nada es a cambio de nada. El pensamiento es una de las más altas formas de vibración, por esa razón si pensamos en positivo atraemos cosas positivas.

La salud es uno de nuestros más preciados valores, cuando cambias la vibración cambia la vibración en nuestro cuerpo, lo que estás pensando, querido lector, es cierto. Cuando enfermamos hay un cambio de vibración en el sentido biológico, emocional y neuroquímico del sistema, a nivel celular somos partícipes de la enfermedad…

Si cambia la vibración, cambia todo, si vibras en salud, tendrás buena salud, si vibras en prosperidad, serás próspero, y vibraciones altas dominan las bajas.

Ten ahora mismo un pensamiento de alta vibración hacia una persona. Vamos, practícalo. Así cambia también tu vibración.

Por lo tanto, amigo mío, cuando el dinero en tu vida es una manifestación vibratoria, te va a ser muy útil para alargar tu vida.

Tengo pacientes que han tenido enfermedades de mal pronóstico, han tenido los medios y los recursos para poder trasladarse en busca de alternativas, han viajado para realizar terapias, cursos, junto a tratamientos médicos de alto coste, y lo han conseguido.

El dinero alarga tu vida.

Dar y recibir, ley universal, la más evidente quizás. Mira lo que tienes en tu vida, eso has dado, de una forma u otra. ¿Qué deseas? Empieza dándolo. Y para ello has de crear nuevas circunstancias en tu vida, el mundo está lleno de oportunidades, pero tienes que buscarlas, crearlas. Vigila lo que piensas, cuando hacemos fluir esa energía en un sentido amplio y generoso nos es devuelta, y cultiva una actitud de dar y compartir porque así estás contribuyendo a que todo a tu alrededor se multiplique. Y recuerda, todo empieza y termina en tu interior.

Los hindúes comparan nuestra mente con un mono o un elefante loco y furioso, ya que tiende a generar problemas y sufrimiento. El fracaso es parte de cualquier proceso de aprendizaje, así que lo más natural es que nos desconcentremos y debamos redirigir nuestra atención constantemente. Es importante comprender que esto forma parte del proceso y no dejarnos desanimar, sin juzgarnos ni recriminarnos por ello. Se trata simplemente de reconducir la mente: tantas veces como se desconcentre, tantas veces habremos de redirigir la atención a aquello que nos hemos propuesto.

En mi experiencia personal la herramienta más utilizada ha sido la meditación, creo que ya hemos hablado de ello. Cuando entras en el silencio de

tu mente y te conectas con tu yo superior, con ese yo cuántico, serás capaz de crear toda la salud y la abundancia que quieras en tu mundo, además de relaciones extraordinarias.

Si entra en tu mente entra en tu mundo.

CAPÍTULO 4

Dar sin condiciones ni ataduras, cuando das creas un vacío que atrae más de lo que diste.

Amigo lector, he aquí una pregunta: ¿Cómo das? ¿Alguna vez te has puesto a revisar en qué medida y con qué sentimiento somos capaces de dar algo? No importa el origen, ya sea afecto, dinero, servicio, salud, cualquier cosa que puedas nombrar, porque en el acto de dar y recibir está implícito el fluir de la energía del universo.

Pero estamos programados a dar algo "a cambio de". Si damos afecto esperamos ese mismo afecto de la otra persona, es más, exigimos que así sea, y si no es recíproco culpamos al otro por nuestro desconfort, nos sentimos frustrados. Cuántas veces has escuchado esa frase: "¡Por tu culpa me enfermé!". Y así sucesivamente.

Si damos dinero a alguien estamos pendientes, controlando cada día, cada segundo, esperando y dudando de cuándo nos será devuelto. El temor a perder lo que hemos dado nos causa ansiedad y angustia, y hasta que no lo tenemos de vuelta no respiramos, incluso cuando damos al mendigo de la calle decimos: "A ver en qué se lo va a gastar". Y si le conocemos de algo expresamos: "¡Pues ese lo utiliza en esto o aquello!". Te vas dando cuenta de lo que aquí hablo, ¿verdad?

Al dar y al recibir la intención debe ser siempre crear felicidad para el que da y el que recibe.

Te voy a contar una historia.

Ella es una persona muy emotiva, que empatiza mucho con el necesitado, siempre está dispuesta a ayudar, eso la hace sentir plena, con mucha compasión y gratitud. Un día, estando en su ordenador y revisando sus redes sociales, alguien le pide confirmar una solicitud de amistad, lo piensa un poco, pero se la da, y comienza a establecer una conversación. Él se encuentra en un país devastado por la guerra, donde el hambre y la miseria humana están por todos lados. Hay muchos huérfanos como resultado de la guerra, tan horrenda que ha dejado la ciudad a oscuras. Las ayudas llegan, pero no son suficiente, hay mucha gente enferma, mutilada, no dan abasto ni con la ayuda sanitaria que él presta, lleva ya cuatro años y no ha podido ir a su lugar de origen ni de visita. Hay días que la comida no alcanza ni siquiera para ellos, no pueden salir a las calles, solo cuando hay una urgencia inminente y salen custodiados, porque los asesinatos están a la orden del día. Ella le cuenta que nunca ha estado en una guerra, pero que sí ha estado en lugares donde los recursos son mínimos y las enfermedades de mujeres y niños son muchas por falta de asistencia, lo comprende.

Ya llevan más de un mes, se han hecho amigos, él espera sus conversaciones como el pan de la esperanza, su optimismo ha crecido, el trabajo duro es el único alivio a su cerebro, que solo piensa cuánto más podrá aguantar. Ella le cuenta de sus días de sol, le hace reír con su humor sano e inocente, siempre se dan las buenas noches y a esperar que mañana aún esté ahí, o no, ella comprende que luchar entre la vida y la muerte es el día a día de su vida.

Una mañana se decide y le pregunta si es posible ayudar, qué podría hacer, él no tiene familia cercana y ella se ofrece, en un acto de humanidad y amor, y se dispone a realizar una serie de investigaciones, pero sin éxito. Él le comenta que ella puede hacer una solicitud alegando que es su familia, y ella acepta, él le da las gracias y se emociona porque al fin ha encontrado un escape donde existe la posibilidad, aún remota, de que pueda tener, aunque sea, unos días de permiso.

Es en la noche, entre sus reflexiones y sus ruegos a su Dios, que pide claridad y ayuda para vivir esta experiencia, hay mucha incertidumbre y mucho riesgo, hay que realizar un pago al organismo, oficina que tramita los permisos. "Oh, señor, yo sé que en tu santa gloria existe esa persona que me va a ayudar, yo sé, Espíritu Santo, que mi alma me guiará y estaré protegida". Se duerme, y para su sorpresa, en las tempranas horas de la mañana, cuando revisa sus redes, alguien le ha dado un "me gusta" a un mensaje que ha colgado en su muro. Intuitivamente ve el mensaje y contesta, solo dice "gracias".

Se dispone entonces a ver a su protector, le llama su guerrero, y descubre que efectivamente es un alto guerrero con un gran corazón, porque su primera pregunta es: "Te he venido a ayudar". Ella sonríe, tiene tanta fe, sabe que está en el camino, sabe que es su respuesta, y sin vacilar le cuenta su situación y que necesita verificar la autenticidad de unos documentos. Él explica quién es en realidad y que tiene el poder suficiente para protegerla, también le dice que es raro encontrar a personas que hagan un acto *humanitario de tanto riesgo, pues ella no conoce a su interlocutor personalmente.*

Dos días después, le llaman por teléfono, es su "guerrero". Para su mayor júbilo le confirma que hay autenticidad en la información y, además, que desde su rango él procederá a gestionar, si ella le permite, así será más seguro, y que guarde un poco de discreción, así será una sorpresa. Pasan dos o tres días, se impacienta, no ha tenido respuesta después de que ha realizado el pago, pero no permite que la duda ni el miedo a la pérdida ensombrezcan su alma. Por fin al cuarto día una llamada, es su "guerrero", su trámite ha sido realizado con éxito, en unos días su amigo estará de vuelta a casa.

Ella está feliz, se siente regocijada, ha hecho un acto de desprendimiento, de compasión, hacia otro ser humano. Trata de comunicarse con su amigo, pero no hay respuesta, pero a veces por la situación que se vive en los campos la comunicación es muy escasa, y en ocasiones hay bombardeos o asaltos, y por seguridad se cortan las comunicaciones. Pero llevan ya varios días y nada, decide comunicarse con su "guerrero".

Exaltada y en llanto le cuenta lo que ha sucedido, él la consuela, la calma, le dice que tiene que saber que la situación es difícil allí. Le cuenta chistes, ella ríe y se calma, se hablan de sus orígenes, él tiene una madre mestiza casada con un nórdico, ella le habla también de sus orígenes, ríen al ver la sincronización y la resonancia que hay entre ellos.

Han pasado más de diez días, su "guerrero" la llama, estamos en medio de una madrugada fría y silenciosa cuando suena el teléfono: "Por favor, escucha detenidamente, es muy triste lo que tengo que decirte. He estado contactando con unos compañeros que operan en la zona donde se encuentra tu amigo o, mejor dicho, nuestro amigo, pues yo también me he solidarizado con su causa, porque sé lo que es la guerra y cómo quedan devastadas las ciudades posteriormente. Pero las noticias no son buenas, hubo un ataque a un servicio de salud y no hubo sobrevivientes, se dirigían a una emergencia y fueron atacados vilmente. Lo siento mucho, ojalá estuviese más cerca de ti y poder abrazarte. Eres una mujer excepcional, pero nuestro amigo está muerto".

Las lágrimas corrieron por sus mejillas, invocó una oración para su alma. En ese momento oró por todos los desafortunados del planeta, sintió el dolor y la pena en su corazón por todos aquellos que viven en la gran diferencia injusta que hemos establecido los seres humanos. Lloró por tanta y tanta muerte, tantos desaparecidos en el mar que huyen poniendo en riesgo sus vidas, lloró por la desigualdad de creencias que los condenan a la separación y al juicio, y pidió perdon por la ignorancia de no saber de dónde venimos y que somos en realidad desconocedores de nuestra verdadera esencia espiritual.

Su fiel "guerrero" continuó comunicándose con ella, su gasto fue devuelto multiplicado, sus días continuaron siendo muy activos, enfocados a su propósito y su trabajo. Su nuevo amigo se fue estrechando en un lazo que se convirtió en algo más que una simple amistad. Un día, sentada con su usual lectura, llaman a su puerta, y abre como siempre, sin preguntar. Y ahí estaba con los brazos abiertos y una gran sonrisa en su cara: "Quería darte una sorpresa". Definitivamente, sí que lo era.

Tenemos un poder creativo que es uno con la fuente creadora, debemos tomar la decisión de que cada vez que entremos en contacto con otro ser humano le daremos algo, no tiene que ser siempre algo material, a veces un abrazo, un cumplido, una mirada amorosa. En realidad las formas más poderosas de dar no son materiales.

Nuestra verdadera naturaleza es de prosperidad y abundancia si deseamos el beneficio de todas las cosas buenas de la vida.

Aprendamos a desearlas en silencio a todo el mundo.

Gracias, te amo.

Sin un corazón rico, la riqueza es un espantoso pordiosero.

CAPÍTULO 5

Que el éxito de los demás sea tu regocijo.

"El amor es el regocijo por la sola existencia del otro".

JORGE BUCAY

Cuando veo esta frase de Bucay no dejo de enaltecerme, porque recuerda cuando tu hijo viene a ti con unas notazas y te dice: "Mira, mamá, son mis notas, he sacado diez". Y está feliz y te abraza, y tú sientes muy dentro que es tu éxito también, que tú formas parte de ese júbilo, ya sea por las horas de trabajo a su lado, por el esfuerzo y las restricciones que hubo que pasar, no importa, es parte de ti. ¿Y a que te sientes tan feliz como él y saltas de alegría?

Compartir es saber que hay un punto en el que somos uno y que respetamos las diferencias del otro, pero en ese acto se desvela nuestro valor interior. Cuando compartes no solo estás dando, sino aceptando al otro tal cual es, y solo tú puedes elegir hasta dónde y hasta cuándo, porque el camino es un asunto exclusivamente tuyo, y si eres coherente con esto, y lo que piensas, lo que sientes y lo que haces están en armonía, entonces eres feliz. Las decisiones afectan todos los días a la calidad de vida de las personas, especialmente aquellas que implican elementos o circunstancias que se encuentran fuera de un entorno familiar. Por eso al conocer cómo funciona la mente subconsciente y qué leyes la gobiernan es mucho más fácil y sencillo conocerse a sí mismo y saber las fortalezas y debilidades para saber cómo actuar en circunstancias en las cuales las debilidades se manifiestan con mayor fuerza y pueden causar errores costosos de tiempo, dinero, salud, relaciones humanas, etcétera.

Cuando escuchas las historias de tantos y tantos emprendedores que han tenido que escalar paso a paso el camino del éxito, pero lo han logrado, es como una inyección directa en las venas que te estimula y te dice:

"Claro que puedes, si él pudo tú también puedes".

Amigo lector, quiero que sepas algo, a lo largo de mi vida me he puesto muchos desafíos, hubo momentos en que el autosabotaje me pudo, pero persistí, sabía que había opciones y eso me hizo recuperar mi salud física y mental.

La excusa de la edad no vale, las circunstancias, el físico, el país, los hijos, el trabajo, nada de eso importa, no es decisivo, voy a compartir contigo unos datos que leí en un artículo sobre emprendedores.

Franny Martin, 70 años

Cómo: creando un <u>negocio de distribución de galletas.</u>

Edad a la cual el trabajo arduo dio frutos: 56.

Consejo: si la idea de tu <u>negocio</u> es lo único en lo que puedes pensar, entonces hazlo.

La <u>carrera</u> de Franny Martin la llevó por el camino del mercadeo, y en un momento fue directora nacional de mercadeo y relaciones públicas de Domino's Pizza. Pero su corazón estuvo siempre en la cocina.

La clave del éxito: "El cuidado y la atención cuando eres el <u>dueño de un negocio</u> es lo más parecido a tener un hijo", afirma.

Jeffrey Nash, 62 años

Cómo: inventando un caminador para bebés.

Edad a la cual el trabajo arduo dio frutos: 56.

Consejo: sé persistente y resistente.

Jeffrey Nash nunca había diseñado nada en su vida, lo que hace que su diseño del <u>juppy</u> —caminador que se le pone al bebé, hecho en algodón, que se puede doblar y cabe en un bolso— sea aún más sorprendente.

Nash, un vendedor de trajes de hombres que vive en Las Vegas, estaba en un partido de fútbol de su nieta en un parque cuando observó a una joven madre que se agachaba e incomodaba para enseñar a su niño a caminar.

¡Ahí está!

La clave del éxito: "Una vez que tengo una idea, me quedo con ella sin importar las dificultades u obstáculos", afirma el exmarino, quien dice que ahora es millonario. Y como es mayor, agrega Nash, tiene una ventaja que muchos jóvenes no tienen: la paciencia.

Carol Gardner, 70 años

Cómo: convirtiendo a su bulldog inglesa en una máquina de concesión de licencias.

Edad a la cual el trabajo arduo dio frutos: 52.

Consejo: convierte tu obstáculo en una oportunidad.

El divorcio no le sentó bien a Carol Gardner. No solo su marido la abandonó a los 52 años, sino que tuvo que asumir una inmensa deuda. Fue entonces cuando su abogado de divorcio le dio el mejor consejo que haya podido recibir: "Consigue un terapeuta, o un perro". Ella eligió la segunda opción: una entrañable bulldog inglesa llamada Zelda.

La clave del éxito: "Haz que tu trabajo refleje tu pasión. Para empezar, anotaba todo lo que me hacía feliz y que yo hacía bien. Mi lado creativo es lo que me gusta hacer".

Wally Blume, 77 años

Cómo: creando el helado Moose Tracks.

Edad a la cual el trabajo arduo dio frutos: 57.

Consejo: conoce tu negocio y prepárate para enfrentar las dificultades.

Wally Blume sabe más acerca de los detalles del negocio de helados que cualquier otra persona. Sus antiguos empleadores lo saben. Sus competidores lo saben. Pero, sobre todo, él lo sabe.

La clave del éxito: "Toma riesgos, pero conviértete en experto en lo que hagas y prepárate para arriesgarlo todo".

Las influencias ambientales, van a influenciar sobre nuestro sistema metnal, y nuestra programación, desde el momento de nuestra concepción, en el vientre materno, desde los heredados en tu árbol genealógico hasat aquellos pertenecientes a tus propias experiencias a lo largo de tu desarrollo evolutivo.

De la ficción y de usar aquellos pertinentes a tus propias. Prepárate, amigo mío, como ves estos ejemplos que aquí comparto te habrán dejado con la boca abierta. Pues ya ves que sí es posible, pero hay que tener un propósito y una mente abierta a ello.

Andrew Carnegie ya en 1848 llegó a EE. UU. desde Escocia con trece años y un dólar en el bolsillo. En 1890 era uno de los hombres más ricos del planeta. Fíjate que estamos hablando de hace dos siglos y digamos que la tecnología avanzada aún estaba por descubrirse.

Crea un plan de acción para alcanzar un objetivo marcado y comienza a trabajar en ello. Si partes de la base de que el éxito no se alcanza trabajando solo, necesitamos de personas que diversifiquen nuestros conocimientos y llenen con sus habilidades aquellas carencias que nosotros tenemos en los negocios, crea sinergias para lograr el éxito. Hacer más de lo que normalmente haces, el esfuerzo trae ímplicito en sí una serie de beneficios, que te darán ventaja sobre aquellas personas que simplemente no se esfuerzan en alcanzar sus objetivos, que permanecen en su zona de confort por miedo a no arriesgarse.

Cree en ti mismo, con fe, trabaja en tu propósito hasta actuar con total y plena confianza. Lo que tengas que hacer no lo digas, simplemente hazlo, se llama iniciativa personal.

Atrévete a pensar más allá de lo que ya se ha hecho, da rienda suelta a ese poder imaginativo; sé positivo y entusiasta, así te ganarás el respeto de los demás. Recuerda que "el pensamiento es la capacidad de separar los hechos, preocupaciones y problemas", y eso lo dijo anteriormente Napoleon Gil.

Nunca te distraigas de la tarea más importante a la que te enfrentas actualmente. Sé asertivo, enfócate y recuerda que la resiliencia es la capacidad de enfrentar la adversidad. Tú tienes esa capacidad, yo la tengo, y cuando tengas un revés siempre hay un beneficio, solo hay que ser capaz de verlo.

Cambia los porqués y céntrate en: "¿para qué?". Los porqués te darán una lista de justificaciones, el para qué te llevará a la autoindagación, y esta te dará las respuestas que necesitas saber y verás cómo el universo se sincroniza ante ti, en el momento preciso, con la circunstancia precisa. Así crearás lo que quieres ver.

Algo muy importante: elimina el odio, el resentimiento, la envidia, los celos, el cinismo.

Cultiva el amor a la humanidad, porque una actitud negativa hacia los demás nunca te dará el éxito.

Haz que los demás crean en ti porque tú crees en ellos.

CAPÍTULO 6

En cada fracaso se encuentra la semilla del éxito.

La mayor tragedia en la vida de hombres y mujeres es el fracaso, y es el factor que se interpone entre tú y el éxito. Entre sus causas más frecuentes están las biológicas, claro que es un factor como antecedente hereditario desfavorable la mala salud, una formación deficiente, las influencias desfavorables desde la niñez, como los "no se puede" o "no eres capaz". Junto a ellas puede aflorar también la falta de propósito definido en la vida, la falta de ambición para elevarse sobre la mediocridad, la carencia de autodisciplina, la dilación, la falta de perseverancia, de entusiasmo, la personalidad negativa, la inmoderación y la intolerancia.

El tiempo es uno de los recursos más valiosos que tenemos los seres humanos y la mente subconsciente tiene una influencia directa sobre su administración. Esto por supuesto causa muchos inconvenientes a las personas que tienen malos hábitos de vida y que por diferentes razones de índole personal no han podido superar, de modo que el tiempo se les sale de las manos, no saben cómo administrarlo y la vida se les va en sueños y proyectos que nunca se cumplen.

Como dijimos anteriormente, tomar decisiones no es simplemente un proceso consciente, sino, ante todo, un proceso subconsciente que favorece o se interpone ante los buenos propósitos y deseos de tener una vida productiva.

Amigo lector, si has estado conmigo hasta aquí es que de veras quieres ver un cambio en tu vida. Ya hemos hablado de que se puede, nadie ha dicho que sea fácil, ok, y no solo estamos hablando de éxito en los negocios, estamos hablando de tener éxito en la vida.

Hay que recordar que nuestras decisiones pueden acarrear fracasos, la elección errónea de la pareja y de los socios en los negocios, el gasto indiscriminado, la incapacidad de cooperar con los demás, la falta de control del instinto sexual, el miedo y la precaución excesiva, la falta de honradez y la costumbre de adivinar en vez de pensar.

En mi vida yo he tenido que superar y autoindagarme cada día, porque estos son solo factores que, si no se autoanalizan, te llevarán al fracaso. He tenido que ser muy receptiva, muy resiliente, y saber que los errores enseñan. Me he equivocado miles de veces y me he preguntado: ¿cuál es la lección que aprender? He tenido que hacer un inventario personal una y muchas veces, preguntándome:

¿He realizado mis servicios de forma suficiente o podría haberlo hecho mejor?

¿Compraría yo o pagaría por mis servicios?

¿Me gusta lo que hago, he dado todo y más en lo que hago?

¿He sido armoniosa y cooperativa con los demás?

¿He dado gracias a aquellos que han cooperado en el resultado?

¿He inducido a mis colaboradores a respetarme?

¿He mejorado mi personalidad? ¿Y en qué medida?

En la medida en que me he ido descubriendo a mí misma he ganado en autoconfianza, mi autoestima se va incrementando cada día más, hasta tener plena confianza en mí y saber escuchar la voz de mi alma. A esto me ha ayudado mucho la práctica de la meditación diaria, el ejercicio físico y mental, y sobre todo enfocarme en lo que quiero sin dejarme influenciar por los otros, recordando siempre que cada quien tiene un camino, que respeto, pero que no dejo que me detenga.

 esta frase bíblica: "Si tu hermano te pide que le acompañes una milla, le acompañas dos, pero la dedicación a tu hermano que no te retrase a ti". Nunca fui una persona de quejas, pero aprendí que la queja denota falta de confianza y entrega. Tuve amigos, pero a aquellos cuya influencia era muy negativa supe perdonarlos y comprender que no los puedo cambiar, que es imposible. En cambio conocí gente muy inspiradora, muy positiva, muy entusiasta, a los que hoy les agradezco muchísimo, porque han sido faroles de luz en mi camino.

Las preocupaciones: te quiero decir que hoy me ocupo mucho más de lo que me preocupo, pero es un mal muy difícil de dominar. Constantemente la naturaleza de nuestra mente, en es su constante parloteo, salta del pasado al futuro sin siquiera detenerse en el presente, que es lo único que tenemos. No puedes predecir el futuro ni vivir constantemente en pasado, hay que aprender a estar en presente, porque es tu presente el que está creando el futuro. Sé consciente de ello y verás cómo las preocupaciones dejan de ser el centro de tu yo, para ocuparte en cada momento de lo que corresponde. Eso es vivir instantes de felicidad, no me creas, pero practícalo.

Los tres mayores enemigos hacia el éxito son el temor, la duda y la indecisión. El temor básico es a la pobreza, a las carencias, a las pérdidas, y te paraliza. Pobreza y riqueza son caminos incompatibles entre sí, el miedo a la pobreza paraliza el poder creativo, la facultad de razonamiento, destruye la imaginación y socava el entusiasmo y la iniciativa, autodestruyendo la confianza en sí mismo, mata el amor y desanima la amistad.

El temor a la crítica, a la enfermedad, a la pérdida del amor.

La crítica en algunos países ha acarreado castigos severos, la crítica priva al hombre de iniciativas, destruye su confianza en sí mismo y acaba con su imaginación. Los padres han sido nuestros mayores críticos, profetizando cosas como: "Vas a acabar en la cárcel", "¿Quién tú te crees que eres?", traduciéndose en adultos tímidos y faltos de personalidad.

El temor a la enfermedad trae sus raíces en las herencias físicas y sociales, asociadas estrechamente a la vejez y a la muerte. Influenciados por muchas creencias religiosas y oscurantistas, el 75 % de nuestros pacientes sufren de hipocondría. Las desilusiones en los negocios y en el amor están a la cabeza del temor a la enfermedad, y lo vemos en que cada día aumentan más las bajas por depresión y ansiedad, teniendo la autosugestión negativa en tal punto que algunas personas llegan a disfrutar de la enfermedad. Uno de los temores que más causa daño al cuerpo y a la mente es la pérdida del amor, y afecta más a las mujeres que a los hombres. Por la naturaleza poligámica de los hombres, sus síntomas son los celos, el hábito de descubrir imperfecciones en los demás, jugar, robar, engañar y correr riesgos cuando no son necesarios, provocando incluso el despilfarro económico, falta de autocontrol y mal carácter. Yo aprendí a salir adelante, y también aprendí que puedes hacerlo sin amor de pareja. Ámate a ti mismo aquí y ahora. Quiérete primero siempre para que puedas dar.

La vejez puede traer consigo pobreza, esto es un temor que muchos padecen, pero ya has visto cuánta gente ha alcanzado el éxito a edades ya maduras. Ninguna de ellas sucumbió al complejo de inferioridad ni se disculpó por ser vieja, y podría llenar solo un libro de personas que independientemente de su edad han tenido un propósito y lo han cumplido.

En el mundo solo hay dos cosas: energía y material. Si algo es la vida es energía. Si es imposible destruir la energía tampoco se puede destruir la vida, la muerte es solo un cambio, un cambio que debemos aceptar, vive aquí y ahora, vive porque lo vale.

Amigo lector, si has ido reflexionando sobre cada uno de los factores anteriormente mencionados, te darás cuenta de algo, han sido semillas que han sembrado en nuestra mente, ha sido un programa condicionado desde generaciones, pero siempre en todos los tiempos y épocas ha habido gente con el coraje suficiente para enfrentarse a sus temores y tomar decisiones coherentes, porque no hay nada en la vida por lo que valga la pena preocuparse. Y con esta decisión se alcanza paz y serenidad mental, claridad de pensamiento, todo lo cual te producirá felicidad cada vez que te encuentres en un error, en una circunstancia difícil. Cada vez que tengas un revés recuerda que la vida te da lecciones, que aprenderás de ellas, porque siempre tu alma te llevará a un bien mayor, porque cada experiencia que vives es un regalo del universo para crecer, para empoderarte. Solo tú puedes hacer el cambio que quieres en tu vida.

CAPÍTULO 7

Gratitud, generosidad, dios glorificador.

La gratitud y la generosidad son atributos naturales de cualquier ser humano. Quizás me digas: "Pero hay gente muy mala ahí fuera". Te estoy hablando de esencia natural, de algo que siempre estás llevando contigo, que naces con ese atributo, otra cosa es que desarrolles o te programes en todo lo contrario. ¿Me hago entender? Pues bien, ya veo que eres una de esas personas que saben decir "gracias" y que lo sienten.

Yo doy gracias todos los días por todo lo vivido, me guste o no me guste, porque de aquellas experiencias que menos me han gustado es de las que más he aprendido, fueron las que más me han enseñado, las que me han guiado por el camino de la práctica continua, y han sido incluso la base para poder desarrollar ese poder creativo que estaba encerrado muy dentro de mí.

Dar gracias abre una puerta de conexión al universo, un canal, para atraer a tu entorno y a tu vida aquello que más deseas alcanzar. Cuando das gracias por tus logros, no importa si son muchos o pocos, abres esa puerta al campo de todas tus posibilidades, de satisfacer tus necesidades, materiales, psicológicas, emocionales, porque mientras más ahondas en el ser puro, mientras más te centras en el campo de la consciencia, más eres capaz de crear.

Mi abuela, que no tenía ni un tercer grado, siempre decía: "Sé agradecido por lo que ya tienes, porque si estás agradecido por lo que tienes, ¿qué te hace pensar que serás feliz con más?". Y hay mucha verdad, cuántas veces recibimos una sonrisa o la atención bondadosa de una camarera y asumimos que tiene que ser así y ni siquiera damos las gracias. Nos creemos merecedores, asumimos todo como un derecho, ¿y dónde queda el deber para con el otro ser humano? Cada vez que yo termino de atender un parto me gusta dar las gracias a todo el equipo, las enfermeras, las auxiliares, los padres, la pediatra, la matrona, la empleada que va a limpiar todo ese reguero para que esté listo para el próximo. No te estoy dando indicaciones, solo comparto lo que experimento, pero puedes probar lo que se siente dentro de ti, la gran satisfacción que recibes, y esa energía te hace expandirte, te hace crecer y, sobre todo, te será devuelta.

Tengo aquí un artículo para los más exigentes, podríamos decir.

Para mejorar tu salud, practica el agradecimiento.

Se ha demostrado que una práctica diaria de agradecimiento aumenta de manera significativa la felicidad, además de la salud física. Practicar el agradecimiento mejora el sueño, estimula la inmunidad y disminuye el riesgo de enfermarte.

By Amit Sood, M. D.

¿Alguna vez deseaste que existiera una píldora mágica que pudieses tomar para incrementar los niveles de energía, mejorar el estado de ánimo, ayudarte a dormir mejor, aumentar tu amabilidad e incluso ayudarte a ganar más dinero? Lamentablemente, dicha píldora no existe, pero sí existe una forma de obtener estos beneficios sin necesidad de consultar al médico.

¿Cuál es el secreto? La práctica de gratitud diaria. De hecho, dar las gracias todos los días por lo que tienes ha demostrado que aumenta significativamente la felicidad y la salud física. Además de ayudarte a dormir más, poner en práctica la gratitud puede reforzar tu inmunidad y disminuir el riesgo de enfermedades.

A continuación, te damos algunos consejos para ayudarte a comenzar:

- **Lleva un diario de gratitud.** Escribe en un diario de gratitud todos los días. Escribe notas rápidas. Puede ser algo tan simple como algo gracioso que haya hecho uno de tus hijos o un gesto amable de un extraño en una tienda de comestibles. Cualquier acción o pensamiento positivo cuenta, no importa lo pequeño que sea.

- **Utiliza indicaciones de gratitud.** Para todos los hábitos nuevos se necesitan recordatorios, y las indicaciones son excelentes para mantener el rumbo. Ten fotos de cosas o personas que te hagan feliz a la vista. Coloca notas positivas o citas de inspiración en el refrigerador o cerca de la computadora para reforzar los sentimientos de gratitud.

- Haz un frasco de gratitud. Coloca un frasco vacío, papeles de borrador y un bolígrafo en un lugar accesible del hogar. Pídeles a los miembros de la familia que todos los días tomen un papel, escriban una cosa por la que estén agradecidos y lo coloquen en el frasco. Aliéntalos a ser graciosos. Durante la cena o un momento de ocio, tomen algunas notas del frasco y disfruten de leer los pensamientos de los demás.

El objetivo es pasar de pensar acerca de la gratitud ocasionalmente a que se vuelva algo natural. Con el tiempo, tendrás un umbral de gratitud más bajo y te sentirás agradecido por cosas pequeñas —y aprenderás a ponerle un poco de gratitud a tus días—.

Adaptado de The Mayo Clinic Handbook for Happiness (Manual de Mayo Clinic para la Felicidad), por Amit Sood, M. D.

Y de más está decir que esto ha sido demostrado neuroquímicamente por los cambios que se producen en tu sistema neuroendocrino, aumentando las endorfinas, de las que ya hemos hablado en capítulos anteriores, las serotoninas y una serie de neuropéptidos involucrados. O las llamadas hormonas del bienestar.

Cuando era estudiante de medicina recuerdo que dábamos un capítulo sobre la relación médico–paciente en el tercer año de la carrera, y no se me va a olvidar cuánto se insistía en ser más integral, en ver en el paciente más que una patología, en ver a un ser humano que busca ayuda, comprensión. Fíjate bien, lo repito, comprensión, la importancia de establecer un vínculo estrecho entre el profesional y la persona que tiene delante. Doy mil gracias por ello, por aquel profesor apasionado y dedicado, hoy comprendo mucho más su mensaje.

Aquí te va un comentario muy personal: la medicina clínica no ha cambiado mucho desde Hipócrates con respecto a este asunto. Quizás por eso seamos un poquito más diferentes, pues sí, voy a reconocerlo, la escuela cubana de formación integra más el factor de rapor, que es como se dice en términos más clínicos, quizás por ese factor no nos es suficiente los cinco minutos por paciente. "A buen entendedor, pocas palabras bastan", dice un viejo refrán popular.

Hay circunstancias que nos duelen, hay desafíos que van a ser muy duros. Ya hablé de cuando tuve mi primer divorcio, de cuánto me costó perdonarme a mí misma, y agradezco haberlo hecho, sobre todo porque gané en salud mental y física. Y cuando fue mi segunda separación, aún estaba plagada del juicio contra las separaciones y llena aún de culpabilidad, porque la creencia condenatoria aún estaba enclavada en mi subconsciente, pero supe hacerlo mucho mejor, supe trascenderlo. Hoy en día tengo las mejores de las relaciones con el padre de mi hija, y ella crece cada día mejor y más saludable, llena del amor y el cariño que yo le profeso, sin resentimientos.

Amigo lector, si yo pude, cualquiera que se lo proponga también puede cambiar, vencer las resistencias. Es un Goliat, pero si el David bíblico lo hizo, es que todos estamos dotados de la capacidad para hacerlo.

Hay un potencial total de la ley natural que se expresa en la infinidad del universo que nos rodea, con un poder infinito de organización, que está plenamente alerta dentro de sí mismo, que se correlaciona infinitamente, y que formamos parte él, con un orden perfecto, dinámico y creativo, con un conocimiento sobre todo lo que existe y se manifiesta en el mundo material, de todo lo que fue, es y será, sin limitaciones, en equilibrio perfecto, que contiene todo en su interior, creando una y otra vez.

Creando una y otra vez todas las posibilidades implícitas, y mientras más adquieras, más se expandirá esa imaginación, porque lo que en la actualidad no es imaginable lo será mañana.

Dios, la energía, la consciencia divina, o como quiera que le llames, es una inteligencia que puede crear cualquier cosa dentro del campo de la posibilidad pura. En ese vasto silencio hay un dinamismo de energía absoluto, armonizador, ahí hay paz, alegría, risa y dicha. Siempre evolucionamos hacia un paso más elevado de consciencia y cuando somos conscientes de esto lo hacemos con más prisa, con una autorreferencia exacta, recuerda la frase bíblica: "Hasta los pelos de tu cabeza están contados". El universo es invencible, es arcaico, no ha nacido, nunca muere, por lo que es inmortal.

A pesar de que es la fuente de todo lo que existe no se manifiesta y, sin embargo, nutre todo, desde un árbol hasta el movimiento de las estrellas y galaxias, desde nuestro sistema inmune hasta el digestivo que tiene lugar en nuestro interior, el latido del corazón, nutre todo esto e integra cada uno de ellos en simple sencillez, como nuestra propia conciencia, purificando todo con lo que tiene contacto, liberándose en sí mismo y todo lo que contacta con él. Somos ese testigo alegre y silencioso y tener la experiencia de ese testigo silencioso es solo ser. La libertad real de saber que tenemos la habilidad de hacer nuestras propias elecciones y disfrutarlas en cada momento sucesivo del presente es la habilidad de poder escoger lo que hacemos, que nos presta alegría a nosotros y a todos los demás, ultimándose cuando la felicidad es sin motivo, por el simple hecho de la existencia, y que se expresa en la dicha.

En ese estado de dicha es donde vibra el amor puro e incondicional, un amor que no se ofrece ni se niega a nadie, solo irradia de usted, como la luz de una fogata o los sueños de un soñador.

Seamos conscientes de todas las cualidades del campo al que pertenecemos, identifiquemos en ello las cualidades de ese Dios que tan lejos vemos, y que tan cerca está. Y porque no decidamos seguir o imitar a quien todo lo contiene, pues imitemos a Dios. Él es el todo y tú eres parte de ese todo.

¿Lo crees? ¿Sí? ¿No?

No importa cuál sea tu respuesta, estás aquí y eso es muy importante.

Gracias, gracias, gracias.

CAPÍTULO 8

Hacerse feliz y humanismo.

Todo aquello que buscamos en esta vida nos lleva a un mismo objetivo, la felicidad. He recorrido algunas culturas, en nuestra cultura latina, con nuestras raíces, ya sean negras, indias, blancas, en esa mezcla maravillosa y llena de colores, de música, de pasión, de baile, ¿qué buscamos? La felicidad.

En esa África herida, dolida con años y años de escasez, de miseria, de mala salud, de guerras devastadoras, cuando miras o experimentas a esos niños que con sus pies descalzos sobre el duro piso de tierra lo golpean a ritmo de tambores y entonan sus voces en canto armonioso y vibrante, fuerte y alto como su misma naturaleza, ellos también buscan un objetivo, ser felices.

En la vieja e histórica Europa, fría a veces hasta calar los huesos, con una máscara más que sonrisa, con su conservadurismo férreo y atropellador, con sus inviernos ahorrativos y egoístas, con esa obsesión limitante de trabajo y eficiencia, ellos también buscan la felicidad.

Cuando buscamos dinero o una relación satisfactoria, espectacular, o un buen trabajo, el propósito de todo ello es ser feliz.

El error es que siempre buscamos algo primero, no nos detenemos a pensar ni siquiera un momento que si buscáramos solo ser feliz, lo demás vendría por añadidura.

Sé que estarás pensando, igual que lo pensé yo en su momento: "Pero si tengo y consigo todo lo anteriormente mencionado, seguro que sería feliz". Solo puedo decirte lo siguiente: cuando comprendí que la felicidad es un estado mental interior, cuando dejé la falsa ilusión y el concepto de que ser feliz es siempre estar en un polo positivo lleno de alegría, risas y buen vivir material, cuando fui consciente de que estaba en un error, que había muchas más cosas que integrar, entonces fui feliz.

La felicidad es algo que debemos trabajar y no un mero sentimiento que nos proporcionamos cuando nos pasa algo bueno, y si te fijas en tu vida, como yo he hecho con la mía, la felicidad ha dependido más de hechos internos que externos, y te puedo afirmar que el odio es el mayor obstáculo emocional para sentirte feliz.

No hay peor aflicción que el odio y no hay mayor fuerza que la paciencia. He escogido humildemente un cuento de la Grecia Antigua.

Había una vez un discípulo de un filósofo griego al que su maestro le ordenó que durante tres años entregara dinero a todo aquel que le insultara, una tarea relacionada con su actitud peleonera y prepotente. Una vez superado ese periodo y cumplida la prueba, el maestro le dijo:

—Ahora puedes ir a Atenas y aprender sabiduría.

Al llegar allí, el discípulo vio a un sabio sentado a las puertas de la ciudad que se dedicaba a insultar a todo el que entraba o salía. También insultó al discípulo... Este se echó a reír mientras agradecía bajando la cabeza ante cada improperio.

—¿Por qué te ríes cuando te insulto? —le preguntó el sabio.

—Porque durante tres años he estado pagando por esto mismo que ahora tú me ofreces gratuitamente —contestó el discípulo.

—Entra en la ciudad —dijo el sabio—, es toda tuya...

La capacidad para cambiar el punto de mira, la perspectiva, es una de las herramientas más efectivas a nuestra disposición, y mira a tu alrededor, querido amigo, ¡qué poco la utilizamos!

Los caminos que he recorrido me han enseñado a cambiar la perspectiva, a cambiar la percepción, a saber que dependo de mí misma, que necesito de los demás, sí, pero ellos no pueden hacer que yo cambie. Solo yo he podido superar el dolor de la pérdida y el abandono, porque todo es cíclico, y mi vida es mi excluyente responsabilidad. Aprendí a encontrarme sin depender y sin excluir las lágrimas. Lee conmigo esto que dice el filósofo y maestro hindú Osho.

"La muerte es el único fenómeno que no ha sido corrompido por la sociedad. El hombre lo ha contaminado todo y solo la muerte permanece aún virgen, sin corromper, sin ser tocada por las manos de la gente. El hombre no puede poseerla ni comprenderla, no puede hacer una ciencia de ella; se encuentra tan perdido, que no sabe qué hacer con la muerte. Es por eso que la muerte es la única cosa esencialmente pura que queda ahora en el mundo", Osho.

Las pérdidas que he tenido que superar en mi vida, el dolor asociado a ellas, el superar tantos fracasos, trajo una crisis tras otra, pero no la pérdida de querer ser feliz. Salir de la zona de confort claro que asusta, hay mucho temor al cambio, mucha rigidez, que de más está decir (hoy llevo una prótesis en una rodilla). La rigidez al cambio y las desvalorizaciones hacen que nuestro sistema músculo-esquelético se vaya deteriorando, hasta destruirse junto con nuestro sistema inmunológico.

A mí me encanta la cultura oriental, más relajada, no le da tamaña importancia a la muerte, la consideran todo en un mismo proceso de la vida, pero los occidentales, bueno, bueno, nosotros morimos cada día y, lo peor, sufrimos porque sabemos que todo aquello que hemos acumulado no lo vamos a llevar, llámese riqueza, casas, dinero, amores, etcétera.

Para el mundo oriental, o mejor diría yo para la filosofía de vida oriental, que acepta la muerte como un cambio de la forma, no hay final, sino cambio, y las únicas riquezas que te vas a llevar son las interiores, dicho sea de paso, la información, la energía, la consciencia. En la cultura hindú samsara, que significa dar vueltas, representa la transmigración de las almas en el seno del ciclo infinito de encarnaciones sucesivas. Según esta creencia todos los seres vivos renacen continuamente cambiando su destino y sus diversas formas de existencia en función de los actos de las vidas anteriores.

No voy a hacer un tratado de conceptos religiosos, científicos, culturales, pero he pasado por casi todos, ya te digo. Comprendí cuán dualistas somos y son todas ellas, pero algo sí es muy cierto para mí, comprender que vivimos en un mundo dualista, con una esencia de la unidad, y que nuestra alma viene a experimentar la vida para concientizar esta unidad, porque en la vida encontramos el significado de la existencia y en la muerte debemos y podemos encontrar un significado adicional a la vida.

Sin conciencia de nuestra finitud postergaríamos todo para otro momento, obstaculizaríamos el progreso del individuo como ser social, y el convencimiento de nuestra muerte nos impulsa a trabajar, a hacer, a producir bienes materiales y espirituales, sin posponer inútilmente nuestro destino.

El amor y el duelo me ponen frente a lo más propio de mí: el aprendizaje.

Estamos hechos para buscar la felicidad, y es evidente que los sentimientos afectivos, amor, intimidad, solidaridad, coexisten casi siempre con mayores encuentros de felicidad, y no solo poseemos ese potencial para amar, sino que en el encuentro con el otro la naturaleza básica o fundamental de los seres humanos es el amor mismo.

Hay que reconocer que aquellas emociones que no nos son saludables, sino que son el subproducto tóxico de la degradación de la tendencia amorosa innata, las tardará mucho o poco tiempo en conocer, pero tarde o temprano comprenderá que, así como el hombre aprende a renunciar a algunos alimentos que lo dañan, debe saber también renunciar a ciertas emociones que lo perjudican.

Para mí, fíjate cómo me expreso, para mí la felicidad ha significado ser más coherente y armónica con lo que siento, pienso y hago, y eso ha llevado practicar mucho y esforzarme otro tanto. He tenido que relacionarme con los momentos de dudas, no escapar de ellos, enfrentar el conflicto, sabiendo que hay siempre una salida, una opción, lanzarme hacia lo que he tenido como propósito, en acción, nunca reprimiéndome, sin mirar atrás ni para otro lado, con un compromiso conmigo misma en esta búsqueda hasta el final, un compromiso incondicional con la vida propia, tan personal e intransferible como el propio camino que he escogido. Siendo consciente de que puedo compartir lo que tengo, puedo contarte lo que siento, puedo dedicarte lo que hago, puedo elegir y estar contigo en mis momentos más felices.

Pero no puedo compartir mi felicidad.

En mi vida ha habido muchos momentos felices, igual que en la tuya, para mí el nacimiento de mi hija fue un momento de esos, la graduación de mi hijo… son momentos que nos hacen sentir plenos, llenos de dicha, que perduran, pero que han valido el esfuerzo, el trabajo, la dedicación.

Cuando este libro llegue a tus manos no sé si estarás feliz o no, pero hoy soy una mujer completa, correspondida, realizada, que llora con la sensibilidad de un amanecer o al escuchar un pájaro cantar, que se regocija cuando trae un nuevo ser a este mundo, que cuando decidió recorrer este camino sabía que Dios le daría las herramientas. Hoy resueno que te cagas con un hombre que es mi guerrero, mi protector, que en cada encuentro amoroso puedo dar rienda suelta a mi sexualidad, sin prejuicios, sin apego, sin ataduras, y además compartimos toda la riqueza y la abundancia que el universo nos ha dado. Y compartimos con nuestros hijos. Y yo te digo...

Soy feliz.

La próxima vez que tengas un encuentro con la otra persona mírale a los ojos fijamente y repite en silencio: "Soy una persona maravillosa, soy una persona bella, gracias, Dios, por hacerme tal cual soy". Y verás tu reflejo en las pupilas del otro en una danza de estrellas que ilumina las almas.

CAPÍTULO 9

Intención firme

Para adquirir cualquier cosa en el universo físico, ya sea dinero, una relación, mejorar la salud, sanarse, debes tomar la decisión, y esa decisión es firme, irrevocable, no es anulada por nada. El universo se encarga de los detalles, organiza y administra las oportunidades, solo hay que estar alerta a esas oportunidades. Y aprender de todas ellas.

Ahora te voy a decir algo, una persona verdaderamente rica jamás tiene preocupaciones monetarias, es más, puedes tener millones de euros en el banco, pero si todo el tiempo estás pensando en dinero, que si lo pierdes, si te estresa o te intranquiliza, por obtener más o tener suficiente, por perderlo, entonces eres inmensamente pobre. Oscar Wilde dijo: "Solo hay un tipo de persona que piensa más en el dinero que los ricos, esos son los pobres, es más, los pobres no pueden pensar en otra cosa".

Tener riqueza o abundancia en la vida es vivir despreocupado, incluso del dinero. Sé que desde la mente dual que todos tenemos es casi imposible reflexionarlo, pero los grandes ricos del planeta así lo hacen, y no solo tienen muchísimo dinero, sino que además tienen una salud perfecta, unas relaciones humanas y personales muy buenas. Mira a Deepak Chopra, un hombre que nunca se ha enfermado en su vida, y no nació rico, no fue el más inteligente, ni siquiera es un supermodelo, pero tiene algo muy diferente, tiene una conciencia de riqueza, y la verdadera conciencia de la riqueza es la conciencia de la fuente de toda la realidad material. Esto es muy cuántico, pero a día de hoy, cuando la física cuántica cada día coge más y más aceptación y que los avances tecnológicos de alta precisión demuestran más y más certeza en las características de la fuente de donde todo proviene, es lógico que pensemos que esta fuente es inagotable, y así es.

Cuando por primera vez fui a un seminario sobre la ley de atracción no había manera de que pudiera entender que se atrae por vibración, que todo lo que deseas lo puedes materializar, y ya hemos hablado de los principios que rigen el universo, solo hay que sincronizar con dichas leyes. Claro está que hay que estudiarlas, saber cómo funcionan y aplicarlas en nuestro día a día. Y no, no es difícil, claro que te va a llevar tiempo, esfuerzo y paciencia, pero es apasionante.

Ya te has preguntado qué quieres en esta vida, sin dilaciones, ¿cuál es tu firme propósito? Sin respuestas claras y sentidas a estas preguntas no podrás llegar muy lejos.

Yo a veces tengo pacientes jóvenes que solo han terminado la ESO y no tienen ni el menor atisbo de lo que quieren, nada de orientación, pero más aún mujeres y hombres en edades de formación profesional, y te encuentras un sinfín de justificaciones, muy poca resiliencia y nada de emprendimiento.

Ya es hora de que eduquemos de otra manera. Hay países que ya prestan atención a estos factores desde la primera infancia, pero tú, ¿qué quieres hacer con tu vida?

Vamos a ver este artículo, es muy simple y, sobre todo, muy orientativo. Me gusta porque en las edades tempranas es donde se siembran mejor las semillas del empoderamiento, del emprendimiento personal, y todos queremos que nuestros hijos sean mejores que nosotros fuimos. ¿A que sí?

Tres formas de acercarte al logro de tus objetivos

Cambia tu manera de pensar en los objetivos mediante este abordaje comprobado para establecer metas que aumenten tus posibilidades de alcanzarlas.

BY STACY M. PETERSEN

Piensa en tus objetivos, ¿reflejan los valores y la visión que tienes para el futuro? ¿Te entusiasman o están en tu lista de tareas pendientes para complacer a otra persona? Cuando los objetivos son significativos y relevantes para ti, pueden brindar orientación y propósito y ser un indicador de progreso. Obtén más información sobre un enfoque para fijar objetivos que aumente tus posibilidades de lograrlos.

Haz que tus metas estén alineadas con el Programa Smart

Smart es un enfoque probado para lograr que los objetivos sean:

- **Específicos.** Cierra los ojos e imagínate haciendo algo. Por ejemplo, "puedo verme comiendo vegetales como tentempié de la tarde todos los días en un esfuerzo para bajar de peso, pero no puedo visualizarme simplemente subiéndome a una balanza y perdiendo peso".

- **Cuantificables.** Incluye los componentes de los que puedas hacer un seguimiento, como la duración o la frecuencia de tus caminatas. Las metas cuantificables pueden servir como un gran marcador del progreso.

- **Posibles.** Esta es la regla de ricitos de oro: encontrar algo que "sea justo para ti". Tu meta debe sentirse como hacer un estiramiento cómodo: ni mucho ni poco. Abandona tu zona de comodidad, pero no lo hagas a tal punto que te sientas abrumado y ansioso por el solo hecho de pensar en la meta.

- **Relevantes.** Creo que este es el componente más importante. Haz que tu meta sea significativa e importante para ti, no para tu familia, médico o empleador. Por mucho que quieras lograr algo porque alguien más quiere que lo hagas, el cambio más duradero llega cuando identificas razones profundamente personales para hacerlo. Conectar tus metas con tus valores y con tu visión te obligará a hacer cambios.

- **De tiempo limitado.** Establece un plazo realista. Tener un límite te permitirá hacer una pausa para reflexionar sobre los éxitos y aprendizajes clave, así como cambiar el curso si es necesario. A menudo, la gente pasa a la siguiente meta sin reconocer su avance ni reflexionar sobre este.

Aumenta tus posibilidades de éxito poniendo en práctica estas tres medidas para establecer metas.

1. Tómate un tiempo para entender las razones que están detrás de tu meta. No avances hasta que puedas responder estas preguntas:

- ¿De qué manera esta meta se alinea con mis valores personales?

- ¿De qué forma esta meta me acerca a mi visión de futuro?

- ¿Qué me entusiasma acerca de esta meta?

2. Una vez que hayas identificado tu meta, divídela en pequeñas tareas diarias o semanales.

- Para ayudar a determinar si esta meta es la adecuada para ti, califica la confianza en tu capacidad para lograrla en una escala de 0 a 10, en la que 0 equivale a estar menos seguro y 10, más seguro. Si tu nivel de confianza está por debajo de 7, es una señal para dividir tu objetivo en tareas más pequeñas.

- Comienza llevando un registro con el fin de tener un panorama de tu progreso para mirar en retrospectiva.

3. Comparte tu objetivo con otra persona.

- Permítete ser vulnerable y compartir tus aspiraciones con otra persona. Esto puede establecer relaciones más fuertes y fomentar la motivación y la responsabilidad.

- Busca un modelo que seguir que ponga en práctica el objetivo que deseas alcanzar.

Si no has tenido mucha experiencia con el establecimiento de objetivos o no has logrado los objetivos que fijaste en el pasado, no tengas miedo de intentarlo de nuevo siguiendo estos consejos. Elige una actividad que sea probable que concretes y considera la posibilidad de obtener ayuda. Un asesor de bienestar o de vida puede brindar asistencia adicional.

Si fuésemos capaces de educar a nuestros hijos y adecuar conductas que los lleven a ser un chico o chica con una buena autoestima, con un carácter de coraje ante la toma de decisiones y la gestión de nuestras emociones, estaríamos en el camino de crear no solo un hijo de éxito, sino una sociedad de hombres y mujeres mucho mejores y, por consecuencia, un mundo mejor.

Hay muchos factores asociados a que definas cuál es tu propósito de vida, ahora seguro que vamos a estar de acuerdo en eso de "ama lo que haces y lo que haces te amará a ti". Nunca va a suceder que, alcances el éxito en tu vida, si lo que estas haciendo, te amarga ,sufres, estás siempre de mal humor y te duele levantarte cada dia para ir a ese trabajo que odias; ten algo claro, ese no es tu verdadero propósito pero puedes utilizarlo como un puente, recuerda el refrán "si tu actitud y tu mente están atentas y aparece la oportunidad, entonces aprovecha el momento" y habrás cruzado al otro lado, porque tu actitud es lo que importa.Te repito, ama lo que haces y lo que haces te amará a ti. ¿Lo ves? y una vez reconozcas que es lo que verdaderamente te apasiona, que es eso que quieres hacer, ve a por ello.

Y una vez reconozcas qué es verdaderamente lo que quieres hacer, debes ir a por ello. Si descubres que es tu propósito, entonces no habrá nada que te detenga, y el universo inteligente de tu mundo te hará el camino, aparecerán las oportunidades. Tú solo focalízate y, alerta, recuerda: donde está tu atención, ahí va tu energía.

Yo tenía diecisiete años, en aquel momento había una campaña grandísima porque se necesitaban estudiantes para la carrera de pedagogía, la presión fue por todos lados, las amenazas, las consecuencias. Tenía claro mi objetivo y me tracé una meta, lo logré, por supuesto, y me hice médico. Luego, más tarde en mi vida, supe cuál era mi propósito, y supe también que mi propósito, ese que me apasiona, que me hace cada día mejor, iba a levarme al éxito, a la abundancia en mi vida, a tener relaciones espectaculares, a tener una salud maravillosa.

Ahí donde está tu atención, ahí va la energía, y somos fuentes de energía e información. No te diluyas, focaliza, y algo muy importante, yo te puse el ejemplo de Deepak Chopra, podría poner muchos más, busca tú esos grandes motivadores en tu vida, entra en sus vidas, en lo que hacen, cursos, seminarios, talleres, conferencias, eventos. Vete a Barcelona, a un evento de emprendedores, de Lain García Calvo, reúnete con gente que quiere lo que tú quieres y aquellos que ya lo han logrado.

Yo soy latina, y venimos de una cultura de recibir, siempre pedimos para que se nos dé, queremos siempre estar protegidos y no correr riesgos. Derechos, sí, exigimos muchos derechos y pocos deberes. Mi hija con once años me dijo cuando le presenté a una amiga, María: "Al fin te reúnes con gente rica y abundante". Tuve que echarme a reír, hasta una niña se daba cuenta de la diferencia, de la queja, sobre todo, y claro, hoy ella es un embrión de emprendedores, de gente con un propósito firme, una mujer que va a llegar donde quiere porque sabe que es posible.

Es perseverancia de tu propósito bien definido, que no debe debilitar ningún otro deseo o interés en conflicto.

Atrévete ya, deja de perder el tiempo. Si no es ahora, ¿cuándo?

CAPÍTULO 10
No es necesario juzgar

Amigo lector, te voy ahora a repetir una vez más algo que es la clave de un curso de milagros: "el juicio que haces sobre tu hermano estás condenado a vivirlo".

Tú sabes lo que es un juicio, lo que sucede es que cuando enjuicias a alguien o algo tienes la creencia de que tienes el derecho a hacerlo y, además, tienes la ignorancia de que también crees que las palabras y los pensamientos no van a ningún lado. Sí, por eso hablamos tanto de las otras personas cuando no están presentes, se llama "cotilleo" y es un deporte más practicado que el fútbol, el béisbol o la pelota, como decimos por mi tierra.

Nos pasamos la vida clasificando, bueno y malo, sino nos gusta es malo y si nos gusta es bueno, correcto o incorrecto, y no paramos. Nuestro ego engorda por minutos, regocijándose en su dominio mental, y así nos va por la vida.

Vivimos en un océano de consciencia, que es toda la información que contiene el todo, el todo se manifiesta mediante actos de consciencia.

Debemos aprender a ser conscientes de las situaciones para poder hacer actos conscientes (Enric Corbera).

La consciencia se proyecta primero en el inconsciente universal, luego en el inconsciente colectivo, para pasar al inconsciente familiar y llegar al inconsciente personal. Mi inconsciente, que se alimenta de la consciencia, está reflejado en mi vida consciente, que vivo en la dualidad. Por acción del ego reprimimos ciertos pensamientos, sentimientos y acciones que van al inconsciente personal, creando una especie de sombra que se proyecta en nuestra vida para que tomemos conciencia de los cambios que tenemos que hacer en ella (El arte de desaprender).

Las personas que juzgan a los demás suelen detestar gran parte de su vida y por eso intentan en la medida de lo posible conseguir intoxicar a los demás. No están **satisfechas** con lo que hacen y llevan francamente mal que alguien sí esté satisfecho.

Se trata, además, de personas que **no son fáciles de detectar porque no son personas frías**, ni en general tampoco tienen malos sentimientos. Pero están tremendamente frustradas y la frustración conduce a la agresión, que se manifiesta de muy distintas formas.

Y son personas que **suelen estar atormentadas por las decisiones que han tomado**, quizás impuestas desde afuera sin haber deseado esa elección. Mantienen una relación de conflicto psíquico con este tipo de eventos de su vida.

Juzgar a los demás es una trampa en la que alimentamos nuestro ego para sentirnos mejor con nosotros mismos mientras creamos historias falsas. Es un hábito que se ha ido convirtiendo en algo que llamamos natural, lo practicamos día a día, quizás más popular que el deporte, lo vemos incluso en los programas de televisión más populares o de mayor teleaudiencia.

Piénsalo durante un momento. Cuando llega un vecino nuevo a la comunidad, a la urbanización o a tu finca en la calle donde vives, sueles observarle durante un tiempo, de modo discreto y sin dar excesiva importancia. Día a día vas obteniendo tu propia información hasta que, finalmente, emites un juicio de valor. Son personas responsables. O es una familia cerrada y con problemas de pareja. **No educan bien a sus hijos o los malcrían demasiado.** Puedes llegar a estas conclusiones sin tan solo haber tenido trato con ellos. Dejamos caer juicios de valor con tanta facilidad que ni siquiera nos llegamos a cuestionar a nosotros mismos. ¿Por qué lo hacemos?

Por lo tanto, es importante alejarse de las definiciones, etiquetas, descripciones, interpretaciones, evaluaciones, análisis y juicio, puesto que todo esto crea la turbulencia de nuestro diálogo interno. Y cuando quieras en realidad tener una información, sería menos tóxico que pudieras preguntar al respecto.

Sé que desaprender a enjuiciar lleva mucha práctica y reflexión, no es un simple trabajo de unas horas. Cuando yo comencé en el camino de la práctica meditativa, la cháchara de la mente ecoica era incansable, llena de juicios y críticas, pero poco a poco y con mucho trabajo y esfuerzo la mente se fue acallando, y el diálogo interno comenzó a ser más calmado, menos juicioso. Observé que también me ayudó mucho escuchar con atención, sin querer suponer o etiquetar a mi interlocutor. En la consulta clínica es algo muy valioso y que te aporta mucha más información, y así ayudas más eficientemente al paciente o a la persona que te está pidiendo ayuda.

El mejor modo de mantener el respeto y el equilibrio personal con los otros es aceptar a los demás tal y como son: sin juzgar. Ahora bien, todos sabemos que hay aspectos objetivamente inaceptables ante los cuales deberíamos reaccionar: **la intolerancia, el racismo, la violencia...** ahí donde sí caben juicios de valor unánimes para defender lo que todos concebimos como valores y derechos universales.

Pero en lo que respecta al día a día, merece la pena ser cautos. No juzgues a ese vecino por su modo de vestir, tal vez el día de mañana se convierta en uno de tus mejores amigos. No juzgues a la ligereza y piensa en que tampoco a ti te gusta ser juzgado. Aunque, evidentemente, es algo que hemos hecho siempre y que haremos a cada momento casi sin darnos cuenta. En un curso de milagros todos nuestros problemas pueden resumirse a esto: nos hemos enseñado a nosotros mismos que lo falso es verdadero, y que lo verdadero es falso. Creemos que el cuerpo, el pecado, la culpa, el miedo, el sufrimiento y la muerte son reales. Y no creemos (o al menos lo dudamos vivamente) que el espíritu, la santidad, la inocencia, el amor y la vida eterna son reales. La percepción del mundo real nos muestra que esta última lista (lo real) es verdaderamente real, y la primera lista (lo falso) es verdaderamente falsa. Y eso es el juicio final. O el final de todos los juicios.

Todo el proceso de aprendizaje por el que aparentemente estamos pasando nos está enseñando esta única lección, una y otra vez, en un ejemplo tras otro. Algo que pensábamos que era real (nuestros propios pecados, o los de nuestros hermanos, o la muerte, o el ataque, o la separación) se nos muestra que es falso, y que el amor que pensábamos que estaba ausente se ve que es lo que está siempre presente. Donde pensábamos ver pecado, ahora vemos inocencia. Donde pensábamos ver a alguien atacándonos, ahora vemos a nuestro salvador (T. 22. VI. 8:1).

Y cuando decida hacer uso de lo que se le dio, verá entonces que todas las situaciones que antes consideraba como medios para justificar su ira se han convertido en eventos que justifican su amor. Oirá claramente que las llamadas a la guerra que antes oía son realmente llamamientos a la paz (T. 25. III. 6:5-6).

Los juicios siempre entrañan rechazo, aceptemos al otro tal y como es, dejemos atrás por un momento ese afán obsesivo de control y querer cambiar al otro, de culpar para justificarte, **cuando la Biblia dice: "No juzguéis y no seréis juzgados". Lo que quiere decir es que si juzgas la realidad de otros no podrás evitar juzgar la tuya propia.**

Cuando abandonamos nuestra necesidad de clasificar constantemente las cosas como buenas o malas, correctas o erróneas, experimentamos un silencio mayor en nuestra conciencia. Nuestro diálogo interno empieza a acallarse cuando liberamos la carga del juicio y entonces resulta más fácil aproximarse al espacio. No te estoy pidiendo que me creas, pero yo he practicado mucho, si yo me libero cada día más de la carga del juicio tú también puedes hacerlo.

CAPÍTULO 11

Calidoscopio en el campo de las posibilidades.

En la Biblia, el rey Salomón buscó sin cesar la sabiduría, ya que él consideraba que era la respuesta a todo, y es que el conocimiento nos puede brindar sabiduría. El optar por conocimiento que nos brinde una perspectiva diferente a nuestra vida nos puede ayudar a tener una mejor calidad de vida. El estar más en paz con nosotros mismos, el estar más presentes, más atentos, alertas, todo para conocernos mejor.

Ahora hay algo que quiero que sepas.

Si nos conocemos a nosotros mismos, entonces conocemos el mundo.

Algo primordial para poder ser más sabios es no cerrarnos a nuevas ideas. Una mente cerrada es un atraso, y no estar abiertos a nuevos conceptos, el mantenernos arraigados a una idea, puede llegar a ser muy negativo. El creer que tenemos el conocimiento absoluto de todo es el peor de los errores, ya que todo cambia en esta vida, hasta las ideas. Mantenernos abiertos al cambio nos hace fluir con la vida, como el agua fluye. Y conocer es haber experimentado, no conocer de oídas, todo en la vida es aprendizaje, pero para saber tienes que experimentar, no puedes dar algo simplemente por hecho, eso conlleva experimentar. Por eso busca la sabiduría que reside en tu interior, es por medio de esta que tendrás una idea de todo lo que eres capaz de hacer, solo te falta ese conocimiento esencial. Ya sabes que somos seres humanos con muchas capacidades, dones y talentos, es solo cuestión de manifestarlos y convertirlos en un beneficio para nosotros mismos y para el mundo.

El conocimiento puede brindarte esa motivación necesaria para lograr el éxito en distintos ámbitos de tu vida, el conocimiento es el camino al éxito. ¿Te puedes imaginar, si ahora eres capaz de grandes cosas, lo que no harías con mucho más saber esencial? El conocimiento de cualquier clase se metaboliza espontáneamente y produce un cambio en la conciencia, desde donde es posible crear nuevas realidades, y desde ese ámbito en el que funciona el principio del mentalismo es desde donde la ley de la atracción tiene su efecto, porque dejas que ese calidoscopio infinito de posibilidades fluya.

El infinito campo de la conciencia siempre está presente, es todopoderoso, e incluye toda existencia". Por lo tanto, nada puede ocurrir fuera de su dominio infinito, porque es la fuente de la existencia. Dentro de este campo infinito de poder existen campos de bajo nivel de energía. A medida que son expresados progresivamente en la forma (linealidad), su poder relativo disminuye hasta descender a lo individual. El gigantesco campo podría ser comparado con un inmenso campo electrostático en el que el individuo es como una partícula cargada que, por el infinito poder del campo, se alinea automáticamente en el campo de acuerdo a su "carga" individual. La carga del cuerpo espiritual kármico se establece por la intención, la decisión, y la orientación por la intención. Le parece a la percepción ingenua que lo que no es intelectualmente explicable es "accidental", especialmente cuando el suceso es impredecible. En la medida en que el campo infinito de la conciencia es ilimitado en dimensión, nada puede suceder fuera de él. Todo ocurre dentro y está bajo su influencia, y así nada "accidental" es posible en la realidad.

Comience por aceptar la muy importante premisa de que toda verdad es subjetiva. No malgaste la vida buscando una verdad objetiva, porque tal cosa no existe. Incluso si lo hiciera, no sería encontrada, excepto por la experiencia puramente subjetiva de la misma. Todo conocimiento y sabiduría son subjetivos. Nada puede ser dicho que existe a menos que sea experimentado subjetivamente. Tengamos la humildad y la modestia de decir "no sé". Acepta que el concepto de "el temor de Dios" es ignorancia. Dios es paz y amor, y nada más.

Cuando te familiarizas con el conocimiento entras en el campo de las posibilidades y puedes crear abundancia y riqueza en tu vida, mejores relaciones con los otros.

Brilla, porque tienes luz.

CAPÍTULO 12

Logra el amor

Alguna vez alguien me dijo: "El lujo es nuestro estado natural". Y claro, yo lo percibí de una forma no muy grata, pero después de reflexionar, me di cuenta de que no se trata solamente de lo que materialmente llamamos lujo, ni de que el lujo tiene un precio exacto, sino lo que quieres pagar, y es relativo, hablando materialmente, pero cuando hablamos de nuestro ser interior, cuando nos identificamos con esos valores, cuando pagamos satisfactoriamente por algo que nos regocija, entonces estamos hablando de lujo. Qué más lujo que el de vivir conscientemente cada día, qué más lujo que el de atraer la abundancia tanto material como espiritual a nuestra vida. Somos divinos y somos únicos.

Según Lair Ribeiro, reconocido médico brasileño especializado en Harvard, en la gran mayoría de personas del mundo predomina el dominio del hemisferio izquierdo del cerebro, responsable de la lógica y el análisis, y esto debido aún más al estímulo que ejerce sobre el cerebro humano el sistema educativo tradicional, que centra más sus materias en el pensamiento analítico y no en la imaginación y la creatividad. De esta forma, ante las nuevas opciones y oportunidades que demanda el cambio constante en la vida, una gran mayoría de personas se paraliza evaluando los posibles riesgos y pérdidas que pueden ocurrir, y debido a ese tipo de programación mental no toman acción frente a las oportunidades, lo cual es una decisión de su mente subconsciente, conformándose entonces con su situación actual.

La constatación de que existe una fuente de alegría y felicidad más allá del ego es un gran paso. Después surge la curiosidad y un interés en cómo alcanzar las metas espirituales. La creencia también surge reforzada por la fe y, finalmente, por experiencia. Sigue a continuación la adquisición de la iniciación, la información y la práctica de lo que ha sido aprendido. Por invitación, aumenta la energía espiritual, seguida por la dedicación y la voluntad de entregar todos los obstáculos. Incluso la decisión de volver la propia vida a Dios trae alegría y da a la vida un nuevo y completo significado, que se vuelve elevación, y el mayor contexto le da a la vida mayor significado y recompensa. Te vuelves finalmente dispuesto a no apoyar la negatividad, interior o exterior. Y no porque esté mal, sino simplemente es estéril. Aunque el camino hacia Dios, la divinidad, el universo, o como quiera que tú le llames, empiece con fracaso y duda, avanza en certeza. La forma es realmente muy simple, se trata de ser más que de hacer, a veces nos esforzamos y entramos en una contradicción con nosotros mismos, produciendo más incoherencia. Yo siento azul, hablo azul y hago azul, hay que ser coherente con uno mismo, y sí, ya lo sé, que es muy difícil, pero no es imposible, ya sé. ¿Que cuándo terminará? Pues no lo sé, amigo mío, pero aquí estoy, cada día más confiada, con mayor autoestima, con más empoderamiento, con más afluencia, y doy gracias por cada amanecer, porque lo más lujoso de la vida es vivirla y no hay precio. ¿Estás de acuerdo conmigo?

Mantener una meta en la mente es inspirador y realmente útil para su cumplimiento, porque lo que es mantenido en la mente tiende a realizarse. Sin embargo, es un error culparse por no haber alcanzado el ideal. Bajo investigación, se descubrió que con frecuencia no era realmente la meta lo que se deseaba, sino la satisfacción que se asociaba a ella.

Así como la vida te dio la posibilidad de soñar, también te dio la posibilidad de convertir tus sueños en realidad, cualquier logro de esos sueños es una bendición para ti y para los que te rodean, y ya habrás aprendido que el éxito no es solo los logros que has alcanzado, sino los obstáculos que te rodean, cómo has sabido trascenderlos, cómo has sabido vivir tus experiencias desde una percepción sana y holística.

No pienses que
no pasa nada,
simplemente
porque no ves
tu crecimiento.......
las grandes cosas
crecen en silencio.

CAPÍTULO 13
Motivación meta

Hay que ayudar a otros a ganar dinero, ¿pero lo tienes tú? Ya has alcanzado esa meta que te propones, donde desbordas y creas para ti y para los demás. A lo largo del camino de crecimiento espiritual los bloqueos y las tentaciones aparecen, al igual que las dudas y los temores. Clásicamente han sido denominados "pruebas" que surgen del ego, porque no gusta renunciar al dominio. Esas son superadas por la reafirmación de las metas y el compromiso, así como reforzando y contrapesando tales principios, como la dedicación, la tenacidad, la constancia, el coraje, la convicción y la intención. Cuanto mayor sea el desafío, mayor es el despliegue de la fuerza interna, la decisión y la determinación. Por la persistencia y la disciplina puede verse que la tentación es una opción simplemente rechazada en lugar de un impulso que pida ser atacado o negado. Es un acto de acción masiva.

Comparto este artículo contigo. Hay algo que siempre me ha golpeado en el ámbito de las creencias y es la falsa incompatibilidad entre el dinero y lo espiritual. Si somos seres divinos completos, conscientes, que además somos capaces de crear cualquier cosa, por qué aún llevamos este prejuicio de que lo espiritual está en desarmonía con la riqueza y el dinero. ¡¿A cuántos miles de personas espirituales conoces verdaderamente prósperas y abundantes?! Quizás a muy pocas. Y también, ¿a cuántos muy ricos conoces nada espirituales? También a otros, no tan pocos. Aunque sí es bien cierto que el pobre solo piensa en el dinero, y mucho más que los ricos.

El hábito de ver las noticias todos los días para ver cómo está el mundo y saber si se arregló o empeoró es una de las manías más perjudiciales para la salud mental, entendiendo claramente que la función de los medios de comunicación, como la TV, radio, prensa e incluso algunos de los sitios virtuales, no es presentar información positiva y motivante, sino tragedias y problemas, porque con ello suben su rating o pauta publicitaria y pueden cobrar más dinero a sus patrocinadores.

Se pueden ver noticias de forma esporádica, pero nunca de forma permanente, porque la repetición de mensajes hablados, imágenes y emociones negativas producen un efecto decadente en el estado de ánimo y actitud hacia la vida.

Otro tanto de daños y problemas producen en la salud mental subconsciente las novelas melodramáticas y las películas de violencia donde los conflictos entre seres humanos es el tema central y la música es depresiva o decadente. Y qué decir de las malas compañías. Mira este artículo.

El 6 de noviembre de 2010, Buena Voluntad Mundial celebró su seminario/simposio anual en sus tres centros: Londres, Nueva York y Ginebra. El tema fue el espíritu del dinero y el divino flujo circulatorio. Hay tantos ángulos desde los que uno puede enfocar este tema, tan fundamental para la sociedad moderna, que incluso con encuentros en los tres centros solo fue posible arañar la superficie. Pero la razón de estos encuentros no es adquirir una comprensión exhaustiva del aspecto técnico del dinero. Más bien se trata de contribuir a reevaluar el papel del dinero en nuestras propias vidas, y en el mundo en general.

Algunas de las cuestiones clave que surgieron fueron la importancia de un correcto compartir y distribución de los recursos mundiales, los riesgos morales implicados al gestionar dinero, dado que es un proxy para bienes reales; la centralidad de la circulación como concepto en la economía moderna; la necesidad de reconocer la responsabilidad personal respecto al dinero; la forma en la que la creación automática de dinero por parte de los bancos promueve el crecimiento económico global, y por lo tanto el consumo de recursos en una época en la que deberíamos estar buscando la reducción de nuestro consumo de recursos; cómo diversas formas alternativas al dinero, como las monedas locales, pueden ayudar a resolver problemas en la circulación del dinero, especialmente en áreas no productivas de la economía como las de salud, asistencia social y educación; la necesidad de librarnos del deseo material; el hecho de que la erradicación de la pobreza y la paz y seguridad globales están íntimamente entrelazadas; el impacto positivo del microcrédito en los países en desarrollo; la necesidad de la imaginación y la intuición para visualizar un nuevo sistema económico, y la importancia de la gratitud.

Tal como muestra esta lista parcial, el empleo correcto del dinero es una cuestión tanto material como es-

piritual. Esto es inevitable en una época en la que la energía de síntesis está soldando lo espiritual y lo material cada vez más estrechamente. La materia se está volviendo crecientemente sensible a cada fluctuación de la consciencia, sea para bien o para mal. El empleo correcto del dinero es una parte esencial de este proceso, porque incluso los patrones más sutiles de consciencia tienen que recibir algún tipo de materialización concreta para crear un cambio social positivo.

Dada la importancia de este tema, se ha dedicado este número del boletín de noticias a informar sobre los encuentros, así como sobre los grupos que están trabajando para redimir el empleo que hace la humanidad del dinero.

La abundancia es más que la posesión de cantidades, implica la posesión de cosas gratificantes. El dinero puede formar parte de vuestra abundancia, puede tener sentido en vuestra vida. En la medida en que desarrolláis vuestra capacidad de manifestación, aprenderéis a elegir conscientemente lo que deseáis crear y atraerlo hacia vosotros. Objetos y situaciones entrarán en vuestra vida en el mismo momento que vuestra necesidad de ellos. Podéis aprender a dominar el dinero en vez de ser dominados por él. Vuestra pericia os permitirá también dejar que salgan suave y fácilmente de vuestra vida aquellos objetos y situaciones a los que ya no necesitáis, dejando espacio para las próximas cosas que os servirán. Habrá un flujo natural de dinero, personas y cosas en vuestra vida, y cada uno de ellos servirá a vuestros propósitos más elevados y aparecerá en el momento justo. Vienen tiempos nuevos. La humanidad está despertando a una realidad superconsciente y las personas experimentarán una apertura e intensificación de sus naturalezas superiores. En estos tiempos que vienen seréis estimulados para expresar vuestro yo superior (también llamado alma, parte más profunda del ser o Dios interior) en todo lo que creáis. Querréis que vuestras casas, los objetos comprados, vuestras relaciones y estilo de vida reflejen vuestros ideales y valores superiores. Vuestro modo de ganar y gastar el dinero expresará las calidades superiores del amor, el bienestar, la felicidad, la paz, la vitalidad y la conciencia de vuestro yo profundo. Estos nuevos tiempos comportarán una tremenda creatividad y un gran influjo de ideas.

Ten en cuenta que, una vez empieces a crear con energía y magnetismo, tendrás lo que has pedido y, normalmente, con más facilidad de lo que te esperabas. La mayoría de las cosas vendrán a través de tus canales habituales. Si normalmente compras cosas, así será, probablemente, cómo conseguirás las cosas magnetizadas. ¡No menosprecies tu actividad energética porque veas que las cosas vienen con facilidad y naturalidad! Podrías sentir la tentación de decir: "Esto ha venido tan fácilmente que probablemente hubiera aparecido de todas maneras, sin mi esfuerzo energético y mi magnetismo". Tu capacidad magnetizadora evolucionará y descubrirás nuevas técnicas, de modo que la consecución de lo que deseas será cada vez más fácil. Pasado un tiempo, podría parecer que realmente tú no haces nada. Cuando alguna de las cosas deseadas hace su aparición en tu vida, congratúlate y reconoce que tuviste éxito cuando la atrajiste hacia ti. Estate dispuesto a considerar que todo lo que viene es una indicación del éxito de tu magnetismo. El reconocimiento de cada logro hará más fácil la creación del objeto o situación siguiente.

Tú representas la meta de ganar dinero para otros y ayudar a otras personas para que ganen dinero. Ayudar a otros a ganar dinero y ayudar a que satisfagan sus deseos es una manera segura de garantizar que ganarán dinero para sí mismos y también de que realizarán con mayor facilidad sus sueños. La "m" representa también la motivación. La mejor manera de motivar a otras personas a alcanzar sus objetivos es ayudarlas a alcanzar los suyos, hay que saber compartir y distribuir, pero no puedes dar lo que no tienes, ya sea espiritualmente y materialmente.

Ama al prójimo como a ti mismo.
No más que a ti mismo.

CAPÍTULO 14
Decir no

Te lo voy a poner más claro. Di no a la negatividad. Sí, así, tajante, un no es lo que es, y no le cambies su verdadero significado. Ya sé que me vas a poner los "pero"," y si". Y esto incluye el estar cerca de personas negativas, sin excluir.

El infinito campo de la conciencia es todo presente, todopoderoso, e incluye toda existencia. Por lo tanto, nada puede ocurrir fuera de su dominio infinito porque es la fuente de la existencia. Dentro de este campo infinito de poder, existen campos de bajo nivel de energía. A medida que son expresados progresivamente en la forma (linealidad), su poder relativo disminuye hasta descender a lo individual. El gigantesco campo podría ser comparado con un inmenso campo electrostático en el que el individuo es como una partícula cargada que, por el infinito poder del campo, se alinea automáticamente en el campo de acuerdo a su "carga" individual. La carga del cuerpo espiritual kármico se establece por la intención, la decisión, y la orientación por la intención. Parece a la percepción ingenua que lo que no es intelectualmente explicable le parece ser "accidental", especialmente cuando el suceso es impredecible. En la medida en el campo infinito de la conciencia es ilimitado en dimensión, nada puede suceder fuera de él. Todo ocurre dentro y está bajo su influencia, y así, nada "accidental" es posible en la realidad.

Por desgracia, en nuestra cultura no hemos aprendido a pedir o priorizar aquello que deseamos. Parte de lo que nos han enseñado es a tener una **actitud pasiva** que nos lleva a aceptar casi cualquier cosa que nos pidan o sugieran, sin importar si estamos o no de acuerdo.

Creemos que si nos negamos seremos considerados poco educados o incluso malas personas. Y ciertamente puede ser así, pues es un tema de ideología cultural.

Esto nos lleva a aceptar muchas situaciones que realmente no deseamos para sentirnos amados y aceptados. El problema es que le **tenemos un gran miedo a ser alejados** o apartados. Es por ello por lo que no nos permitimos dar demasiadas **negativas**, aunque estas estén totalmente justificadas. Cuántas veces has oído a una amiga quejarse de que tiene que hacer algo y en realidad no quiere hacerlo, y ahí vienen las justificaciones, el mal pesar y la ansiedad. No importa hacia quién o qué sea, da lo mismo, si estás trabajando con un jefe que te manipula, o tienes que visitar a la suegra a la que no quieres ver, o te envían a hacer un recado que en realidad no quieres hacer, lo peor es que mantienes esa situación por espacios largos de tiempo, y vas acumulando ira, resentimientos, y atraes cada vez más de lo mismo, y terminas enfermándote. Los dolores de cabeza ya no responden a los analgésicos, el insomnio no se cura con ningún somnífero, los desarreglos menstruales y las dismenorreas cada mes son peores, y así la lista de síntomas es interminable.

Yo tuve que practicar y mucho, pero comencé a establecer unos límites, necesidades, deseos, aquello que estaba por conceder y aceptar, sin prisa en dar las respuestas, y al tomarme ese tiempo fui encontrando la forma educada de decir "no" sin sentirme culpable posteriormente. Siempre hay opciones, recuerda eso. Debido a que nos da miedo dar una negativa podemos tratar de evitar dichas situaciones. No lo hagas, es un error. Cada vez que tengas la oportunidad y en verdad no quieras hacer lo que te piden, solo hazlo. Con el tiempo y la práctica te darás cuenta de que estas **negativas** no destruirán tu mundo ni tus relaciones interpersonales.

Cuántas veces no he estado invitada a un sitio en el que sé que me voy a sentir mal, y le he dicho a esa persona: "Podemos quedar y tomamos un café, u otro día si te apetece podemos quedar y te invito a comer". Utilicé siempre alternativas con aquellas personas con las que quiero conservar mi amistad, y cada pequeño progreso merece la pena. Reconocerlo es tu premio, reconócelo, y algo muy importante, mantenerte firme, no hay cosa más defraudadora que ser manipulado y al final ceder en algo que en realidad no quieres. Me puedo sentir incómoda en el momento, pero muchas veces me vi atrapada en cosas que ni remotamente eran mías, y me quitaban el sueño. Al decir "no" me sentía liberada.

Steve Jobs dijo:

"Tu tiempo es limitado, de modo que no lo malgastes viviendo la vida de alguien distinto. No quedes atrapado en el dogma, que es vivir como otros piensan que deberías vivir. No dejes que los ruidos de las opiniones de los demás acallen tu propia voz interior. Y, lo que es más importante, ten el coraje para hacer lo que te dicen tu corazón y tu intuición".

Cuando no ponemos límites, de alguna manera no nos estamos respetando. Es como si fuéramos invisibles para nosotros mismos y el resto de personas pudieran decidir por nosotros. De hecho, nuestra **autoestima** disminuye y suelen abordarnos profundos sentimientos de soledad interior y de fracaso.

Al estar complaciendo a los demás y no hacer lo que queremos realmente, nos sentimos mal con nosotros mismos. De hecho, **llegamos a creer que no valemos para nada, que no tenemos cualidades ni ningún tipo de potencial.** Poco a poco la autoestima se ve mermada.

Hacer aquello que los demás nos solicitan tiene un precio: renunciar a nuestros deseos y aspiraciones. Esto nos lleva a experimentar continuamente un sentimiento de fracaso por lo que pudo haber sido, pero no fue, por la acumulación de sueños rotos e ilusiones perdidas. Por ello, debemos evitar rompernos siendo flexibles.

Nadie va a estar de acuerdo con todo lo que hagas o digas. Una vez que asimiles eso, perderás el miedo a ser aceptado y te sentirás más libre. Afronta el miedo a las críticas y sé tú mismo. Todo lo que otros te digan son solo opiniones. Muchas veces nos abrumamos con tantos pensamientos: "Y ahora qué le digo", "Qué excusa me invento", "Pero cómo le voy a decir que no". Empezamos a dar vueltas y vueltas a estos pensamientos como si fuéramos un ratón en una rueda.

Sin embargo, no hace falta reflexionar tanto sobre el tema. Da las explicaciones pertinentes y ya está. Al darle demasiadas vueltas al tema, lo único que haces es generar una ansiedad que al único que perjudica es a ti mismo. Sé coherente.

Sé tú mismo.

CAPÍTULO 15

Opuestos en coexistencia

Vivimos en un mundo dual, nuestra percepción del mundo físico lo revela así, arriba y abajo, cóncavo y convexo, alegría y tristeza; ser consciente de ello nos revela que es armónico. El beneficio de aceptar los defectos propios en lugar de negarlos es un aumento en la sensación interna de la honestidad con uno mismo, seguridad y una mayor autoestima, acompañada de una actitud defensiva muy disminuida. Una persona honesta consigo misma no es propensa a que otros la hieran en sus sentimientos. Por tanto, una visión honesta tiene un beneficio inmediato en la reducción del verdadero sufrimiento, que tenemos que verlo como una opción no predestinada, el dolor no lo podemos evitar, y también el potencial del dolor emocional. La ley de causa y efecto.

Nada puede existir sin su opuesto, al menos en esta realidad en la que existimos, ya que es producto de un desdoblamiento en dos de la octava original de la creación. Por cuanto nada puede conocerse si no se conoce lo que representa su contrario para nosotros, no puedes entender el amor si no existe el odio, no puedes entender y experimentar la libertad si no conoces la dependencia, no puedes expresarte en la abundancia si no existiera la falta de recursos. Todo tiene que tener un opuesto en este mundo en el que experimentamos la vida para poder conocerlo y vivirlo en todo su esplendor y, aunque no queramos reconocerlo, si no existiera ese opuesto, que siempre vemos como negativo, jamás podríamos disfrutar plenamente de lo que queremos y percibimos como positivo. Esta percepción, aunque correcta al entendimiento del ser humano, es solo una mala decodificación por nuestra configuración mental de la realidad energética del universo, que funciona por tríadas, con tres energías, no dos, faltando en la ecuación la energía equilibrante o neutra.

Para nosotros, el frío no puede existir sin el calor, y el blanco sin el negro, y aunque solo sean extremos del péndulo para un concepto neutro, el de temperatura, aunque solo queramos vivir en sitios donde haga calor, tiene que existir un sitio donde haga frío para que ello sea posible. Aunque solo sea en un pequeño rincón minúsculo de un pequeño sitio del planeta, pero el opuesto de todo aquello que existe en nuestra realidad tiene que estar representado en algún nivel de la misma, para que nosotros podamos apreciar y experimentar eso que estamos deseando. Hasta el momento en el que el ser humano sea capaz de cocrear la realidad en la que vive basado en las tres fuerzas o energías del universo, seguiremos percibiendo esta dualidad como la base para la estructura de nuestra existencia, en tanto en cuanto la octava cósmica o procesos que nos han llevado a este tipo de entendimiento sigue en marcha hasta que la humanidad dé el futuro salto evolutivo al que está abocada.

Cada vez que quieras hacer algo con toda tu energía y te esté pasando precisamente lo contrario, déjalo actuar, no lo resistas y potencia tu voluntad para ganar la partida. Mientras no sepamos cómo neutralizar, que se puede, esta fuerza opuesta, es mejor dejar que se agote por ella misma. Es parte del proceso. Si ocurre algo que te molesta o que no es lo que quieres, pero que está precisamente relacionado en el polo contrario con aquello que estás intentando conseguir, no le ofrezcas resistencia, sino que enfoca tu energía en reforzar lo que deseas. La energía de ese evento, hecho o situación pasará, para dar lugar a aquella que representa lo que realmente estás intentando alcanzar. Si te enfocas en el opuesto, le estás dando poder, le estás prestando una atención que no necesita y estás entorpeciendo el proceso de manifestación de lo que sí que quieres de verdad. Porque a lo que te resistes persiste. Sé honesto contigo mismo siempre.

A nivel personal, en la realidad de cada uno, la creación de algo pasa por la creación de una fuerza opuesta que se opone a ello, ya que es una ley global, pero esto no tiene mayor trascendencia que el pequeño impacto y beneficio que tiene en nosotros como personas. A nivel de la humanidad, del planeta y de la conciencia planetaria, esto no es del todo exacto. Para que el planeta viva en la abundancia, ¿debe existir la falta de esta en algún sitio? Sí, pero no necesariamente como representación material o real, sino como concepto. El universo no trabaja con sillas, trabaja con "energías", con representaciones y abstracciones de eso que queremos. Si la conciencia del planeta, y de la raza humana en su conjunto, decidiera crear una realidad en la cual todos somos felices, tenemos de todo y vivimos en armonía, los conceptos opuestos de infelicidad, falta de recursos y problemas no tendrían por qué ser una realidad física en nuestro planeta, sino existir solo como concepto en una realidad superior. ¿Qué significa esto? Que para que algunos vivan bien no es necesario que otros vivan mal, y que si yo soy capaz de crear una vida buena gracias al poder de mis pensamientos y acciones, todo el mundo puede hacer lo mismo. ¿Es esto cierto? ¿Qué opinarán de este concepto las personas que pasan hambre en África o son víctimas de las guerras?

Cuánto tiempo estuvieron las leyes y principios que rigen el universo y la naturaleza escondidos o, mejor dicho, al acceso de unos pocos. El universo funciona por vibración, y si hay una ley natural, ¿por qué no está al alcance de todos el conocimiento? Pues a ver si compartimos, porque hay para todos.

Todo ser humano desea tener una vida próspera, sin embargo, este anhelo interior no hace parte solamente de tener una vida económica desahogada y permanente, pues como veremos la prosperidad es un resultado mediante el ejercicio de la mente subconsciente en las cuatro áreas de influencia vitales: espiritual, mental, emocional y física.

Debido a factores como el estrés de la vida occidental moderna, a los cronogramas exigentes de trabajo, la mala alimentación, la falta de sueño regular en muchas personas, los conflictos en ambientes familiares, laborales o sociales, la ingesta de alcohol y el uso frecuente de tabaco, combinados muchas veces con sedentarismo, se producen enfermedades crónicas o terminales en miles de personas que llevan a una vida limitada a nivel físico y mental o, en el peor de los casos, a una muerte prematura.

Otra parte importante de las enfermedades modernas la constituye la dieta de información negativa que muchos reciben a diario a través de los medios de comunicación, como la TV, radio, prensa e incluso de ciertos sitios de Internet, que se lucran del público desprevenido que visita sus sitios a diario. Información negativa constante o repetida de guerras, secuestros, asesinatos, carestías, falta de oportunidades, desastres, venganzas, conflictos, desempleo, etcétera, impresiona la mente subconsciente de las personas produciendo vidas tristes, temerosas y prevenidas con el presente y el futuro, y contribuyen de forma muy significativa a la aparición de enfermedades físicas, mentales y emocionales.

La vida te ofrece la oportunidad de mantener una comunicación honesta y abierta. Todo contacto con cada ser humano es una oportunidad para crecer y para satisfacer nuestros deseos. Solo tenemos que estar alerta ante las oportunidades por medio de una conciencia más desarrollada. La comunicación abierta y honesta abre caminos para realizar esas oportunidades.

¿Cuánto vas a esperar? ¡El universo te ofrece las oportunidades!

CAPÍTULO 16
Propósito de vida

Estamos aquí para cumplir un propósito. De nosotros depende descubrir cuál es ese propósito. Una vez que conocemos nuestro propósito, el conocimiento de dicho propósito nos conduce hacia el discernimiento de que somos posibilidad pura. Debemos ser capaces de expresar nuestro propósito en términos muy sencillos. Siempre supe que quería curar, hacer feliz a las personas que me encuentro en mi camino. Compartir y servir a ese propósito se convirtió en algo a lo que, a día de hoy, con cincuenta y siete años, doy gracias, porque cada vez lo hago con más pasión y entrega.

Tranquilízate, cierra los ojos y piensa en algo que deseaste y conseguiste. Recuerda algunos de los sentimientos experimentados antes y después de recibirlo, los pensamientos positivos acerca de su consecución, tu convencimiento interior de poder conseguirlo y la alegría de su recepción. Las cosas son manifestadas de forma natural y automática en todo momento por medio de los pensamientos y sensaciones que crean lo deseado. La manifestación es un proceso que saca las ideas, conceptos, visiones y sueños del mundo interior al mundo exterior, donde pueden ser experimentados con los sentidos físicos. Cuando piensas en algo que estás casi seguro de poder conseguir, evocas imágenes positivas; te puedes ver con el objeto deseado y no te preocupa el cómo conseguirlo. Lo quieres, estás determinado a tenerlo y motivado para hacer lo necesario para traerlo a tu vida. Empieza a observar cómo creas las cosas pequeñas y sencillas. Empieza desarrollando tu capacidad de manifestación con cosas que te son fáciles de crear. En la medida en que adquieres confianza en tu habilidad para crear, estarás preparado para manifestar de modo más amplio e ilimitado. No hay límites a lo que puedes crear. Vives en un mundo sin límites, todo es posible cuando lo ves claro, cuando lo sientes, porque de eso se trata, de sentir, esa satisfacción interior, esa plenitud, esa dicha.

La fuerza de voluntad es controlada de forma mayoritaria, salvo casos excepcionales, por la programación mental que habita en nuestro subconsciente en forma de imágenes, sonidos, emociones y experiencias. Por tal razón, dejar un mal hábito, por ejemplo, es una decisión y un proceso sumamente tedioso para el control consciente de nuestra mente, que se ve vencido ante la fuerza subconsciente que logra derrumbar con facilidad los buenos deseos y propósitos.

La autodisciplina hay que usarla a diario en los más variados aspectos de la vida cotidiana para que estos funcionen: hogar, trabajo, vida personal, etcétera. Pues con mayor razón en las metas grandes que impliquen un esfuerzo continuado en años: comprar una casa, un carro, viajar, graduarse de una carrera, crear inversiones, formar una familia, etcétera. Puede decirse sin lugar a dudas que la autodisciplina es de uso obligatorio para toda persona que se propone alcanzar metas grandes o extraordinarias en su vida.

Te has preguntado: ¿Qué quiero? ¿Qué realmente deseo en la vida? ¿Cómo puedo servir? ¿Qué es eso que estaría haciendo siempre que me apasiona y me da satisfacción? El pensamiento ilimitado te ayuda a contactar con la imagen general de tu vida y te enlaza con la gran visión de tu yo superior. Te ayuda a emplear todo tu potencial. Todas las grandes obras empiezan con una visión. Los que tenéis hijos os dedicáis, a menudo, a pensar en ellos sin límites, tejiendo en su derredor visiones de lo que puedan llegar a ser y las grandes cosas que puedan conseguir. Les ayudáis a reconocer su capacidad de crear lo mejor para ellos mismos. Cuando os enamoráis, reconocéis el potencial que yace en el interior de la otra persona y le ayudáis a realizarlo. El pensamiento ilimitado consiste en estas mismas visiones poderosas, pero de vosotros mismos, reconociendo el potencial y realizándolo. Cada vez que piensas en el futuro, estás creando un camino posible. Para desplegar este potencial tendrás que imaginarte la realización de tus sueños, porque tus sueños y tus fantasías son los que te muestran tu potencial. Tus sueños tienen una razón de ser, te guían hacia tu camino superior aquí, en la tierra. Amplía tu visión de lo que te es posible hacer. Atrévete a soñar y pensar en grande. Si piensas iniciar una empresa, no negocies lo que puedes tener o hacer. Si piensas en servir a un cliente a la semana, piensa en servir cinco. Si calculas iniciar tu negocio dentro de un año, piensa lo que sería empezar en un mes. Imagínate que el año ya ha transcurrido y reflexiona sobre todos tus logros, ¿qué has conseguido a lo largo del último año? Y empodérate en ello, enfócate en eso que consideras tu propósito y el universo abrirá la fuente de posibilidades.

El pensamiento ilimitado es más que pensar a lo grande, es pensar creativamente. Es permitirte imaginar que tienes todo lo que puedes. Estate preparado para sorpresas agradables, porque tu yo superior podría darte lo que deseas, pero más grande y mejor de lo que creías posible. Confía en que recibirás lo que es perfecto para ti. Escucha la voz de tu alma.

En la medida en que expresas las cualidades superiores que piensas que te aportaría el dinero, irradiándolas hacia fuera con tus palabras, acciones y forma de ser, te irás convirtiendo en un magneto del dinero y de los objetos, que serán las expresiones físicas de tu nuevo nivel de conciencia. El desarrollo de cualquier cualidad superior —sea amor, paz interior, bienestar, felicidad, valor, poder personal o respeto propio— cambiará tus vibraciones y te hará magnético a todo aquello que concuerda con tu nueva vibración. No solo serás un magneto del dinero, sino de todas las formas que te ayuden a expresar tu nuevo nivel de crecimiento. Atraerás hacia ti las cosas que sabes que deseas y estas vendrán antes de que seas consciente de tu necesidad. Atraerás cosas mejores de lo que habías deseado y todo tu entorno será acorde con tu forma de ser, y estarás vibrando en ese propósito, y desde ahí crearás todo lo que desees crear, porque te es dado.

Si no sabes qué actividades te hacen sentir vivo o en paz o en el estado que más deseas, intenta recordar los momentos en los que has experimentado estos sentimientos en el pasado. ¿Qué estabas haciendo en aquel momento? Si te parece que tu pasado no ofrece ejemplos de vitalidad, contempla tu vida actual y pregúntate qué situaciones o actividades, hasta las más nimias, te aportarían más vitalidad. Concéntrate en los momentos en los que te sientes vivo, observa qué es lo que estás haciendo y procura llevarlo a cabo más a menudo. Trabajando en ello encontrarás más maneras para sentirte más vivo. Empieza haciendo lo que sabes hacer ahora mismo. No esperes actuar cuando tus habilidades estén más desarrolladas, porque tu capacidad de manifestación evoluciona paso a paso. No intentes tenerlo todo de golpe. Da pequeños pasos, uno tras otro, y tu éxito será acumulativo. Te sentirás vivo (o lo que tú deseas sentir) cada vez con más frecuencia, hasta que este sentimiento sea parte de tu nueva forma de ser. Estoy segura de que, igual que yo lo he encontrado, tú también lo encontrarás, la acción, dedícale toda la acción masiva y el enfoque requerido.

En los Vedas se dice: *"Yo soy la posibilidad inmensurable de todo lo que fue, es y será. Mis deseos son como semillas dejadas en la tierra: esperan la estación adecuada para manifestarse espontáneamente en flores hermosas y en árboles vigorosos, en jardines encantados y bosques majestuosos"*.

Conocer nuestro propósito abre la puerta hacia el campo de la posibilidad pura, porque las semillas y el mecanismo para su cumplimiento son inherentes a nuestro deseo y a tener una actitud.

Nadie puede tener una actitud excelente ante la vida de forma natural ni tampoco la puede conservar, sino que día a día, igual a como ocurre con un cuerpo sano y esbelto, la actitud necesita cuidado y alimento adecuado.

Para ganar sobre los retos y las adversidades de la vida es necesaria una actitud férrea, una actitud a toda prueba, una actitud subconsciente que domine el comportamiento sobre los acontecimientos y, aún más, que en alianza con el universo constituya una unión invencible para lograr todos los sueños y metas propuestos.

La actitud es la gran herramienta del cambio para los seres humanos y es la mayor ventaja competitiva sostenible que hay, pues con ella se puede edificar y construir una gran riqueza no solo material, sino espiritual, emocional y física. Y sin ella no puede haber logros significativos en nada de lo que se haga.

Aunque en nuestra sociedad se le da gran importancia a la educación y al conocimiento, estos sin la actitud adecuada ante la vida no llegan muy lejos, en cambio una gran actitud con poco conocimiento y educación puede llegar a niveles insospechados. Prueba de esto lo muestran la gran mayoría de hombres y mujeres que se encuentran hoy en la lista de los más exitosos y ricos que, aunque no tuvieron o no completaron su educación, cultivaron una actitud arrolladora a tal punto que pasó por encima de todos los impedimentos que tuvieron y que hoy los muestra como verdaderos ejemplos y referentes ante el mundo.

Una actitud ganadora muestra entre otros aspectos de la personalidad: determinación, perseverancia, disciplina, liderazgo, humildad, visión, enfoque, flexibilidad y amor por los valores y principios que actúan como soportes y propulsores para lograr todas las metas que el individuo se proponga sin importar que tan lejanas o abstractas sean estas para su realidad actual.

La actitud ganadora es también la gran medicina contra el envejecimiento, pues siempre alberga entusiasmo y dinamismo, agentes progresistas y transformadores de cualquier entorno precario y conformista. Esto deja ver claramente que la juventud es, ante todo, un estado mental dispuesto de ser y actuar de forma renovadora, no un permiso genético de vivir con ciertas capacidades físicas y mentales un contado número de años para luego entrar en una etapa irreversible de vejez y decadencia.

Necesitamos entonces cultivar y producir una actitud en nosotros a toda prueba con las herramientas adecuadas y utilizar todos nuestros recursos interiores para pasar por la vida marcando una diferencia que dignifique nuestra misión en este mundo, no simplemente siguiendo una inercia social que lleva al descontento y frustración interiores.

¿Cuál es tu propósito de vida?

CAPÍTULO 17

El quid, cuestionar

El condicionamiento social: qué se debe hacer, qué está estipulado, qué es lo correcto. Todas estas son formas o manifestaciones del condicionamiento social, y no nos cuestionamos nada.

La característica principal de una sociedad es condicionar de distintas maneras el comportamiento de las personas, y con condicionamiento no hablo de las reglas que regulan el comportamiento humano, como son las leyes de tránsito, por ejemplo, ya que ese tipo de reglas son muy benéficas y ayudan a proporcionar un sano comportamiento y les indican a las personas cómo deben comportarse en sociedad.

Existe otro tipo de condicionamiento social, uno que no está escrito, pero, sin embargo, la sociedad en la que tú estás viviendo te condiciona constantemente y ni siquiera te percatas de ello.

Desde que nacemos ya hay personas que están pensando, planificando e imaginando cómo será nuestro futuro. Solo piensa en esto, el nuevo bebé está por llegar, mamá y papá ya le pusieron un nombre, ya saben de qué religión será, están seguros de que asistirá a la escuela y que será un excelente alumno, luego ira a la facultad y se recibirá y, por último, se casará con una persona excelente, tendrá hijos y morirá.

Simplemente presta atención a este detalle, ni siquiera naciste y ya hay personas que están planeando cómo influir en las decisiones de tu vida, ya hay personas imponiendo sus propios deseos sobre los tuyos. Ahora viene una pregunta: **¿esta es la vida que todos quieren?** ¿O en realidad esta es la vida que todos creen que quieren? Yo me inclinaría más por la segunda opción. Y es muy, muy tóxico, así nos va en la vida.

Te voy a contar una historia, pero hay miles de ellas.

Conozco un hombre al cual su padre lo presionaba para que fuera médico, pero ese no era el sueño de este joven, él quería tener una academia de baile.

La **presión** de su padre y la falta de asertividad de este muchacho lo llevaron a aceptar hacer la carrera de medicina. Un día se recibió, y en ese momento pensó: "Yo no quiero esto para mi vida, yo tengo otro sueño, simplemente estoy siendo esclavo de la presión social y hago esto para no ser rechazado".

Ese día decidió cambiar su vida, fue a hablar con su padre, lo enfrentó, le dijo que se iría de casa y que abriría una academia de baile, lo cual sería su trabajo para el resto de su vida.

Al final lo hizo, al principio no le fue bien y tuvo que trabajar de médico para poder gestionar su proyecto de la academia de baile. Por fin su sueño se hizo realidad y hoy en día le va muy bien, tiene centenares de alumnos y ha participado en varias competiciones.

No permitas que la vida de tus hijos sea condicionada por los estándares sociales, edúcalos en el ejemplo y, sobre todo, en la libertad de poder elegir, en el potencial de ser capaces y de que sus sueños se pueden hacer realidad, en el esfuerzo. Enséñales los principios que rigen el universo, enséñales que son seres biológicos, que tienen una genética y epigenética. Dales toda la información que necesiten, pero siempre, siempre, recuérdales que ninguna de estas son determinantes, que es parte de un gran universo, que todo es posible y que es un ser con una esencia que no tiene límites.

Puesto que tu alma te habla por medio de tus sentimientos y pensamientos, cuanto más los escuches más fácil te será oír y desarrollar los consejos de tu interior. Si tus pensamientos o sentimientos parecen poco usuales dadas las circunstancias, préstales atención. Desarrollarás tu guía interior actuando según sus mensajes y recibiendo su respuesta. Por ejemplo, mientras te preparas para ir a comprar, se te podría ocurrir que debes llamar a la tienda para ver si está abierta. Normalmente no tienes este pensamiento o presentimiento, simplemente sales a comprar. En este caso llamas y te enteras de que la tienda está cerrada por reformas. En la medida en que adquieras la costumbre de prestar atención a tus sentimientos y pensamientos y actuar en consecuencia, te será más fácil distinguir entre lo que son consejos interiores y lo que no. Para manifestar cosas con facilidad, incluso antes de saber que las necesitas, sigue tus sentimientos y los mensajes de tu interior. Empieza por cosas pequeñas, diciendo "no" cuando quieres decir "no" y "sí" cuando quieres decir "sí". Pregúntate en todo momento: "¿Es esto lo que realmente quiero hacer? ¿Es esta la más alegre y agradable actividad para mí o me obligo a hacerlo porque pienso que debo?". Confía en que tus sentimientos de alegría, placer y autoestima te llevan siempre hacia tu bien superior. Existen varios tipos de consejos interiores. Uno de ellos consiste en una sensación negativa o incluso de advertencia frente a un acto que piensas llevar a cabo. Otro te ofrece intuiciones sobre los caminos o direcciones que podrías elegir en el futuro. Y otro te ayuda a estar en el lugar adecuado en el momento adecuado, creando con las coincidencias y la sincronicidad aquellos acontecimientos que necesitas para llegar a tu destino con la mayor facilidad posible. Es tu intuición, es tu corazón a quien sigues, no lo pierdas, no lo dudes.

En toda la sociedad ocurre esto, nos dicen lo que es correcto, lo que es incorrecto, lo que es normal, lo que no es normal y a lo que tenemos que aspirar, por eso para la cultura occidental comer una vaca es algo cotidiano y normal, pero no es así para las personas que viven en la India, para ellos comer una vaca es un acto atroz y totalmente fuera de lugar. Todo esto influye sobre tus propios deseos y crea un constante conflicto entre lo que realmente quieres y lo que consideras correcto.

Es por esta razón que la gente nunca se atreve a **cumplir sus sueños**, por miedo a salir de la manada, por miedo a ser diferente y a no tomar un camino distinto. Aquellos que deciden ser diferentes se enfrentan a toda la presión de la sociedad, pero a la larga ese camino es mucho más satisfactorio. No te estoy diciendo que es fácil, no, no lo es, pero si observas a muchos de los que lo han logrado podrás verlo, que tienen una vida llena de prosperidad, salud y abundancia, tienen una humildad y un amor por ellos y por toda la humanidad.

Los valores son el núcleo fundamental del desarrollo personal, familiar y social. Y son aquellos principios que orientan la vida hacia un fin positivo y en armonía consigo mismos y con otros. Los valores fundamentales más importantes son: **Dios, familia, país, trabajo honrado, educación, amor, amistad, solidaridad, honestidad, salud y el respeto por la vida**. Y son este tipo de principios los que han demostrado producir individuos sanos, alegres, productivos y comprometidos con el progreso y el desarrollo social.

Sin embargo, el condicionamiento social también incluye antivalores como el odio, la segregación humana, la violencia, la codicia enfermiza, el dinero antes que el trabajo honrado, la competencia desleal, la falta de honradez, la incoherencia, etcétera.

Aunque la programación mental basada en los valores fundamentales es, como hemos dicho, clave para vivir una vida sana y productiva, existen algunas vertientes que causan estancamientos mentales subconscientes en las personas donde quiera que vivan o se encuentren. Desprogramar, eso sí que puedes hacerlo, es posible, y la neurociencia con miles de estudios cada día lo demuestra. Se puede reprogramar tu mente.

Te dejo con un pequeño artículo de ejemplos de unos que reprogramaron sus mentes, confiaron y aplicaron los principios y no tuvieron miedo a las condicionales de la sociedad que les tocó vivir.

Como prueba de la ineficacia del condicionamiento social en el aspecto profesional y económico, están varios de los emprendedores más famosos, reconocidos y exitosos del mundo, entre ellos: Bill Gates, fundador de Microsoft; Steve Jobs, fundador de Apple; Mark Zuckerberg, fundador de Facebook; Michael Dell, fundador de Dell Computers Inc.; Jack

Dorsey, fundador de Twitter; Jerry Yang, fundador de Yahoo; Henry Ford, fundador de Ford Motor Company; Tomas Edison, fundador de General Electric; Ray Kroc, fundador de McDonald´s; Thomas Watson, fundador de IBM, etcétera. Todos ellos, sin terminar estudios de colegio o universitarios, han construido o construyeron empresas enormes y emporios económicos que están mucho más allá de los logros que obtienen quienes siguen el condicionamiento social a ciegas, y lo hicieron a base de reconocer su individualidad, pensar y actuar con creatividad, enfocarse en el objetivo de su producto y negocio y correr riesgos calculados e incluso no calculados.

¿Dónde estás tú ahora mismo?

CAPÍTULO 18

Recibir es tan necesario como dar.

Recibir con humildad es una expresión de la dignidad de dar, y no me refiero al hecho de recibir algo material, un coche, dinero, una casa, que sí, que está bien todo eso, tú das y recibes y creas todo aquello que desees en tu mundo, pero me refiero a un simple cumplido, una sonrisa, respeto, cortesía, porque implica también la habilidad de ser capaz de proporcionar todo esto a los demás.

Si al dar sentimos que hemos perdido algo, el regalo no ha sido dado en realidad, y entonces no generará abundancia. Cuando damos y nos duele, no hay energía detrás de nuestro acto de dar. **Al dar y al recibir, la intención debe ser siempre crear felicidad para quien da y para quien recibe**, porque la felicidad sostiene y sustenta la vida y, por tanto, genera abundancia.

Yo fui una persona a la que siempre le gustó dar, pero recibir me costaba mucho, ¿sabes por qué? Pues por la creencia y el temor a que lo que recibía debía ser devuelto, por lo tanto contraías una deuda, así me iban las cosas con las deudas. Y en la medida en que recibamos más, así aumentará nuestra capacidad de dar. Por lo tanto, siempre que hablamos del flujo de energía, conlleva la intención, y si mi intención fue en algún momento de mi vida que debía dar, pero no recibir, porque me endeudaba con el otro, entonces estaba atrayendo a mi vida más y más deudas. Seguro que habrás escuchado en alguna discusión, sobre todo en las parejas, aquello de: "Tanto que yo te di, lo di todo, y tú, ¿qué me devolviste?".

Recibir es lo mismo que dar, porque dar y recibir son aspectos diferentes del flujo de la energía en el universo. Y si detenemos el flujo desde alguno de los dos polos, obstaculizamos la inteligencia de la naturaleza.

El flujo de la vida no es otra cosa que la interacción armoniosa de todos los elementos y las fuerzas que estructuran el campo de la existencia. Y esta interacción opera a través de la ley del dar. Puesto que nuestro cuerpo, nuestra mente y el universo mantienen un intercambio constante y dinámico, frenar la circulación de la energía es como frenar el flujo sanguíneo. Cuando la sangre deja de circular, comienza a coagularse y a estancarse. Por ello, debemos dar y recibir para mantener circulando permanentemente la riqueza y la afluencia —o cualquier cosa que deseemos en la vida.

La palabra "afluencia" viene de la raíz latina *affluére (es decir, "fluir hacia"), y significa "fluir en abundancia". El dinero realmente es un símbolo de la energía vital que intercambiamos y de la energía vital que utilizamos como consecuencia del servicio que le prestamos al universo. Al dinero también se le llama moneda "corriente", nombre que refleja igualmente la naturaleza fluida de la energía. La palabra "corriente" viene del latín currére que significa "correr" o "fluir".*

Cuando aprendemos a dar aquello que buscamos, activamos esa danza y su coreografía con un movimiento exquisito, enérgico y vital, que constituye el palpitar eterno de la vida.

Abrirse a recibir es también agradecer, y no hay acto más noble que recibir algo y decir gracias.

Abre tus brazos y recibe todo lo que el universo te ofrece, estate dispuesto, porque entonces tu capacidad se expande, crece en tu vida y se manifiesta en todo aquello que deseas.

Distintas y cambiar tu vida con alegría, vitalidad o lo que tú más desees. Lo que tienes y lo que eres en este momento es el resultado de todas tus elecciones y decisiones anteriores. Muchas de ellas han sido pasivas, realizadas sin un examen consciente previo. Muchas estuvieron basadas más en tus condicionamientos anteriores que en tu nueva forma de pensar sin límites. Ahora, puedes empezar a hacer elecciones más conscientes. Reconoce que tu situación actual es el resultado de tus decisiones pasadas y date cuenta de que, en cada momento, estás creando tu propia realidad. Si no estás contento con lo que has creado hasta ahora, puedes aprender a hacer elecciones.

Vivimos en una sociedad donde se le da más importancia a la educación académica tradicional, que como hemos visto enseña habilidades específicas y limitadas para un tipo de vocación y talento. Sin embargo, este tipo de educación sirve de muy poco o de nada para solucionar muchos retos y problemas que trae la vida diaria a las personas adultas. Problemas y retos como una crisis económica, una enfermedad, la pérdida de un ser querido, una quiebra, un desengaño amoroso, un accidente, superar adicciones y malos hábitos, frustraciones, superar complejos, resentimientos y rencores, traumas, depresiones, problemas de baja autoestima, dominar el estrés, ser despedido de un empleo, emprender un negocio, aprender a tener éxito por cuenta propia, aprender a automotivarse, superar el conformismo y la mediocridad, desarrollar un auténtico liderazgo en el hogar, en el trabajo y en la vida social, innovar, etcétera.

Y, de hecho, individuos altamente educados se encuentran todos los días en las clínicas y hospitales, en casas de reposo, en las calles como indigentes, en cárceles y cementerios, porque, a pesar de su gran nivel educativo, no tuvieron las herramientas psicológicas y espirituales adecuadas para solucionar problemas y retos de su vida, para los cuales no estaban preparados.

La ausencia de respeto, cortesía, modales o admiración crea un estado de pobreza, sin importar la cantidad de dinero que tenga en el banco.

CAPÍTULO 19

Servicio y saber gastar

Estaba un día conversando con un amigo, venía de una familia muy rica, único hijo de sus padres y único nieto. No me cabía en la cabeza que con tantas posibilidades hubiese escogido hacerse militar. Un día le pregunté: "¿Para qué lo hiciste?". Y me miró, sonrió y me dijo: "Desde niño sentía esa gran vocación, quizás porque estaba solo y siempre estaba buscando cómo agrupar amigos y hacer cosas por otros, además de mi habilidad, o como quieras llamarle, de obediencia, de prestar atención, analizar y luego responder en consecuencia. También era un protector de animales, sobre todo de los indefensos. El caso es que a muy temprana edad sabía que quería servir".

Conmovedor. ¿Cuándo te preguntas "cómo puedo servir", "cómo puedo ayudar"?

El servicio, actitud del espíritu para ayudar ante cualquier necesidad que puedan tener los demás, nos facilita salir de nuestro estado de comodidad, de pasividad, donde nos encontramos, abriéndonos a un mundo rico en experiencias donde podemos sacar lo mejor de nosotros mismos y a su vez enriquecernos con los demás.

Algo te puedo asegurar, en el servicio desinteresado, humilde, amoroso, encontrarás una satisfacción que nada puede comparar. No te pido que me creas, ha sido una de mis grandes experiencias, quizás la más noble de todas y la más satisfactoria, me ha reportado muchos, muchos momentos de felicidad.

Es un estado interno que nos predispone a estar pendientes de las necesidades ajenas, el cual nos lleva a aprender a ser <u>humildes</u>. Sin esta virtud es difícil no creerse la ayuda que se da. Se desarrolla el <u>amor</u> hacia los demás, aprendemos a <u>renunciar</u> a nuestro tiempo, a nuestras necesidades, nos ayuda a <u>comprender</u> al prójimo, por lo que nos resulta más fácil <u>perdonar</u>. El ponernos al servicio de los demás nos engrandece como personas, nos hace mejores, dándole un pleno sentido a la vida, siendo una de las primeras consecuencias de esta predisposición la <u>alegría interna</u> que sentimos.

Otra razón está en la conversación negativa interna que también muchos llevan a diario debido a malas experiencias vividas que se repiten de alguna forma en el presente y retroalimentan los sentimientos de frustración e impotencia para cambiar una vida limitante que parece no acabar nunca.

Las creencias negativas instaladas en la mente subconsciente por años juegan también un papel muy importante en la vivencia de realidades limitantes. Creencias como: "yo no nací para triunfar", "este país no sirve", "el mundo se va a acabar", "no hay oportunidades para nadie", "todo tiempo pasado fue mejor", "las mujeres o los hombres son malos", "no se puede confiar en nadie", "el dinero es malo y corrompe", "no hago nada bien", "no nací con estrella", "la única forma de salir adelante es estudiando mucho y después obtener un buen empleo para después jubilarse", "eso no está probado aquí, y cuando eso ocurra vienes y hablamos", "el dinero siempre tiene que ganarse con dolor y sacrificio", "el éxito es para privilegiados y yo vengo de una familia normal", "los ricos son unos avariciosos", etcétera.

Malgastar las ocasiones de servicio que te ofrece la vida es perder oportunidades de crecer interiormente, de ir pasito a pasito, consiguiendo que vaya germinando el amor que tenemos todos en el fondo del corazón, desarrollando sentimientos sinceros y momentos de alegría que nos ayudan a transitar el camino que hacemos con el envoltorio carnal. Teresa de Calcuta decía: **"el que no vive para servir, no sirve para vivir"**.

El dinero es como la sangre, debe circular. Acumular y aferrarse al dinero ocasiona que este se estanque. Para que se multiplique debe circular. De lo contrario, se estanca y, al igual que la sangre coagulada, solo puede causar daño. El dinero es energía de vida que intercambiamos y usamos como resultado del servicio que prestamos a otros y a nosotros mismos.

Gasta y comparte, no te estanques. Comparte con tus hijos, tu familia, tus amigos, la sociedad, el mundo.

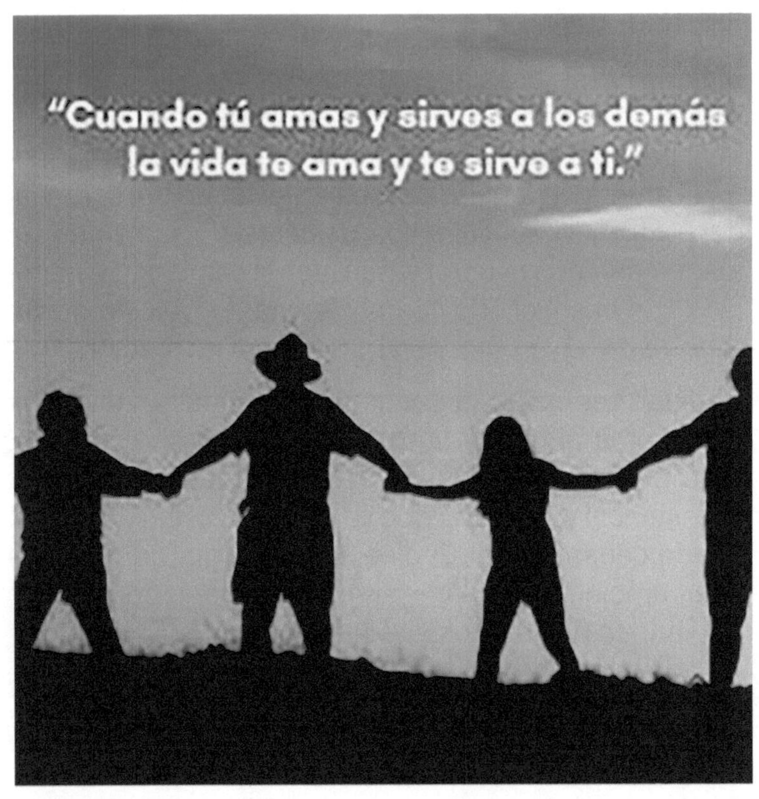

¿Cuándo harás de tu felicidad y bienestar tu prioridad?

Es tu momento…

CAPÍTULO 20

Conciencia sin tiempo

S in trascendencia la vida no tiene belleza, para vivir una vida plena es necesario cruzar todas las fronteras.

Trascendencia es un concepto que designa aquello que va más allá o que se encuentra por encima de determinado límite. En este sentido, la **trascendencia** implica trasponer una frontera, pasar de un lugar a otro, superar una barrera.

Te voy a dejar estas líneas que aprendí en un curso de bioneuroemoción, es donde mejor y de forma más objetiva entendí la importancia de trascender.

La bioneuroemoción es el arte de acompañar a la persona a encontrar la emoción oculta, la que se halla asociada al síntoma (la enfermedad o disonancia conductual) y el sentido que tiene desde la historia personal, familiar y transgeneracional, para hacerla consciente y así poderla tratar mediante técnicas de desaprendizaje y favorecer la curación mediante la liberación de la emoción que hay en el inconsciente y trascender dicha emoción transformándola. La bioneuroemoción pretende llevar a la persona que se encuentra enferma al siguiente paradigma: ¿Qué es lo que me ha llevado aquí? Parafraseando a Georg Groddeck: ¿Cuál es el propósito de la enfermedad? Esta pregunta tiene el propósito de hacer renunciar a los clientes a la idea de que son víctimas y llevarlos a lo que nosotros llamamos "madurez emocional".

Para la BNE el aspecto más importante y diferenciador es su intervención en el bienestar social a partir de la investigación y estudio de los fenómenos históricos, el desarrollo de un inconsciente colectivo que surge de los cambios y curaciones emocionales de individuos y el aporte en el

funcionamiento familiar y de la sociedad. Implica, además, el estudio de una forma de vida que enseña que, a través de la toma de conciencia de las emociones ocultas o reprimidas, se puede obtener una mayor calidad de vida.

Por lo tanto, yo observo cómo trasciendo los fenómenos transcurridos en mi vida, los trasciendo para que mi hija no los repita. Fue algo increíblemente práctico, esclarecedor y consciente desde el interior de mi ser, desaprender para incorporar una comprensión más holística del mundo, de la medicina, de las relaciones. Con mucho amor saber que mis historias se repiten porque mis antepasados no supieron hacerlo mejor, y dar esa oportunidad de vivir la experiencia de una forma diferente desde una conciencia de unidad. No te pido una vez más, amigo lector, que me creas, ha sido mi experiencia, solo te agradezco haberla compartido conmigo.

Como dijo el poeta sufí Rumi: "Más allá de los conceptos del bien y del mal hay un campo. Nos encontraremos allá". Siento que mi experiencia de trascendencia a través de la práctica de la meditación me proporciona una estabilidad y silencio interiores que no son eclipsados por ninguna actividad. Ese silencio permanece conmigo, por lo que ninguna experiencia externa puede opacar mi conciencia y experiencia del ser.

En cualquier caso, las relaciones humanas son caminos de doble vía donde, para recibir, se debe dar primero, y donde la filosofía más productiva que existe es la de gano-ganas, a diferencia de quienes basan su comunicación con otros solo en intereses propios y en juegos de manipulación, gano-pierdes.

En resumen, la mente subconsciente y las relaciones humanas forman un equipo indivisible, permanente y siempre influyente, bien sea para construir relaciones armoniosas y duraderas o, por el contrario, para finiquitarlas y aislar a las personas que no conocen u omiten conocer la riqueza y poder de su mente subconsciente.

Un sabio veda dijo: "No me preocupo por el pasado y no le temo al futuro, porque mi vida está perfectamente concentrada en el presente y la respuesta correcta me llega en cada situación cuando ocurre". Este es también el estado de dicha. El ser no está en el reino del pensamiento. Está en el espacio entre nuestros pensamientos. La psique cósmica nos murmura suavemente en el espacio entre nuestros pensamientos. Esto es también lo que llamamos intuición. La conciencia limitada por el tiempo está en el intelecto y calcula. La conciencia sin tiempo está en el corazón. Siente.

Si no es ahora, ¿cuándo? Decide tú.

CAPÍTULO 21

Unidad detrás de la diversidad.
La conciencia de unidad.

Hace unos días leía un artículo de la ONU.

En esos días, la ONU conmemora dos fechas que acentúan la importancia de la diversidad. En 21 de mayo, a cada año se conmemora el Día mundial de las diversidades culturales. En el martes 22, la ONU nos invita a reflexionar sobre la diversidad biológica o la biodiversidad. Aunque sean celebraciones independientes, esas dos fechas de la ONU revelan la importancia del respeto a las diversidades culturales y humanas, además de afirmar que la propia vida, para estar bien protegida, necesita un ambiente de diversidad biológica. Actualmente, los científicos están de acuerdo: el propio fenómeno de la vida ocurre como una red de relaciones entre células diferentes y entre organismos diversos. Para mantenerse y desarrollarse, la vida precisa de la biodiversidad.

En mi recorrer por este mundo, que lo considero poco, esa es la verdad, algo siempre me fascina, la diversidad, de cultura, de religiones, sociedades, razas, música, cultivos; en fin, cuán y cómo es de diverso este gran planeta viviente.

El arcoíris es misterioso. No está siempre, pero existe.

Entre nosotros se le atribuyen acepciones que abarcan un tan amplio margen que desdibuja su ya efímera consistencia. Algunos ven en él el símbolo de la unidad en la diversidad, o bien, la irrevocable vocación de unidad en la dispersión, otros lo ven solo como el paso de la lluvia al buen tiempo, algunos ven en él el reflejo de un mapa múltiple, un espectro de los siete colores. América Latina es todo lo que la imagen indica: contraste, unión, desunión, diversidad, unidad. Más aún, el modo de ser del continente es aquello que aparece. Este modo de entendernos emerge en cada una de nuestras manifestaciones. Constituye algo así como un supuesto comprensivo que permite construir programaciones de TV y cursos de capacitación. Y no solo que el supuesto sea reconocer una diversidad rica que aporta en cualquier caso algo bueno, sino que es explicación, al modo metafísico, de un actuar determinado. Tras cada pregunta sobre esas mismas manifestaciones, como tras cada actividad cultural, hay un implícito: las cosas están dadas, lo cultural, lo popular, existe en cuanto componente del arcoíris siendo al mismo tiempo la posibilidad de su despliegue. Se dice a menudo que América no estaba prevista en la mente de los europeos y que al darse cuenta de que la habían descubierto se sorprendieron y llenaron de admiración por el despliegue del arcoíris que se abría ante sus ojos. Era, en cierta medida, la realización de la utopía. Su verdad, la del despliegue, ya estaba en el hecho mismo del arcoíris. Lo que ahora nos interesa es lo que hay detrás del arcoíris. Las diversas explicaciones se nos han confundido con la descripción y siempre hemos supuesto más de lo que hemos descubierto. Nos vemos impelidos por el por qué que nos surge al trasladarnos de lo ontológico a lo epistemológico, debemos dejar de dar por supuesto lo que en realidad estamos buscando y acabar de reconocer y de sabernos en un todo único y afluyente.

Experimentamos conciencia de la unidad cuando estamos enamorados, cuando observamos la naturaleza, las estrellas o caminamos por la playa, escuchamos música, bailamos, leemos poesía y oramos, y en el silencio de la meditación, en la conciencia de la unidad, cruzamos la barrera del tiempo hacia el campo de juego de la eternidad, como cuando decimos: "la belleza de la montaña era asombrosa; el tiempo se detuvo". Entonces usted y la montaña se convierten en uno. En un nivel muy profundo de conciencia, sabemos que usted, yo, la montaña y todo lo demás somos el mismo ser en diferentes disfraces. Este es el estado del amor, no como un sentimiento, sino como la verdad máxima, en el corazón de toda la creación.

CAPÍTULO 22

Valores, verdades

Cuando los valores se desintegran, todo se desintegra, se pierde, la pobreza domina la abundancia, las sociedades y civilizaciones se derrumban.

Cuando prestamos atención a estos valores que la sociedad siempre ha considerado sagrados, entonces el orden surge del caos y el campo de posibilidad pura en nuestro interior es todopoderoso y crea cualquier cosa que desea.

¿En cuántas ocasiones has escuchado que no existe solidaridad, bondad, empatía, sacrificio, etcétera, respecto a las personas que están en situaciones difíciles, como es el caso de la pobreza? Pero vale la pena preguntarse: ¿estas personas están en esa situación difícil porque no viven de acuerdo a una escala de valores? Y en la gran mayoría de los casos así sucede, muchos quieren exigir que otros hagan sacrificios por ellos, pero esas personas no están dispuestas a usar su voluntad, compromiso, responsabilidad y autorrespeto para superar sus propios limitantes.

Es bueno ser solidario, ayudar y usar la bondad, especialmente en situaciones emergentes, o cubrir las necesidades básicas, pero es mucho mejor darle a cada individuo su dignidad de ser humano. Esto significa que las personas deben comprender que son capaces, extraordinarias, talentosas, luz, poder divino, todo es posible cuando hay deseo y voluntad, hay que aprender a ver por encima de las apariencias, etcétera.

Cuando observas a una persona que está en una situación precaria, no debes dejarte guiar por esa apariencia, ahí está disfrazado un ser divino excepcional, pero entonces, como dice Steve Alpizar en su libro Fundamentos para encontrar el poder personal: "Es fundamental dejar de victimizar a las personas para que puedan encontrar su luz y divinidad". Si tienes ese propósito, entonces cualquier persona podrá aplicar los valores humanos que la lleven a la autorrealización, hagan del mundo un lugar más agradable y puedan afianzar su espiritualidad. Al leer este fantástico libro conocerás los argumentos del sistema de creencias y cómo tomar decisiones conscientes para reencontrarte con el autopoder y manipular la realidad a tu conveniencia.

Empoderarse es comprender que tienes el poder para realizar el cambio que necesitas en tu vida, dejar el espacio del victimismo para ser merecedor de todo aquello que se te ha dado.

La responsabilidad es una clave fundamental. Este también es un valor humano muy completo. Lo cierto es que, si cada persona cumpliera su responsabilidad, las dificultades en el mundo serían muy pocas. Debes ser responsable con tus acciones, asegurar que actúas con rectitud y no sobrepasas los límites que impliquen afectar a otros, tienes una responsabilidad con el ambiente, sociedad, tu familia, las personas que más te relacionas, la empresa donde laboras, etcétera. Mucha gente no es responsable de sus actos y va generando problemas, por ejemplo, ¿cuántos problemas sociales existen debido a la paternidad y maternidad irresponsable? Son demasiados. Si decides tener un hijo, tienes que ser responsable en brindarle abrigo, alimento, educación formal y valores humanos. Quizás la responsabilidad pueda englobar los demás valores, porque cuando te apegas a cumplir tus roles con excelencia, aplicarás todo lo demás.

Cuando dejas de culpar a tus circunstancias, a tu pareja, a tus padres, al país, y te haces responsable de todo lo que acontece en tu vida, entonces tendrás mejor salud, mejores relaciones, mejor economía, y tu vida será gozo y regocijo.

Nuestros valores humanos son aquellas virtudes a las que asignamos tanta importancia que no podemos ponerles precio, permitiéndonos orientar nuestras decisiones y conducta ante la vida.

Hay una frase de Confucio: *"No hagas a otros aquello que no te gustaría que te hicieran a ti, ni te hagas a ti lo que no le harías a los demás"*.

¿Y qué hacemos día a día? Todo lo contrario, ¿y lo peor que nos hacemos a nosotros mismos?. Cómo nos autosaboteamos mentalmente, alejándonos cada vez más de nuestra verdad. No hay nada fuera, todo está dentro de ti, deja de buscar y encuéntrate a ti mismo.

> *"Cuando sentimos la belleza, la conocemos como la verdad"*
>
> **TAGORE**

Gracias, gracias y más gracias.

CAPÍTULO 23

(Wealth) conciencia de la riqueza

Cada ser humano ya es infinitamente rico, porque sencillamente es el creador de su propio mundo y todo lo que observa. Entonces la realidad material es tan solo una ilusión temporal que cualquier persona puede cambiar. Entonces es posible pasar de la ilusión de pobreza a una ilusión de riqueza, porque se tiene el poder para hacerlo.

Despertar a la conciencia de riqueza puede requerir cierto trabajo.

Si ahora mismo no tuvieses un solo centavo, pero decretaras con autoridad "yo soy millonario" y, como se dice en la Biblia, no dudases en tu corazón, entonces instantáneamente te volverías millonario. Por supuesto que esto no es fácil y puedes comprobar que, aunque lo grites, en el fondo de ti sabes que no es cierto.

El ejemplo anterior deja claro que el juego de la vida se diseñó para que el cambio de percepción interna tome un tiempo y esfuerzo. De modo que sí es posible despertar a la conciencia de riqueza y lograr toda la prosperidad que deseas. Debes pagar un precio y entrenar para poder derrotar las ideas negativas, miedos y dudas al interior de tu mente.

¿Cómo desarrollaste la capacidad de lectura? Práctica, práctica y práctica. Lo mismo sucede con la riqueza, si empleas la mayor cantidad de tu energía a los proyectos por donde es posible crecer financieramente, lograrás la prosperidad. Este es un proceso que puede demorar bastante tiempo, si se inicia de un punto muy bajo quizás tome algunos años de dedicación para ver los resultados que se quieren. El siguiente pensamiento de uno de los hombres más ricos de la historia, Andrew Carnegie, dice así: "El promedio de las personas dedica solo el 25 % de su energía y habilidad para hacer su trabajo. El mundo se quita el sombrero ante aquellos que le dedican más del 50 % de su capacidad, y se para de cabeza ante los poquísimos que dedican a lo que hacen el 100 % de su energía y habilidad". El mensaje es muy claro, si tu dedicación es enorme a un proyecto que tenga el potencial de generar prosperidad, despertarás a la conciencia de riqueza con resultados increíbles.

La práctica me llevó a realizar muchos logros. Siempre le digo a mi hija y a mi hijo: "La excelencia se gana con práctica". Jordan tuvo que practicar mucho, cada día con esfuerzo, para lograr ser el mejor, y puedes revisar a través de la historia cientos y cientos de grandes hombres y mujeres, prósperos, ricos, abundantes, que lo lograron con esfuerzo, práctica y aplicando las leyes universales. No te pido que me creas, pero puedes practicar si así lo deseas, y verás los resultados. Siempre hay un bien mayor en tu camino, persíguelo, ve tras ese sueño que tienes desde niño y que aún no has logrado, no abandones, sigue, sigue y lo lograrás. ¡Estás muy cerca, hermano mío!

Me encanta esta frase de Deepak Chopra:

"La conciencia de la riqueza implica ausencia de preocupaciones monetarias. Las personas verdaderamente ricas nunca se preocupan por perder su dinero, puesto que saben que de donde viene el dinero hay un abastecimiento inagotable de este. En una ocasión, cuando discutía un proyecto para la paz mundial con mi maestro, Maharishi Mahesh Yogi, alguien le preguntó: '¿De dónde obtendremos todo ese dinero?'. Él respondió sin dudarlo: 'De donde está en este momento'".

¡Este es tu momento!

CAPÍTULO 24

Expresión de la apreciación.

Siempre he sabido que la prosperidad y la riqueza son un tema de mentalidad, los orientales tienen ya como muy por la mano y muy sabio, solo tienes que ver los resultados de muchos. Te dejo con este pequeño artículo.

He leído muchos textos orientales de filosofía budista, advatia, upanishads, zen… y siempre me pregunté cómo aplicar tanto conocimiento esencial a nuestros problemas de dinero y financieros en Occidente.

Toda la sabiduría de los textos de Oriente se puede aplicar a cualquier tema, finanzas, salud, relaciones, en lo que quieras.

Sin duda pueden aplicarse, pero no ofreciendo trucos para nuestra mente (ego), sino para revelar nuestro **estado de conciencia** original. ¿Cómo se revela la consciencia? Deshaciéndonos de todo lo que la empaña: ego, separación, miedo, competición…

Cualquier cosa que hagas está destinada a tener éxito.

No debes crear nada, se trata más de quitar y no de añadir. Cuando logras quitar todo ese material que te obstaculiza tu camino hacia la riqueza, vas a poder conseguir la vida que deseas, los resultados empezarán a ser los esperados.

Es un estado de conciencia que se encargará de llevar a buen puerto todos tus sueños.

Para tener éxito debes asegurar el éxito de los demás, empieza siempre por el otro. Este es el error número uno que cometemos en Occidente, hay que entender que el tema funciona al revés, debemos ayudar a la gente para luego ser ayudados nosotros, querer para ser queridos. Esto es de manera muy resumida la idea central de las seis leyes espirituales de la riqueza.

Hay una gran diferencia entre la persona que fui y la persona que soy hoy, hay una gran diferencia, sobre todo mental. Mis creencias asociadas a la escasez las he cambiado por otras diferentemente nuevas, donde las limitaciones no existen, donde la gratitud por lo que tengo ha abierto puertas a crear más, abundancia en mi vida, y toda meta es alcanzable, porque conozco los principios, los he aplicado en mi día a día y he sabido sembrar esa semilla de abundancia y riqueza. He dejado atrás los prejuicios sobre el dinero que tanto me bloqueaban y he incorporado nuevas percepciones sobre sus beneficios, he perdido el miedo a la pérdida, porque desde la fuente inagotable del universo nada acaba. He sabido enfocar esas metas financieras que deseo y que comparto con todos aquellos que ya las han obtenido.

La expresión de gratitud es una fuerza poderosa que genera todavía más de lo que ya hemos recibido, y la honestidad desde el ser que conecta cada vez más en un sentido de unidad me ha enseñado a concentrar toda esa energía y a focalizar en el objetivo, con paciencia, con amor, dedicación, creatividad, inteligencia, porque formamos parte de la ley natural.

Esto significa que todas las leyes de la naturaleza que

están estructuradas, que crean la diversidad infinita de la creación, se encuentran en el campo unificado. En la actualidad, los científicos nos dicen que hay cuatro fuerzas básicas en la naturaleza: la gravedad, que hace girar a la tierra y mantiene a los planetas en su sitio; el electromagnetismo, responsable de la luz, el calor, la electricidad y de todas las cosas que experimentamos como energía en la vida cotidiana; la interacción fuerte, que mantiene junto al núcleo un átomo, y la interacción débil, responsable de la transmutación de los elementos y de la desintegración radiactiva. Todo en la creación material tiene su origen en estas cuatro fuerzas. Sin embargo, estas no son simplemente fuerzas, son también campos de inteligencia, porque el campo fundamental de estas fuerzas, el campo unificado, es un campo de inteligencia infinita e ilimitada y, por lo tanto, es el potencial total de la ley.

Apreciar con gratitud y honestidad, incluso nuestro cuerpo es un campo de poder organizador infinito. Ocurren seis trillones de reacciones cada segundo en el cuerpo humano y cada una está relacionada con cada una de las otras reacciones; todo proceso bioquímico sabe que está ocurriendo otro proceso bioquímico en el cuerpo. Un cuerpo humano puede tener pensamientos, tocar un piano, cantar una canción, digerir la comida, eliminar las toxinas, matar gérmenes, registrar el movimiento de las estrellas y formar un nuevo bebé, todo al mismo tiempo, y relacionar cada una de estas actividades entre sí.

A aquellos que no saben apreciar tu presencia, has de regalar unas horas de tu ausencia.

CAPÍTULO 25

Yacimiento del vigor juvenil

La primera característica de la juventud es *el vigor para seguir adelante*, así lo enseña el Dr. Masaharu Taniguchi. Solo se logra el éxito avanzando y no retrocediendo. Éxito es avanzar en dirección a un objetivo y realizarlo. Por lo tanto, quien no tiene la energía para avanzar, no logrará realizar su objetivo y no tendrá éxito. El secreto para que una persona tenga éxito es poseer *energía para seguir adelante*.

Y la segunda característica de la juventud es siempre tener nuevas ideas, por lo tanto, esta es la condición absolutamente necesaria para el éxito. El mundo siempre está avanzando y transformándose. Si no tiene buenas ideas para ir concretizándolas no podrá ser una persona de éxito. Quien siempre tiene nuevas ideas concretiza estas ideas y siempre avanza, es un vencedor, una persona de éxito. En este mundo, que progresa incesantemente, quien permanece estacionado sin avanzar no podrá ser una persona de éxito. Por lo tanto, por mejor que sea la situación actual, quien se satisface con eso y no avanza generando nuevas ideas se quedará atrás.

Si el equipo de administradores de una empresa no mantiene la juventud mental para generar nuevas ideas y siempre avanzar, no podrá considerarse que esa sea una empresa joven. Una empresa es formada por la unión de muchas personas que trabajan organizadamente rumbo a un objetivo y, por lo tanto, es algo semejante a un ser vivo. Si sus administradores pierden la fuerza juvenil, la empresa se volverá decrépita y la sociedad la dejará de lado, entrará en crisis administrativa. Es imprescindible que los administradores mantengan siempre la juventud mental y, sin entregarse a los sueños de las cosas buenas del pasado, generen nuevas ideas para abrir un futuro aún mejor.

Para mantener la juventud, es necesario tener la abertura y la magnanimidad para escuchar las opiniones de los jóvenes. Aceptando las ideas de los jóvenes y vivificando la capacidad de acción generada por la larga experiencia de los veteranos, tendrán éxito sin duda alguna. Quien tiene edad avanzada, tiene vasta experiencia que debe ser vivificada. El camino para el éxito es mantener la mente joven.

Cuando estás enamorado, estás lleno de vida, todo lo puedes, estás flotando, nada es imposible, ese es el vigor del ser interior, sentimos que estamos rebosantes de salud, estamos felices, reímos, soñamos, despertamos llenos de energía y plenitud. Estás motivado.

La motivación es una gran fuerza que te ayuda a cumplir todo tipo de objetivos, y cuando estás altamente motivado se eleva tu voluntad, el agotamiento tarda más en aparecer, se incrementa la creatividad, hay mayor optimismo y una buena disposición de hacer bien el trabajo. Mantener la motivación en medio de las dificultades resulta ser una herramienta muy útil.

La conexión con nuestro ser interior es la consciencia que tenemos de nosotros mismos, es saber que somos seres espirituales teniendo una experiencia humana.

Esto nos da una perspectiva diferente de la vida, nos permite desvincularnos de nuestra identificación con el cuerpo físico, no somos nuestro cuerpo. El internalizar esta realidad nos lleva a comenzar a vencer el miedo a la muerte y, por tanto, a tener una vida más libre, más plena, pues el cuerpo perece y se convierte en polvo, en cambio, el espíritu jamás desaparece, ya que está hecho de luz y energía, científicamente sabemos que esta jamás se destruye, sino que se transforma.

Cuando dejas de identificarte con objetos, circunstancias, personas o cosas, liberas esa energía solo hacia tu interior. Nuestra identidad viene del ser, la experiencia de meditar para mí ha sido uno de mis mejores recursos, entras en ese silencio contactando, aunque sea por unos minutos, con tu ser, liberando ese potencial creativo, y ahí están las respuestas que necesito, las decisiones que debo tomar en el momento correcto, las acciones que seguir, la actitud requerida. Amigo mío, recuerda que es solo mi experiencia, yo no sé lo que tú practicas y, sea lo que sea lo que haces, si te encuentras en esa energía renovadora cada día, pues es lo perfecto para ti.

Me encantan las frases de Tagore:

"Ese mismo flujo de vida que recorre el mundo circula por mis venas, noche y día, y baila con ritmo. Es la misma vida que brota con alegría a través del polvo de la tierra y forma innumerables hojas de hierba y una multitud tumultuosa de flores". Él llama a esto "el pulso de vida del tiempo que circula por mi sangre en este momento". Estar en contacto con este pulso de vida del tiempo que circula por nuestra sangre en este momento es tener gusto por la vida. Es enfrentar lo

desconocido con despreocupación y libertad. Lo desconocido es el campo de todas las posibilidades en cada momento del presente. Esto es libertad.

CAPÍTULO 26

Zumo y gozo de la vida

Apreciar la vida en toda su totalidad ha sido abrirme y aceptar cada momento del presente y estar presente, ser uno con el todo, y saber sobre todo que cada experiencia vivida y que cada una de las que estén por vivir no son simplemente hechos aislados, para mí han sido mi guía en el camino. Hoy, aquí sentada escribiendo estas líneas, te digo algo, amigo lector, estoy satisfecha, plenamente, no me preocupa el mañana porque sé que no soy quien controla ni dirige este baile mágico que es vivir, que es eterno, que es maravilloso. Escuchar la voz de mi alma es mi gran milagro personal, es único.

Alcanzar una meta nos permite alcanzar felicidad, sin embargo, esta no es permanente. La felicidad en el mundo es circunstancial y depende de tales cosas; mientras que el gozo es un estado de plenitud que implica estabilidad y consistencia, es decir que, a pesar de que las circunstancias no sean las mejores, podemos confiar y creer que van a cambiar para bien en el nombre de Jesús. Es el sentimiento de plenitud que sentimos al estar en la presencia de Dios. Es poder disfrutar de lo que Dios hace con nosotros.

Fíjate cómo lo digo, o si prefieres llamarle divinidad, universo, lo que desees, es ese bien mayor que sabes que está ahí y lo disfrutas. Este planeta es parte de un sinfín de galaxias, pero es este, no conocemos otro, esta vida que vives hoy, es esta, no hay otra, es única, indivisible. Tú eres único, irrepetible, nunca existió o existirá otro igual que tú y las experiencias que has venido a vivir.

En el lenguaje del amor, las palabras son siempre vagas para expresar todo este mundo. El mundo de los sentimientos no se puede expresar. ¿Quién puede hablar sobre la paz? ¿Quién explica la luz, un color, la vida...? El gesto dice más: un abrazo, una sonrisa... Algo parecido le pasa a Dios. Al expresar su amor busca a Jesús para hacerlo. El gesto de Dios se anuncia a través de toda la escritura y apunta a esta ternura de Dios en Jesús, que no se puede abrazar, porque nos desborda. En realidad, es la ternura de Dios la que nos abraza a nosotros.

Los gestos de Dios resuenan en la Biblia. Son expresiones que diluyen toda pesadilla. Cuando uno experimenta esta presencia, ya todas las sombras desaparecen. En la Biblia hay infinidad de evocaciones en donde Dios da vida al hombre a través de su amor.

La urgencia mayor del ser humano es la de sentirse amado. En la infancia, uno necesita ser amado para crecer y para ser capaz de amar de mayor. Es un hecho altamente verificado que hay que envolver al niño de cariño para despertar el amor que lleva dentro. El amor ha sido derramado para que nazca la vida. Nada se puede librar del amor. Porque él es la fiesta y el calor de la vida. Y el amor no fluye porque el otro sea bueno. El amor ama porque no puede hacer otra cosa más que fluir. El amor no está en el sujeto, sino en el objeto. El agua mana por el gusto de fluir. El amor que se despierta en el hombre ama por el gusto de amar. El amor tiene que salir de nosotros como el agua de un manantial. De no hacerlo es porque hay un atasco en nosotros. No es justo pensar que es el otro el que está en la vida para amarnos. No dijo Jesús a sus discípulos: "Id y buscad a un grupo que os quiera...". Más bien su mensaje fue: "Id y amad...".

Lo desconocido es el campo de todas las posibilidades en cada momento del presente. Esto es libertad, más allá del conocimiento del condicionamiento pasado, más allá de la prisión del espacio, del tiempo y de la causalidad, es el zumo de la vida.

Vivimos en un mundo dual, pero la verdad es que nunca estuvimos separados, todo está relacionado con todos. Desde la Antigüedad se ha contemplado la idea de que estamos todos de alguna forma conectados por una especie de matriz, como sugirió **Max Planck** a la hora de recibir el Premio Nobel de física en 1944, un campo de la inteligencia universal que sustenta toda la materia y el mundo que percibimos como real.

Según **Nassim Haramein**, físico recientemente galardonado con el Premio Einstein: *"un espacio holofractográfico es lo que da forma a todo constantemente, nos rodea, nos penetra y mantiene unida la galaxia". En esta línea, el Premio Nobel danés* **Gerard 't Hooft** *y el físico de la Universidad de California* **Raphael Bousso** afirman que **el origen de la naturaleza podría haber sido únicamente unos paquetes ultrapequeños de información pura**. Una información que ha ido expandiéndose desde el Big Bang y diversificándose hasta convertirse en los datos que generan nuestra realidad espacio/temporal actual.

Según el principio holográfico, no puede haber separación entre ninguna de las manifestaciones del universo, ya que son expresiones de la misma información. Estudiar cada una de las ciencias, cada parte de la manifestación del universo, como si no tuvieran relación entre sí, nos impide comprender la realidad en su totalidad. La física nos enseña cómo está estructurado el mundo, nos da explicaciones y predicciones de cómo funciona todo lo que nos rodea, empleando leyes que explican el mundo físico, nuestro universo particular y el universo en general; aunque tanto la física clásica como la física cuántica suelen ser aplicables únicamente en su propia escala de la realidad: el macrocosmos o el microcosmos.

David R. Hawkins ya explica, en su libro *Trascender los niveles de consciencia,* que *"el campo intemporal de la consciencia es permanente y, por lo tanto, registra todo lo que ha ocurrido dentro del tiempo/espacio/ evolución. […] Este campo infinito es omnipresente, omnipotente, omnisciente, y solo puede ser identificado como el absoluto, […] todo en el universo, incluyendo un pensamiento pasajero, queda registrado para siempre en el campo intemporal de la consciencia, que está igualmente presente por doquier. Y todo lo que ha ocurrido, bien físicamente o en el pensamiento, está igualmente disponible, porque el campo está más allá del espacio y del tiempo".*

Mira tus resultados, obsérvalos. ¿Ves cómo evolucionas? Cada vez que traes a la conciencia de este mundo dual tus experiencias, te acercas más al despertar, a la unidad de tu percepción, sanándola, es lo único que de verdad tienes que sanar, y estarás completo.

Como en una ocasión dijo don Juan a Carlos Castañeda: "No importa cuál sea nuestro destino específico, siempre que lo enfrentemos con gran abandono". Esto es despreocupación, esto es alegría, esto es libertad, esto es el gusto por la vida.

Después de todo, ¿qué puede ser más creativo que el acto de manifestar todo el universo? La manifestación del universo no es otra cosa que la manifestación del pensamiento desde el nivel del ser. El ser puro piensa para sí: "Que me convierta en agua", se convierte en agua. Piensa para sí: "Que me convierta en montañas", se convierte en montañas; "Que me convierta en galaxias", se convierte en galaxias. El ser puro, sereno, silencioso, eterno, es el estado de felicidad. Un pensamiento vacilante en este estado, una pequeña turbación, y todo el universo se manifiesta fuera de dicho estado. Rumi, el gran poeta sufí, dijo: "Llegamos girando de la nada, diseminando estrellas como polvo". Este es el mecanismo de la creación. El campo unificado nutre todo en la creación, desde un árbol hasta el movimiento de las estrellas y galaxias, la migración de los pájaros, el movimiento de nuestro propio sistema inmune, el proceso digestivo que tiene lugar en nuestro interior y el latir de nuestro corazón. Nutre todo esto. No solo nutre todas estas actividades, sino que integra cada una con todo lo demás.

Cuando eres feliz sin motivo, cuando estás agradecido por solo existir, estás en un estado de dicha, es de dónde venimos, es la naturaleza de nuestra existencia, está inherente en el universo, es más primordial que nuestro cuerpo, más cercana a nosotros que nuestra mente, nos sigue a cualquier lugar que vamos. En este estado de dicha pura se encuentra la expresión del amor puro. Cuando el amor es puro, usted se convierte en la encarnación del amor. Este amor no se ofrece ni se niega a nadie. Solo irradia de usted, como la luz de una fogata o los sueños de un soñador. Enciende la chispa del amor en cualquier sitio que cae, exprésate en toda tu potencialidad, vive y comparte con todos, y, sobre todo, ámate, ama a tus hijos, a tu familia, a tu trabajo, a la sociedad, ama al mundo. No hay fuerza más creativa que el amor.

Gracias, gracias, gracias, por estar, por ser.

Te amo.

Y te repito: si yo pude hacerlo, tú también puedes.

CAPÍTULO 27

Un acto de amor

No soy una persona practicante de ninguna religión, ya lo fui en algún tiempo, y aprendí las lecciones que tenía que aprender, tampoco soy alguien que toma partido, a veces con dar mi opinión me vale, pero si algo tengo es fe.

Alguien un día me contaba que, a pesar de haber nacido en una familia con mucho dinero y recursos, y siendo un único hijo, desde niño sentía ese deseo interior de ayudar, siempre se encontraba en situaciones de prestar algún servicio, ya fuese con animales, amigos. Me dijo: "Era simplemente como mejor me sentía, y cuando crecí sabía que lo que mejor se me daba y como mejor me sentía era así, y decidí ingresar en la academia. Sí, desde niño quise ser militar y, ¿en qué mejor podría practicar el acto de servir?".

Teresa de Calcuta, cuán gran mujer, decía que: *"Cada vez que sonríes a alguien, es un acto de amor hacia esa persona, una cosa hermosa, simplemente porque es"*.

Dejar ir es un acto de valor, de sabiduría, de amor propio. A pesar del dolor que podamos sentir, en algunas ocasiones es la mejor elección, y cuando lo hacemos con el regocijo y la paz de saber que el otro es feliz, es simplemente un acto de amor hacia esa persona.

Cuando con mis manos ayudo a traer al mundo a nuevos seres, cuando en mi pecho siento esa alegría, ese bienestar, y ves a esa madre tomar a su hijo en brazos por primera vez, sabes que estás haciendo un acto de amor.

Cada uno de los encuentros en mi vida ha sido como cada libro que leí: una lección de vida que me condujo a ser esta que soy, y cada encuentro venidero enriquecerá más mis experiencias, me hará sentirme más completa, más unida, más autodependiente, porque soy más caritativa conmigo misma, porque soy lo más importante y me quiero, me respeto y me amo cada vez con menos condiciones.

Cuando el tiempo se detiene, todos los problemas desaparecen, son meramente artefactos de un punto de percepción. Cuando se impone la presencia, ya no hay más identificación con el cuerpo o con la mente. Y, cuando la mente guarda silencio, el pensamiento "yo soy" desaparece también y la conciencia pura brilla para iluminar lo que uno es, fue y siempre será, más allá de todos los mundos y todos los universos, más allá del tiempo y, por tanto, sin principio ni fin. La presencia es silenciosa y transmite un estado de paz, que es el espacio en el cual y por el cual todo es y tiene su existencia y experiencia. Es infinitamente suave y, no obstante, es como una rota. Con ella, desaparece todo temor. Y, debido a que el sentido del tiempo se detiene, no hay aprensión ni pesar alguno, no hay dolor, no hay anticipación; la fuente de la alegría es interminable y siempre está presente. Sin principio ni final, no hay pérdida, ni pesar, ni deseo; no hace falta hacer nada, todo es ya perfecto y completo. Solo soy.

No esperes más, tu momento es ahora.

Te amo…

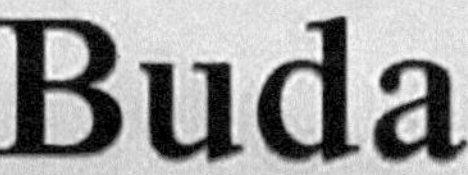

Nada es permanente,
por eso cada instante
vívelo intensamente

Buda

LA VOZ DE TU ALMA

Cuando entré en contacto por primera vez con esta saga fue no solo reconfortante, esclarecedor, educativo… Es una herramienta completa de superación y crecimiento personal.

A través de su estudio, y fíjate que digo estudio porque es una saga no solo para entretener, es algo para aprender, te guía, y la consultas cada vez que tienes una duda o necesitas aclarar un concepto o poner en práctica un principio.

Para mí fue el broche de oro que vino a mi vida a colmarla de bendiciones. Si ya tenía una estructura formada a través de estos años de experiencias vividas, La voz de tu alma terminó de darle forma y belleza a esta estructura. Hoy soy más certera, mi fe crece día a día y me mueve, el propósito de mi vida cada vez es más una bendición, a la que me entrego casi sin esfuerzo, y todo esto es porque la voz de mi alma me guía, la escucho, y dejo que lo haga, permito a mi ser interno realizarse, vivo el presente con gozo y dicha.

Doy las gracias a Lain García Calvo porque un día decidió hacer este regalo de habla hispana, porque te digo, es un regalo. Yo soy una estudiosa de la autoayuda y, sobre todo, los grandes autores son en inglés, y necesitábamos a alguien con motivación, juventud, alegría, júbilo, fuerza espiritual y mente abundante y próspera que compartiera sus experiencias de vida con el mundo hispanoparlante. Y aquí lo tenemos, Lain, eres grande, humilde, próspero y, sobre todo, eres una gran persona.

Llenemos este mundo de almas imparables y hagamos un mundo mejor.

Gracias por la transformación que realizas cada día, gracias a ti porque me has hecho una gran emprendedora. Una mejor persona, una mucho mejor mujer, madre y profesional.

Gracias.

Quieres continuar:

EXPERIENCIAS DE MI VIDA

PRACTICA LO QUE APRENDES.

La práctica de las enseñanzas aprendidas es la clave para producir el cambio que deseas en tu vida. Practicar cada día, cada encuentro con un ser humano, es una oportunidad para crecer. En mi labor diaria de mi experiencia médica lo he puesto en práctica, he trabajado cómo aprendes a través de cada síntoma, cómo la sincronicidad comienza a manifestarse, cómo tu alma te va guiando cuando la escuchas, la importancia del silencio…

CADA PERSONA TIENE UN CAMINO.

En la vida todos tenemos un camino, este puede ser más largo o más corto, no somos quienes deciden su duración, pero sí somos los que decidimos qué camino queremos tomar. Yo decidí tomar el camino que me ha llevado a la salud, a las relaciones extraordinarias, a la abundancia.

Mis experiencias, que no han sido pocas, unas muy dolorosas, otras más traumáticas, mezcladas con momentos de felicidad y mucha gratitud, cada una de ellas ha ido moldeando ese camino que yo llamo vida…

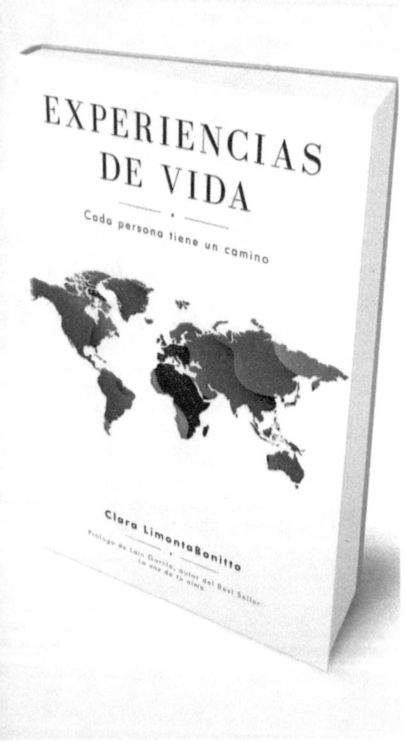

9 788418 098093